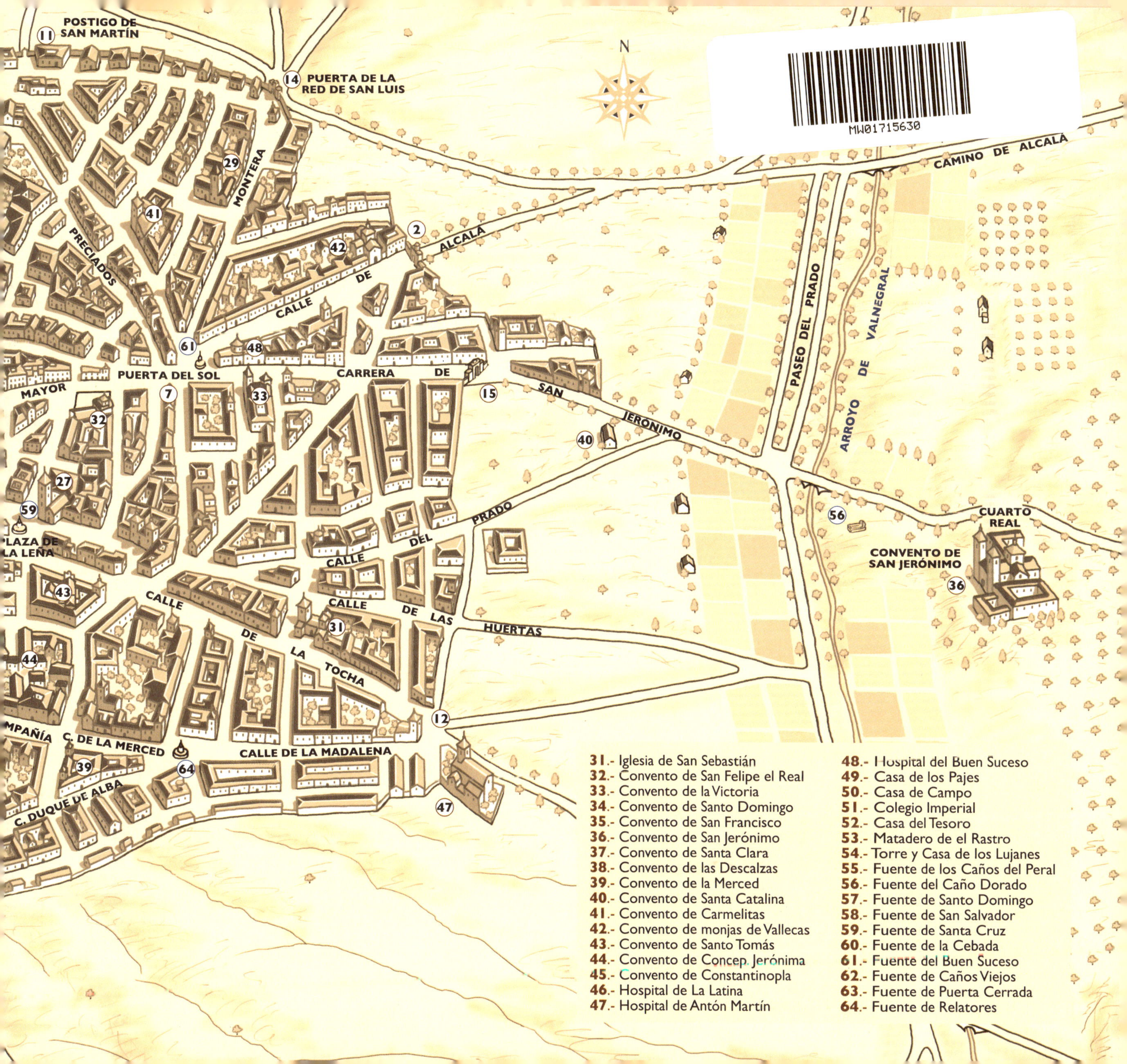

31.- Iglesia de San Sebastián
32.- Convento de San Felipe el Real
33.- Convento de la Victoria
34.- Convento de Santo Domingo
35.- Convento de San Francisco
36.- Convento de San Jerónimo
37.- Convento de Santa Clara
38.- Convento de las Descalzas
39.- Convento de la Merced
40.- Convento de Santa Catalina
41.- Convento de Carmelitas
42.- Convento de monjas de Vallecas
43.- Convento de Santo Tomás
44.- Convento de Concep. Jerónima
45.- Convento de Constantinopla
46.- Hospital de La Latina
47.- Hospital de Antón Martín
48.- Hospital del Buen Suceso
49.- Casa de los Pajes
50.- Casa de Campo
51.- Colegio Imperial
52.- Casa del Tesoro
53.- Matadero de el Rastro
54.- Torre y Casa de los Lujanes
55.- Fuente de los Caños del Peral
56.- Fuente del Caño Dorado
57.- Fuente de Santo Domingo
58.- Fuente de San Salvador
59.- Fuente de Santa Cruz
60.- Fuente de la Cebada
61.- Fuente del Buen Suceso
62.- Fuente de Caños Viejos
63.- Fuente de Puerta Cerrada
64.- Fuente de Relatores

1ª edición: Noviembre 2009
2ª edición: Diciembre 2010

Arenal, 21 - 28013 Madrid
Telf. 91 541 71 70
Fax: 91 542 58 89
www.edicioneslalibreria.com

I.S.B.N. 978-849873101-9
Depósito Legal: B-45788-2010
Impreso en España / Printed in Spain

MADRID
DE VIAJE

Travel Notebook

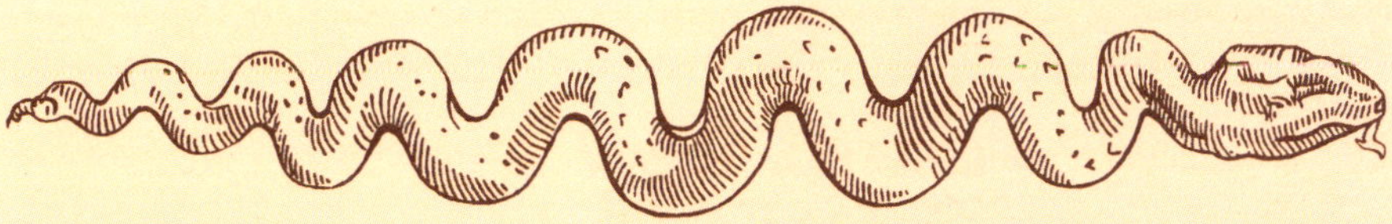

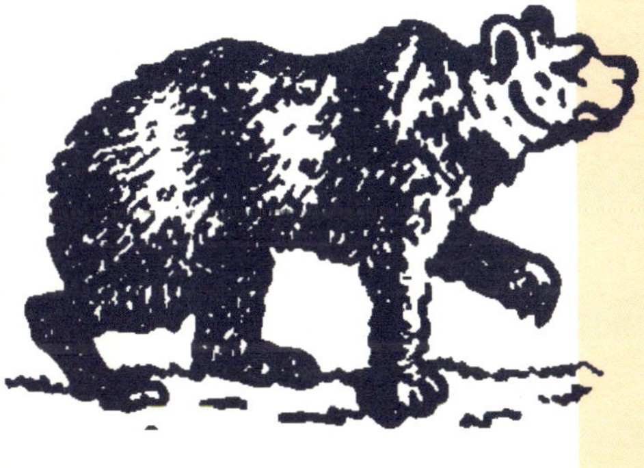

textos y planos
PEDRO LÓPEZ CARCELÉN

acuarelas
JOAQUÍN MUÑOZ-BAROJA

Index

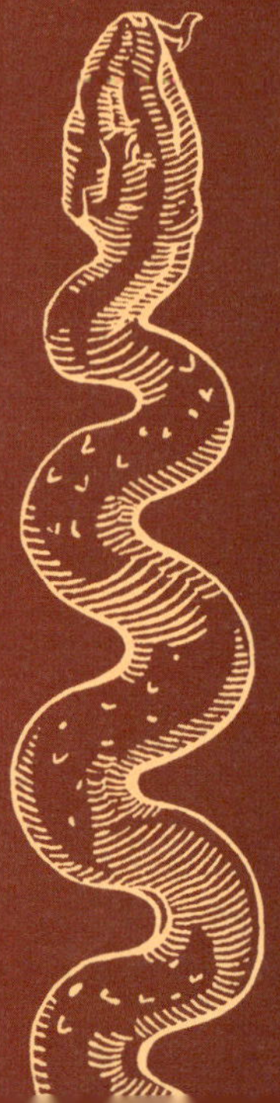

índice

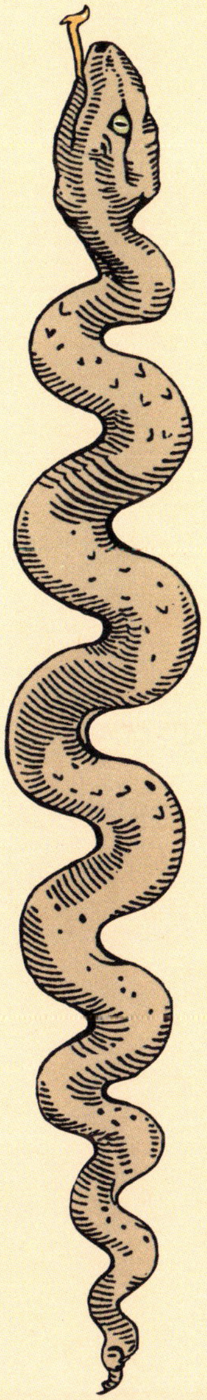

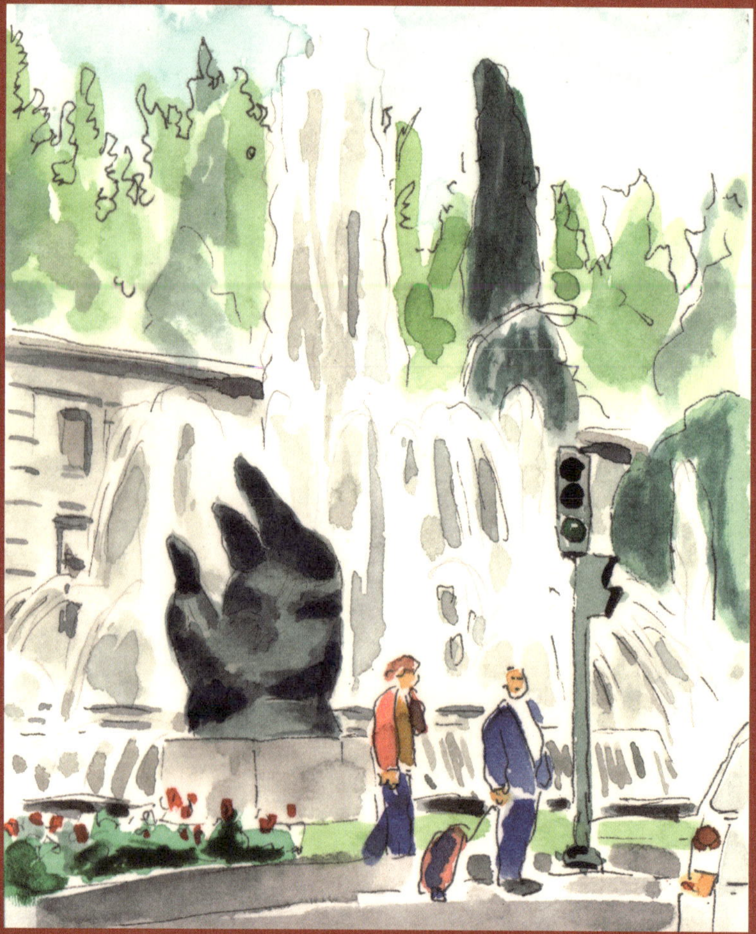

Con la mano de Botero, Madrid saluda al viajero
With Botero's hand, Madrid greets the traveller

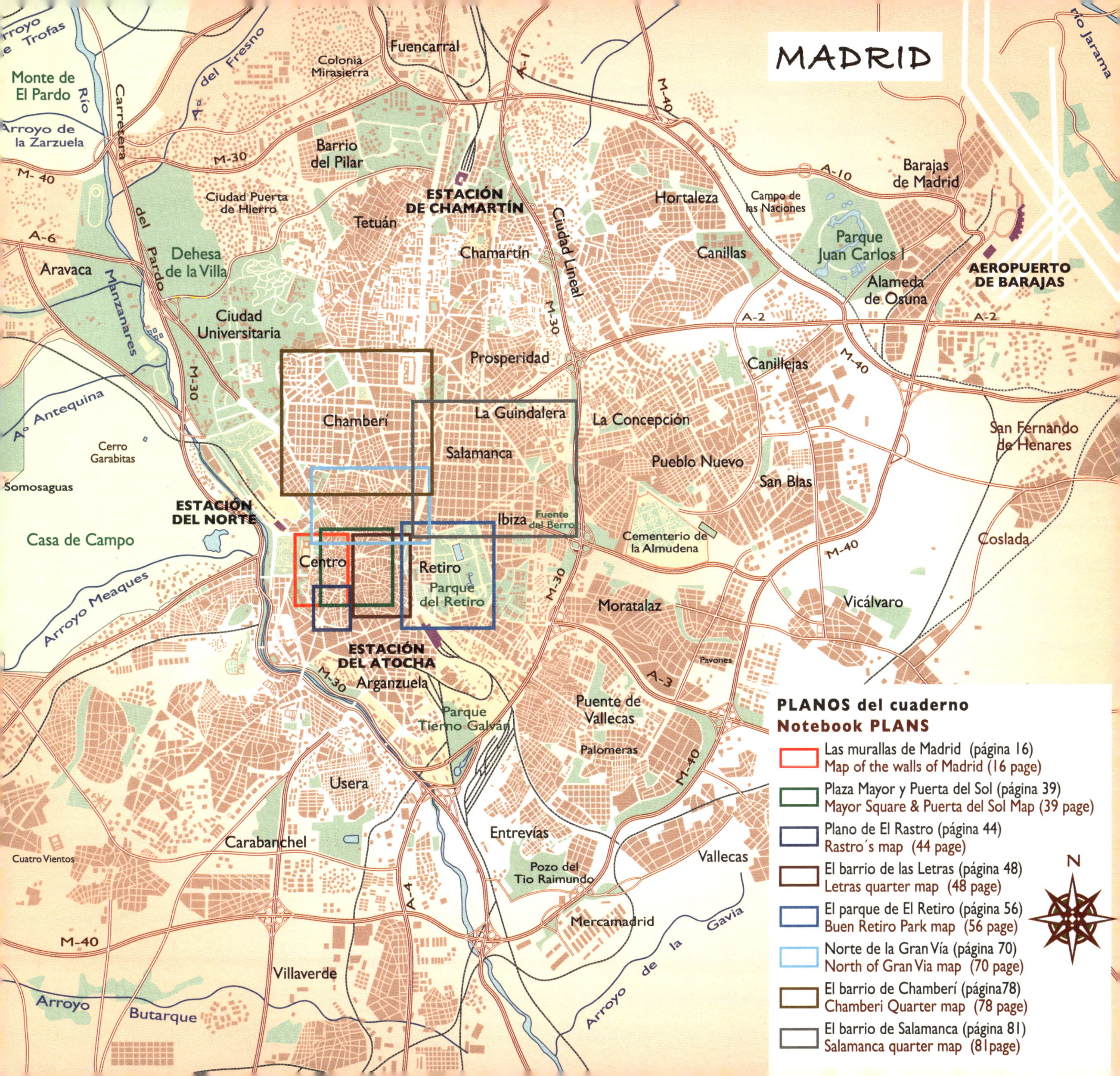
MADRID
Fuencarral
Colonia Mirasierra
Monte de El Pardo
Arroyo de Trofas
Río
Arroyo de la Zarzuela
Carretera del Pardo
A° del Fresno
Barrio del Pilar
ESTACIÓN DE CHAMARTÍN
Ciudad Puerta de Hierro
Tetuán
Chamartín
Hortaleza
Campo de las Naciones
Barajas de Madrid
Parque Juan Carlos I
Alameda de Osuna
AEROPUERTO DE BARAJAS
Canillas
Ciudad Lineal
Dehesa de la Villa
Aravaca
Manzanares
Ciudad Universitaria
Prosperidad
Canillejas
A° Antequina
Chamberí
La Guindalera
Salamanca
La Concepción
Pueblo Nuevo
San Blas
San Fernando de Henares
Cerro Garabitas
Somosaguas
ESTACIÓN DEL NORTE
Ibiza
Fuente del Berro
Cementerio de la Almudena
Casa de Campo
Centro
Retiro
Parque del Retiro
Moratalaz
Vicálvaro
Coslada
Arroyo Meaques
ESTACIÓN DEL ATOCHA
Arganzuela
Pavones
Puente de Vallecas
Parque Tierno Galván
Palomeras
Usera
Carabanchel
Entrevías
Vallecas
Cuatro Vientos
Pozo del Tío Raimundo
Mercamadrid
Villaverde
Arroyo Butarque
Arroyo de la Gavia
río Jarama
M-30
M-40
A-1
A-2
A-3
A-4
A-6
A-10
PLANOS del cuaderno
Notebook PLANS
Las murallas de Madrid (página 16)
Map of the walls of Madrid (16 page)
Plaza Mayor y Puerta del Sol (página 39)
Mayor Square & Puerta del Sol Map (39 page)
Plano de El Rastro (página 44)
Rastro´s map (44 page)
El barrio de las Letras (página 48)
Letras quarter map (48 page)
El parque de El Retiro (página 56)
Buen Retiro Park map (56 page)
Norte de la Gran Vía (página 70)
North of Gran Via map (70 page)
El barrio de Chamberí (página78)
Chamberi Quarter map (78 page)
El barrio de Salamanca (página 81)
Salamanca quarter map (81page)
N

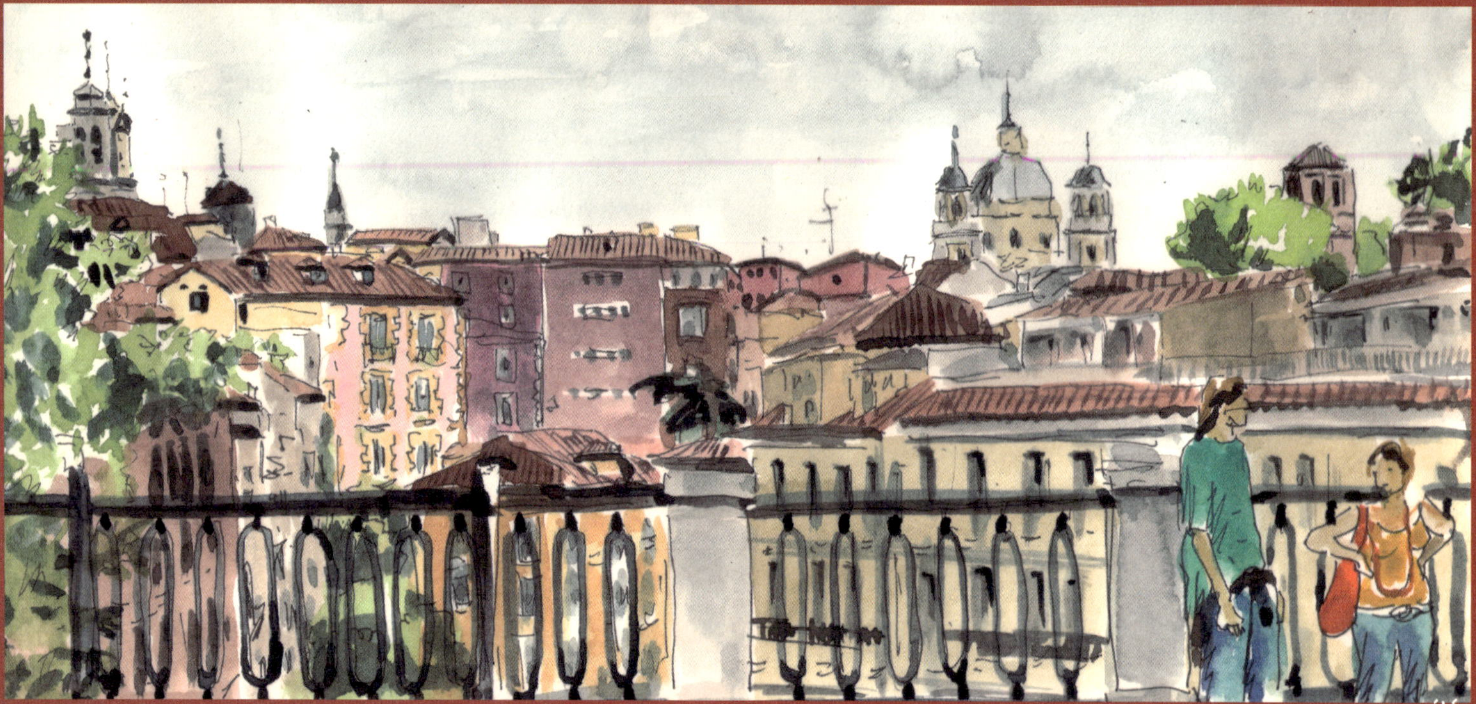

El viejo Madrid desde el Viaducto de la calle Bailén
Old Madrid from Bailen Street Viaduct

El viajero

CUANDO caminamos con la mente del viajero, muchos escenarios adquieren un sentido extraordinario: fácilmente, se pueden imaginar los acontecimientos que sucedieron allí. La lámpara de la inquietud, ahora encendida, nos convierte las piedras y paisajes en historias y leyendas.

Lo que nos cuentan sobre lo acontecido nos acerca a los mentes de nuestros antepasados. Los recuerdos célebres de un sitio, sus leyendas, mitos y misterios, se trasmiten oralmente de una generación a otra y van cambiando en su andadura. Sus novedades retratan los tiempos en que se relataron. La difusión oral tiene esa virtud, cada contador de historias se permite el lujo de añadir y olvidar a su antojo. Cuando las tradiciones se alejan del hoy, pueden convertirse en supersticiones; muchas veces, las circunstancias que las crearon perdieron su antiguo sentido.

Y en el camino, Madrid nos cuenta que ella también es muy viajera y que, incansable, ha recorrido cielos y tierras; ha visto mares, selvas y desiertos, vivió hecatombes y guerras, prosperidad y miseria. Dio abrigo a extraños animales y a pueblos procedentes de los cuatro puntos cardinales, gentes de todo el mundo y de toda la península ibérica que, con lenguas y tradiciones diversas, la hicieron suya.

Cada etapa de este viaje por los tiempos, dejó en Madrid una huella que ahora forma parte, visible o invisible, de su ser.

The traveller

WHEN we walk with a traveller's outlook, many places take on an extraordinary sense: events that took place there can be easily imagined. With the light of curiosity now switched on the stones and the landscapes fill with stories and legends.

What they say to us about what happened brings us closer to the minds of our ancestors. The celebrated stories from a place; the legends, myths and mysteries, are passed down orally from one generation to the next and change during their travels. Their new features portray the time in which they were told. The oral tradition has this virtue, each new storyteller is afforded the luxury of adding or forgetting what they wish. When traditions become estranged from those of today, they can turn into superstitions; the circumstances that created them often lose their old sense.

Along the way, Madrid tells us that she too has travelled far, tirelessly crossing sky and land; she has seen seas, jungles and deserts, lived through disasters and wars, prosperity and misery. She has given shelter to strange animals and people proceeding from the four corners of the earth; human beings from the Iberian Peninsula and across the globe that, with different languages and traditions, made the city their own.

Every step of this journey through the ages has left its mark – visible or invisible – on Madrid and now forms part of her essence.

Las montañas de Guadarrama

La denominación Guadarrama, procede de la lengua árabe y significa "río de arena". Al río de Madrid se le llamó, antaño, Guadarrama del Manzanares. Madrid no sería tal sin su sierra de Guadarrama. La cordillera, bien visible desde muchas partes de la villa, forma una herradura a su alrededor que vierte en su seno la fertilidad de sus aguas.

Entre el lejano macizo y Madrid, se perfila otra pequeña cordillera hendida por el río Manzanares. Es la hoy llamada sierra de Hoyo de Manzanares que, por su forma de cuerpo tendido, recibió antaño el nombre de la Mujer Muerta.

Cuenta la leyenda que la denominación de Mujer Muerta, llegó a estas cumbres por la violencia y su causa más primitiva: los celos. Un pastor le disputó a un paisano el cariño de su enamorada y lo hizo retándole a luchar públicamente. Arremetió el otro furioso y la pelea fue larga y cruel pero, de repente, el pretendiente cayó de un brutal golpe y murió al instante. La mujer lanzó entonces un grito de terror y éste fue interpretado mal por su prometido. Lo creyó un lamento por la muerte de su amante, los celos le cegaron y la asesinó a ella también.

Pero el dolor de la mujer procedía de ser ella el motivo de tanta sangre. Hasta la madre naturaleza se sintió agraviada y rugió desde los cielos: la tierra se abrió y surgió una montaña con aspecto de mujer tendida. Era un inmenso sepulcro. Desde entonces, esta silueta yaciente nos advierte de los locos desafueros de la ira.

The Guadarrama mountains

Guadarrama is an Arabic word meaning "river of sand". In days gone by, Madrid's river was called Guadarrama del Manzanares. Madrid would not be the same without the Guadarrama mountains. The mountain range, which is easy to see from many points in the city, forms a horseshoe shape around the city down which its abundant waters flow.

Between the distant mountains and Madrid, there is another small mountain range cleft by the river Manzanares. Nowadays it is called Hoyo de Manzanares but in former times it went by the name of the Dead Woman because of its resemblance to a stretched-out body.

According to legend, it was violence and its most primitive cause: jealousy, that lead to these mountains getting the name the Dead Woman. A shepherd is said to have challenged a neighbour to a public fight in a bid to win from him his fiancé. The neighbour attacked furiously and the fight was long and cruel but suddenly the suitor fell due to a terrible blow and died immediately. The woman shouted in terror and her fiancé, thinking that she was grieving the death of her lover, became so jealous that he killed her too.

The woman was pained for being the motive of such bloodshed. Even Mother Nature felt offended and roared from the skies: the land opened and a mountain surged up in the shape of a woman lying down. It was an immense sepulchre. Since then, this extended silhouette warns us against the crazed atrocities anger can stir.

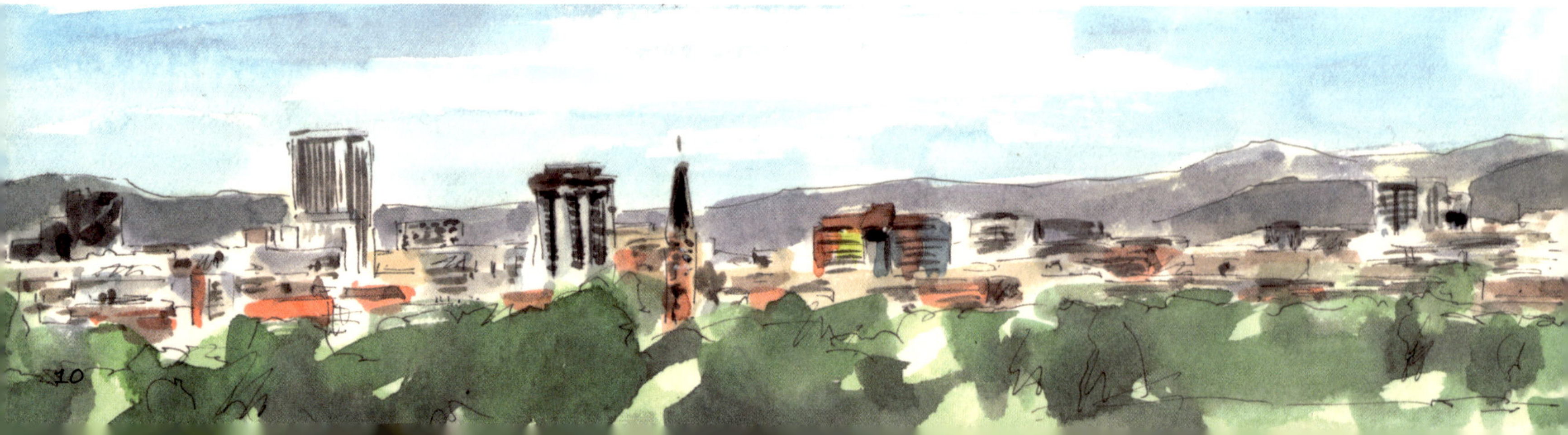

Pobladores
Residents

Los mil años que ha existido la villa de Madrid son una milésima de segundo de un año en la historia del mundo. Pero su territorio ha sido habitado mucho más tiempo. Lo demuestran los fósiles encontrados de animales antediluvianos: elefantes, uros, megaceros o bisontes. Herramientas del paleolítico siguen apareciendo, cada poco tiempo, al iniciar unas obras. Restos de asentamientos neolíticos se han hallado en la Ciudad universitaria, en el Retiro o en el Rastro.

En el cerro de la Gavia, distrito de Vallecas, se encontraron los cimientos de una ciudad amurallada con pruebas de haber sido poblada desde el paleolítico por iberos, celtiberos –probablemente carpetanos– y romanos. De los romanos, en el barrio de Villaverde, cerca de la Gavia, se descubrió una gran hacienda decorada con bellos mosaicos. Los visigodos sustituyeron a los romanos y, a éstos los árabes, que llegaron junto a bereberes y asiáticos. Después, regresaron los cristianos, muchos de ellos cruzados llegados del otro lado de los Pirineos. Como capital de un reino, fue inmejorablemente definida por el poeta Machado como "rompeolas de las españas". No había rincón de la península ibérica sin alguien que viviera en Madrid.

Y en el siglo XXI, en el camino de un nuevo mundo sin fronteras, Madrid se enorgullece de ser un gran crisol de pueblos.

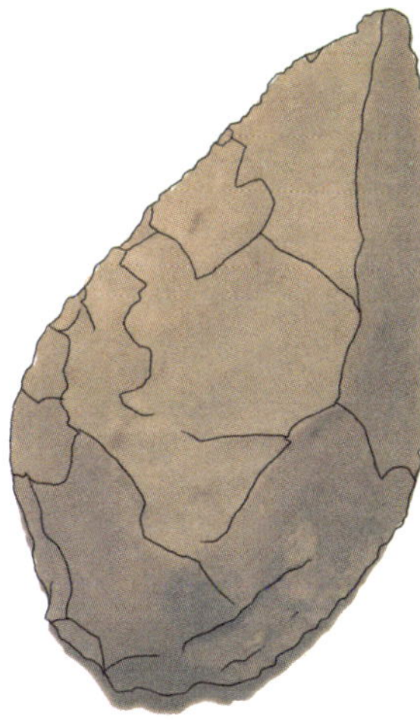

Herramienta paleolítica encontrada en las terrazas del río Manzanares

Palaeolithic tool found in the terraces of the river Manzanares

The one thousand years that the city of Madrid has existed are just a millisecond in planet Earth´s history. But its land was inhabited for a long time before. The fossils of antediluvian animals such as mammoth, auroch, giant deer or bison that have been found prove this. Palaeolithic tools appear from time to time too when building works start. And the remains of Neolithic settlements have been found at Ciudad Universitaria, el Retiro and el Rastro.

At Gavia hill, in the district of Vallecas, the foundations of a walled city with some evidence that it was inhabited from Palaeolithic times by Iberians, Celtiberians –probably Carpetanians– and Romans has been discovered. In the Villaverde quarter, next to Gavia, a large Roman property decorated with beautiful mosaics has been found. After the Romans came the Visigoths, and then the Arabs, who arrived alongside the Berbers and Asians. Afterwards, more Christians came, many of them crusaders from the other side of the Pyrenees. As the capital of a kingdom, Madrid was best defined by the poet Machado as the "breakwater of Spain". In every corner of the Iberian Peninsula you could find somebody who had lived in Madrid. And in the 21st century, in keeping with a new world with no frontiers, Madrid is proud to be a vast melting pot of nationalities.

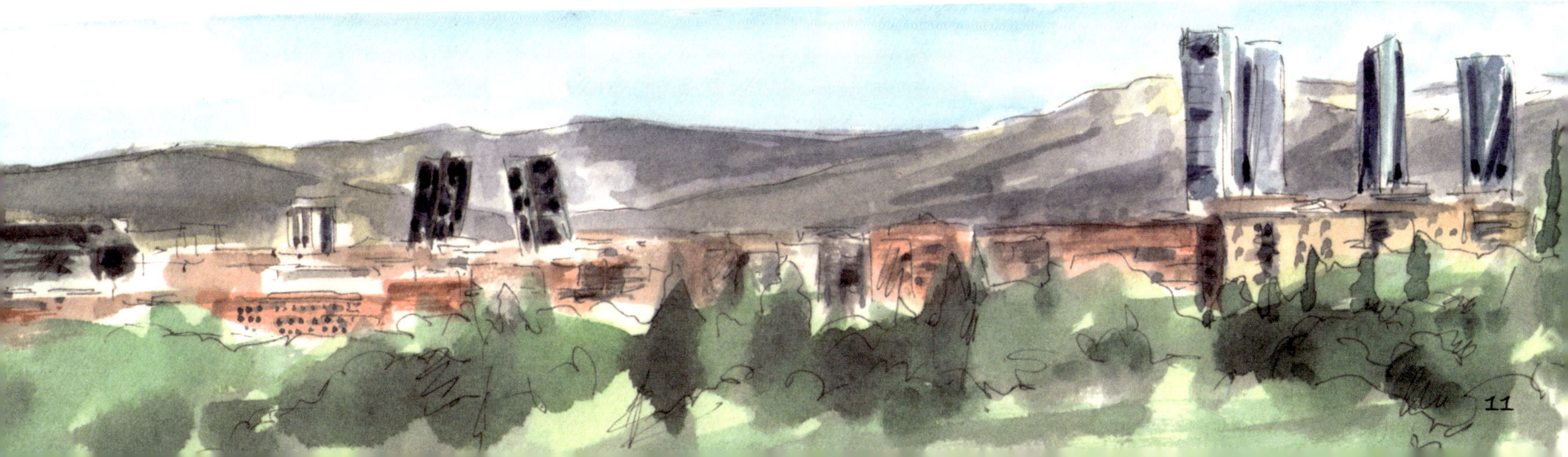

Fui sobre agua edificada mis muros de fuego son

I was built over water
My walls are of fire

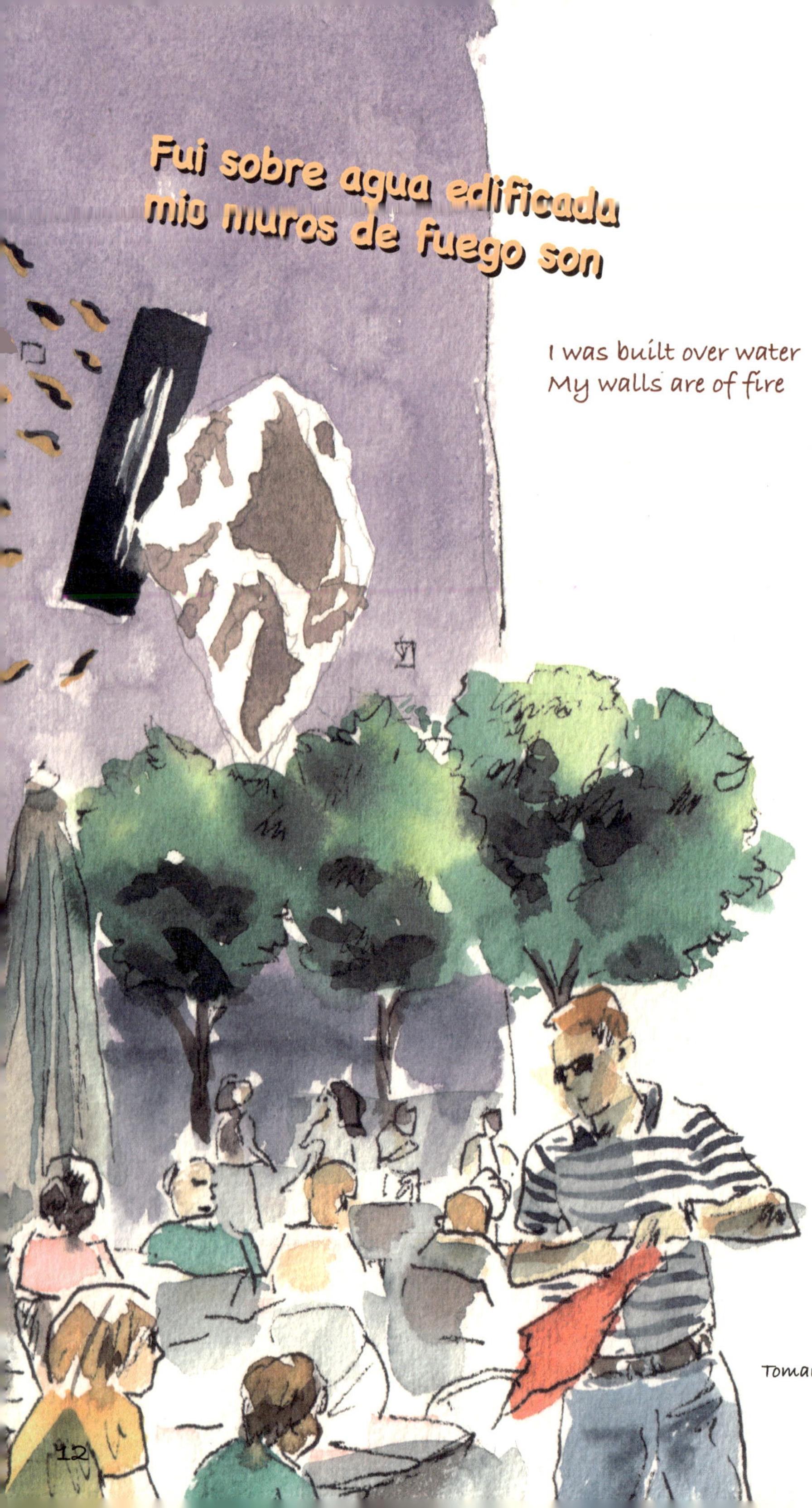

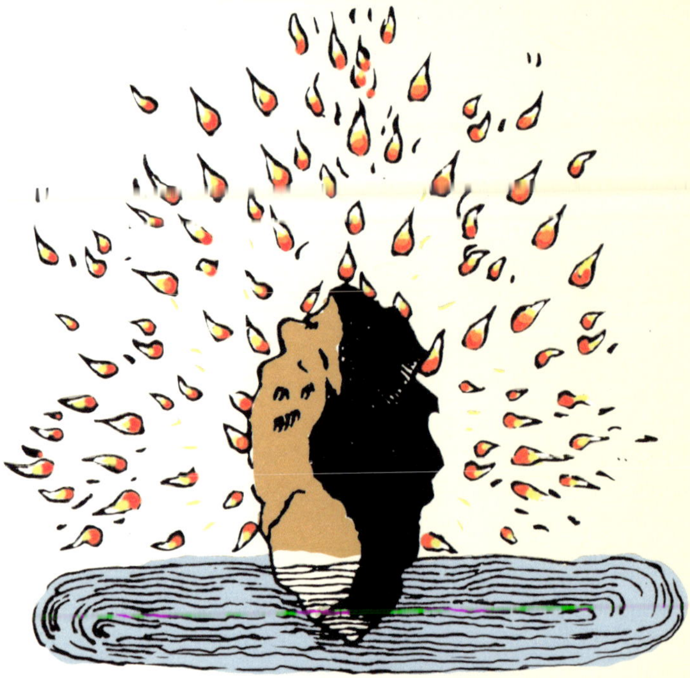

Emblema del lema madrileño
Madrilenians emblematic motto

Ascendientes Ancestors

El más antiguo lema madrileño explica por sí sólo la sustancia de Madrid: "Fui sobre agua edificada…" –por el agua que surge de la tierra manando de sus muchas fuentes– "…mis muros de fuego son" – las viejas y poderosas murallas madrileñas mezclaban el ladrillo con el pedernal, mineral utilizado para obtener fuego. Agua, roca y fuego, origen y soporte de la vida en el universo, son los ascendientes de Madrid.

Madrid's very substance is explained in the oldest Madrilenian motto: "I was built over water" – due to the water that comes out of the land from its many springs – "my walls are of fire" – the old, sturdy Madrilenian walls mixed brick with flint, the mineral used to make fire. Water, rock and fire, the origin and foundation of life in the universe, are Madrid's ancestors.

Tomando algo junto al mural de la plaza de Puerta Cerrada
Having something next to the mural of Puerta Cerrada square

El coto de caza

Hunting enclosure

EL PARDO.

La villa de Madrid debe su origen e importancia a sus cercanos montes. Bosques de encinas y jaras, aún hoy repletos de jabalíes y ciervos, gamos y águilas. Antaño hubo osos y linces. Desde el medievo, los montes madrileños fueron el coto de caza predilecto de los reyes españoles. Las largas temporadas que aquí pasaban practicando su afición favorita propició que los nobles, buscando el favor de los monarcas, construyeran casas y palacios en Madrid.

El emperador Carlos I de España y V de Alemania regaló a su hijo, el futuro Felipe II, Madrid y su coto de caza como residencia.

Madrid's creation and importance is owed to its nearby mountains. Forests of Holm Oaks and Rockroses, still full of wild boar, deer, bucks and eagles today. In former times there were bears and lynxes too. From the Middle Ages, the mountains of Madrid were the Spanish Kings' favoured hunting grounds. They spent long seasons hunting there, which encouraged the nobility, who wanted the Kings' favour, to build houses and palaces in Madrid.

The Emperor Charles I of Spain and V of Germany gifted to his son, the future Philip II, Madrid and its hunting enclosure as residence.

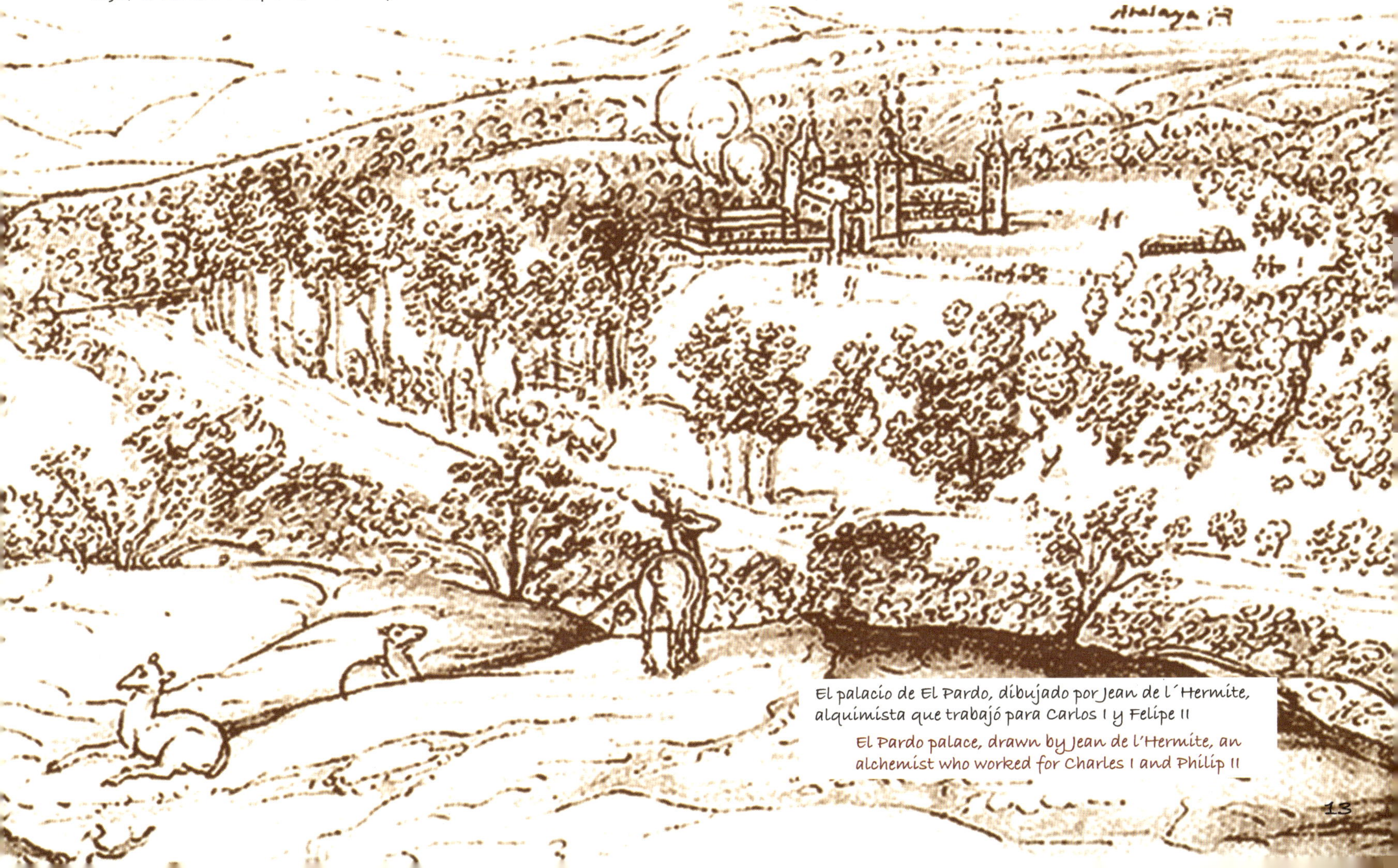

El palacio de El Pardo, dibujado por Jean de l´Hermite, alquimista que trabajó para Carlos I y Felipe II

El Pardo palace, drawn by Jean de l'Hermite, an alchemist who worked for Charles I and Philip II

Su origen

Los madrileños siempre quisieron saber cuándo había nacido la villa donde vivían. Se dijo antaño que las poderosas murallas de Madrid habían sido levantadas por el caldeo Nabuconodosor, después por Ocno Bianor, un guerrero troyano huido tras la Iliada; más tarde, que los primeros madrileños fueron una familia romana procedente de Mantua.

Pasó el tiempo y, como las pruebas de presencia romana eran pocas, se aseguró que habían sido los visigodos quienes habían levantado la desaparecida iglesia de Santa María y que fueron ellos los fundadores de la villa.

El alcázar y la medina de Madrid nacieron en la cumbre de dos colinas sobre el río Manzanares, la del Alcázar y la de la Almudena, y flanqueadas por dos arroyos, el del Arenal, que se prolongaba hasta el río Manzanares por el arroyo de Leganitos –hoy Cuesta de San Vicente– y el barranco del arroyo de San Pedro, la actual calle Segovia.

Madrid's origins

Madrilenians always wanted to know when their city was founded. A long time ago it was said that the Madrid´s strong walls had been built by the Chaldean Nebuchadnezzar, and then that Ocno Bianor, a Trojan warrior who escaped after the Iliad, was responsible for their construction; afterwards, it was said that the first Madrilenians were a Roman family from Mantua.

Time passed, and as evidence of a Roman presence was scarce, it was assumed that it had been the Visigoths who had built the church of Santa Maria – which no longer exists – and that they had created the city.

The Alcazar and the Medina of Madrid were founded on the top of two hills over the river Manzanares, the one of Alcazar and the one of Almudena. They were flanked by two streams: the Arenal, which extended to the river Manzanares via Leganitos stream – nowadays the Cuesta de San Vicente – and the gully of San Pedro stream, presentday Segovia Street.

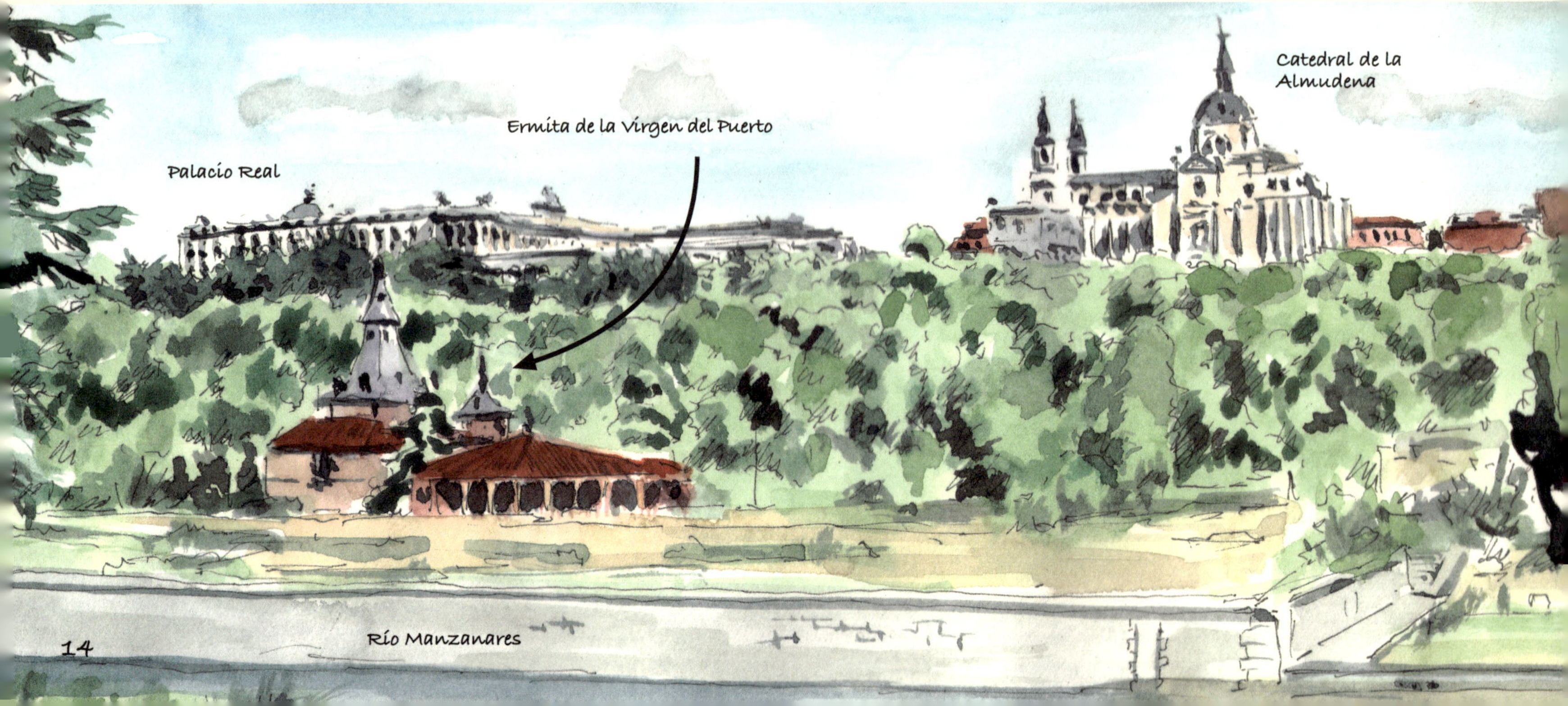

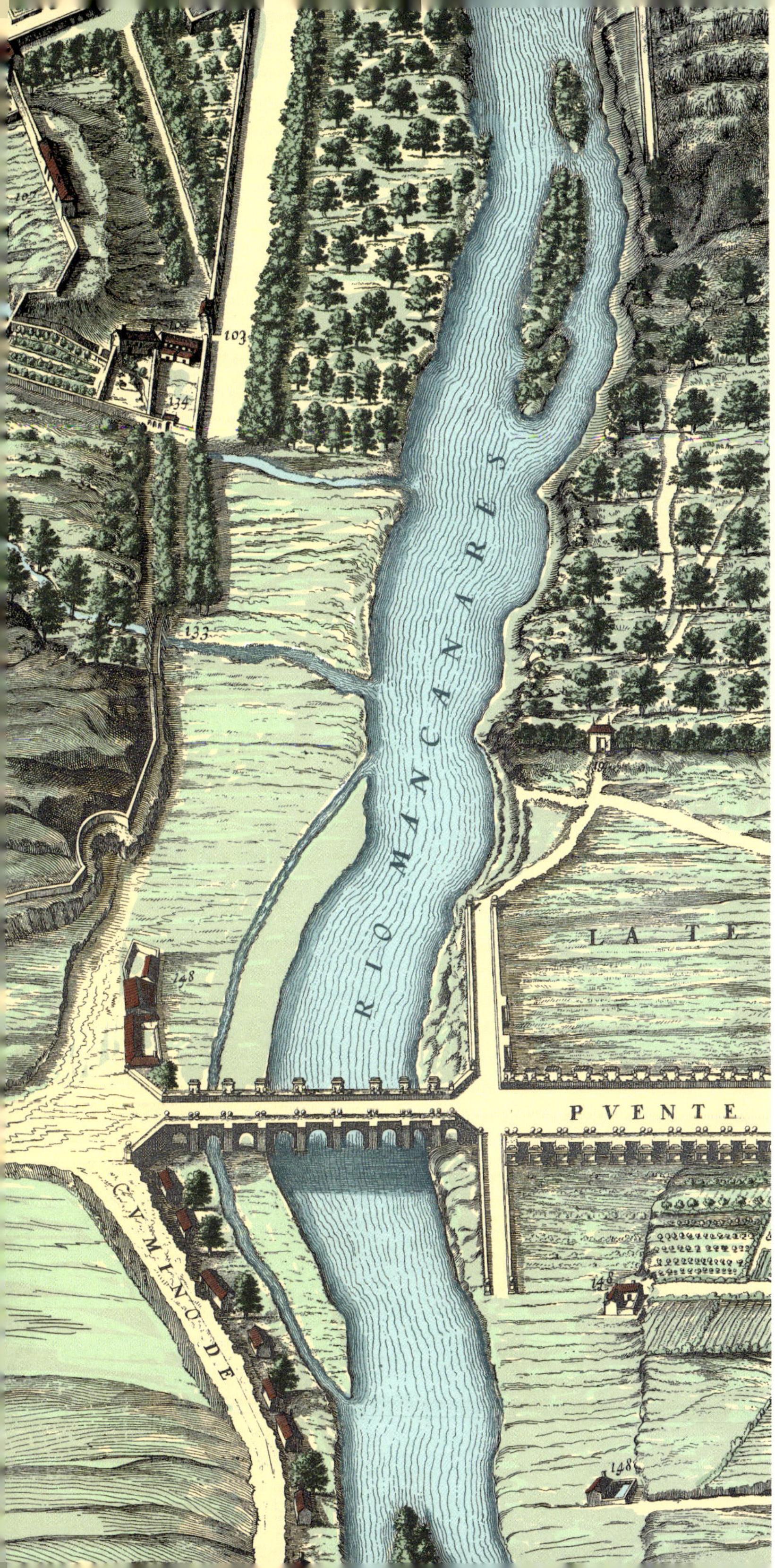

El puente de Segovia y el río Manzanares en el plano de Texeira (1656)
Segovia Bridge and river Manzanares in Texeira's map (1656)

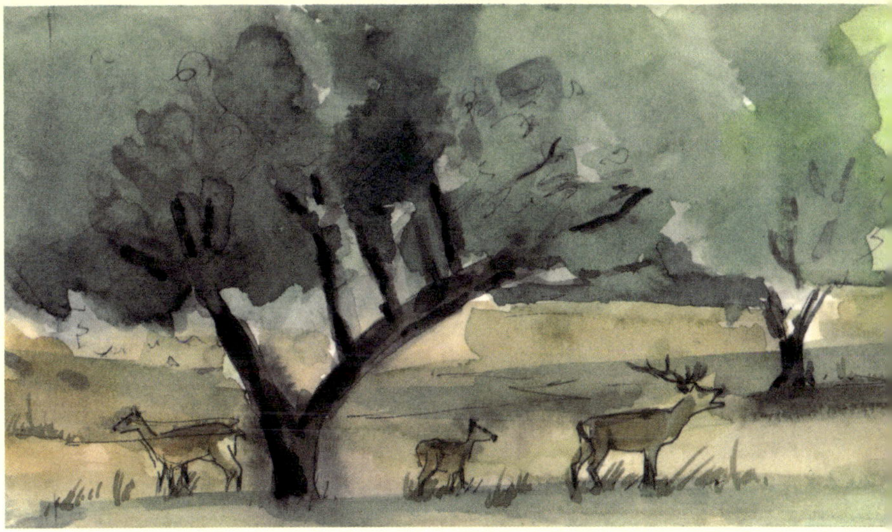

Sin embargo, a principios del siglo XX, se tradujeron los escritos de algunos geógrafos e historiadores árabes (al-Himyari, el moro Rasis, Ibn-Hayyan). En ellos se aseguraba que, a finales del siglo IX, el emir cordobés Mohamed I fundó varios castillos a lo largo de la Marca Media, el vasto territorio fronterizo que dividía la península entre musulmanes y cristianos en el año 1000. Las fortalezas de Talamanca, de Calatañazor, de Peñafora y también de Mayrit, denominación árabe de Madrid, fueron levantadas entonces como defensa de Al-andalus.

However, at the beginning of the 20th century, some texts by Arab geographers and historians (al-Himyari, the Moor Rasis, Ibn-Hayyan) were translated. They asserted that, towards the end of the 19th century, Cordoba's emir Mohamed I created some castles along the Marca Media, the large border territory that divided the peninsula between the Muslims and the Christians in the year 1000. The fortress of Talamanca, Calatañazor, Peñafora and Mayrit, the Arab name for Madrid, were built, then, to defend Al-Andalus.

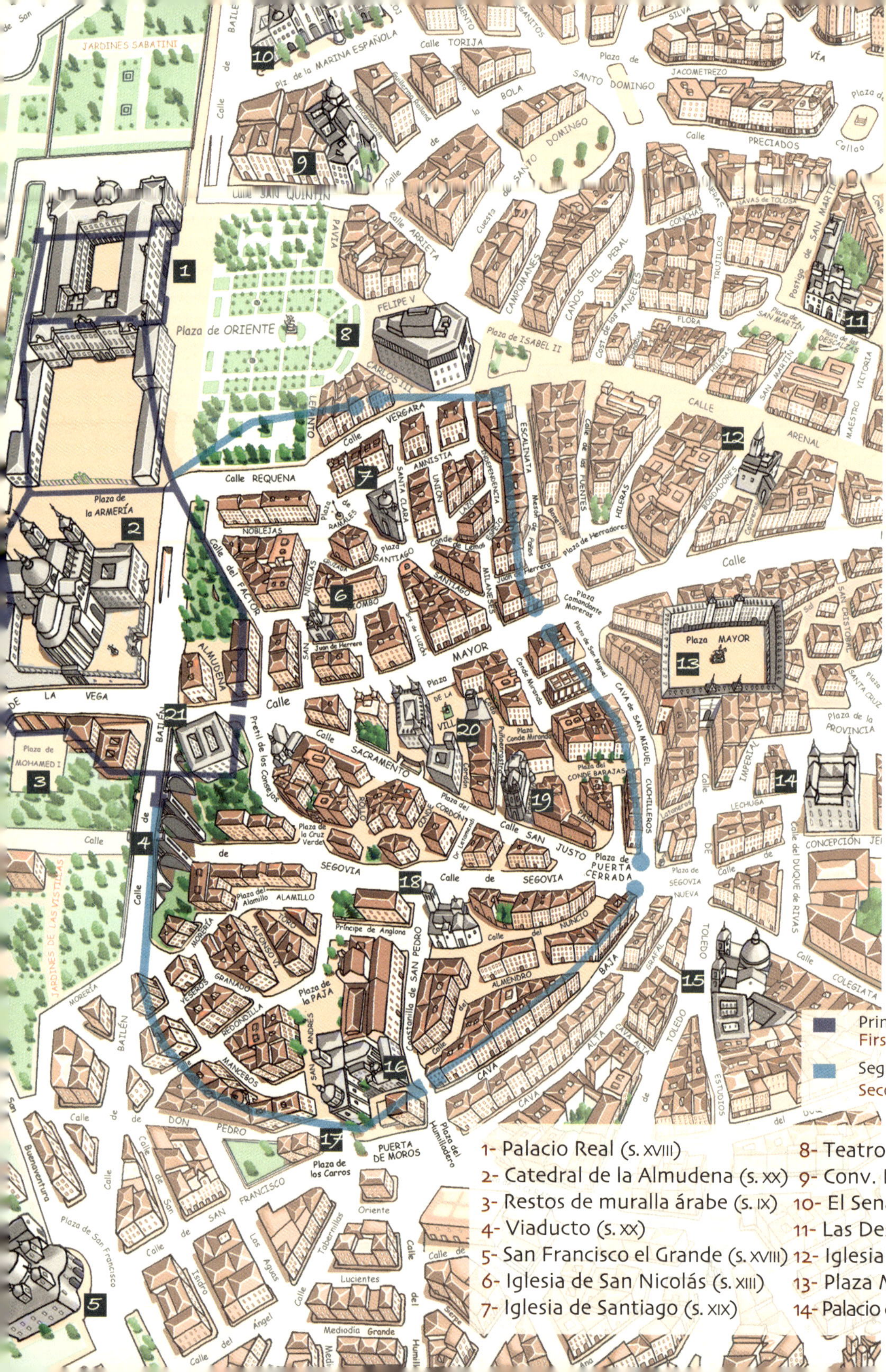

Las murallas de Madrid

The walls of Madrid

En la plaza de Mohamed I (3), verás los restos de las murallas de ladrillo y pedernal que protegieron Madrid durante la Edad Media. Pero, si sigues su trazado con este mapa, también podrás encontrarlas formando parte de los muros de comercios y casas de vecindad.

En 1542, López de Hoyos describió las murallas madrileñas ya casi desaparecidas entre el caserío: "...son de pedernal finísimo del que se saca fuego, tiene en su contorno ciento noventa torres de las cuales son muchas caballeras fortísimas y no puedo dejar de sentir como cada día las derriban".

In Mohamed I square (3), you will see the remains of the brick and flint walls that protected Madrid in the Middle Ages. But, if we follow their line on this map, we can also find them forming part of the walls of shops and houses.

In 1542, Lopez de Hoyos described the Madrilenian walls, almost non-existent by then: "...they are of fine flint used to make fire, there are one hundred and ninety towers along its contour many of which are very strong and I cannot help regretting how they tear them down"

Primer recinto (musulmán, s. IX-XI)
First enclosure (Muslim, 9th-11th centuries)

Segundo recinto (cristiano, s. XII-XVI)
Second enclosure (Christian, 12th-16th centuries)

1- Palacio Real (s. XVIII)
2- Catedral de la Almudena (s. XX)
3- Restos de muralla árabe (s. IX)
4- Viaducto (s. XX)
5- San Francisco el Grande (s. XVIII)
6- Iglesia de San Nicolás (s. XIII)
7- Iglesia de Santiago (s. XIX)
8- Teatro Real (s. XIX)
9- Conv. La Encarnación (s. XVII)
10- El Senado (s. XVIII)
11- Las Descalzas (s. XVI)
12- Iglesia de San Ginés (s. XVII)
13- Plaza Mayor (s. XVII)
14- Palacio de Santa Cruz (s. XVII)
15- Colegiata de San Isidro (s. XVIII)
16- Museo de los Orígenes (s. XX)
17- Iglesia de San Andrés (s. XV-XVII)
18- Iglesia de San Pedro (s. XIV)
19- Iglesia de San Miguel (s. XVIII)
20- Plaza de la Villa (s. XV-XVII)
21- Palacio de los Consejos (s. XVII)

La fortaleza

El viejo Mayrit árabe estaba dividido en dos partes unidas por murallas: el alcázar militar en un cerro y la medina civil en el otro. Entre medias, un paraje también amurallado en el que se celebraban mercados, fiestas y torneos.

Pero el avance cristiano era imparable. Las crónicas nos cuentan que, en el siglo x, Ramiro II de León acudió a Toledo con sus tropas en auxilio de los mozárabes. No pudo tomar Toledo pero, en su retirada, arrasó la fortaleza de Mayrit. Un siglo más tarde, Fernando I de Castilla volvió a derribar los murallas matritenses. Finalmente, Alfonso VI conquistó Madrid en el año 1083.

Poco después, el Madrid cristiano sufrió el largo asedio de un ejército almorávide que destrozó buena parte de sus muros. Pero el asalto se vio frustrado ante una repentina epidemia de peste que asoló el campamento asaltante.

The fortress

The ancient Arab Mayrit was divided into two parts joined by the walls: the military alcazar on one hill and the civil city on the other. Between them, there was another walled spot where markets, celebrations and tournaments took place.

But the Christian advance was unstoppable. The chronicles tell us that, in the 10th century, Ramiro II of Leon came to Toledo with his troops to help the Mozarabics. He couldn't seize Toledo but, during his retreat, he attacked the fortress of Mayrit. A century later, Ferdinand I of Castile tore down Mayrit's walls again. Finally, Alfonso VI conquered the city in 1083.

Shortly after, Christian Madrid suffered a long siege by an Almoravid army that destroyed the large part of the walls. But the assault was frustrated due to an outbreak of plague in the Arab camp.

Alcázar de Madrid
The Alcazar of Madrid

Dibujado por J. Cornelio Vermeyen en 1534. Encontrada, hace pocos años, en una biblioteca americana

Drawn by J. Cornelio Vermeyen in 1534. Found, a few years ago, in an American library

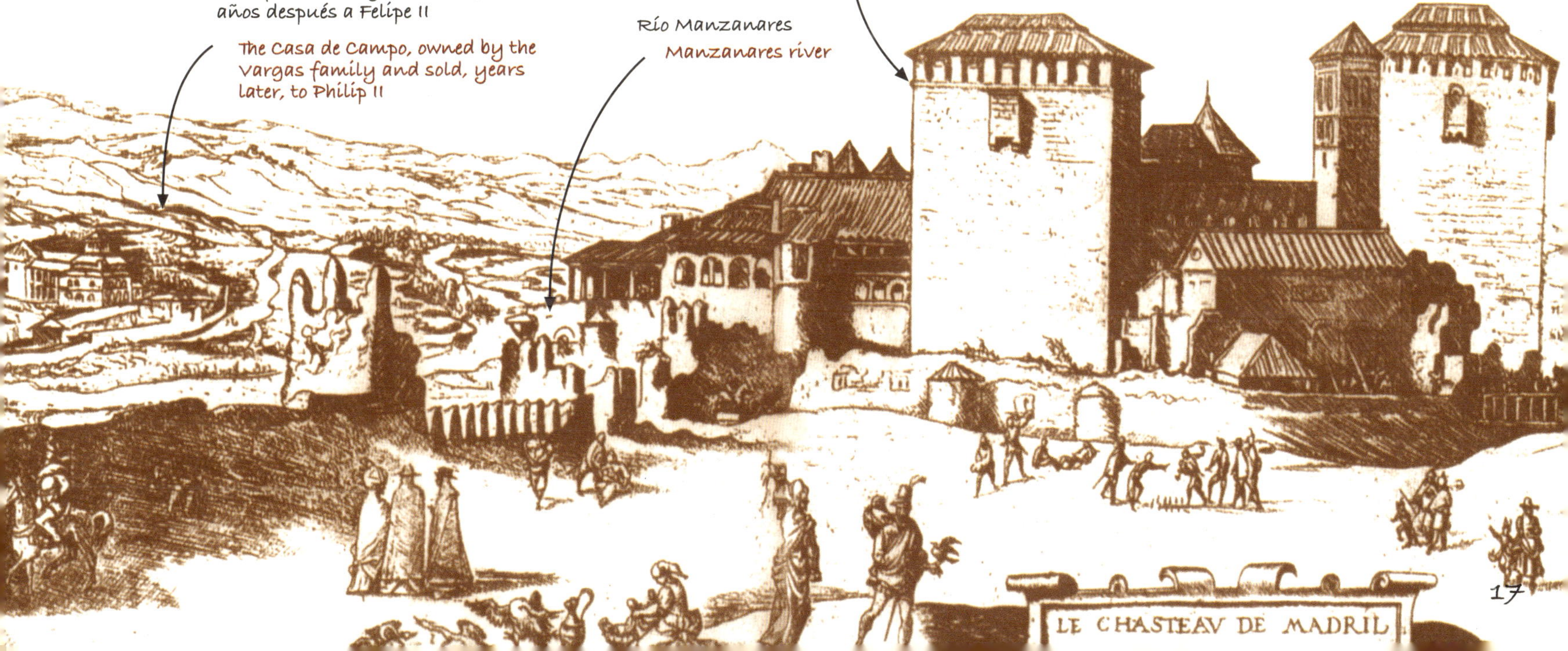

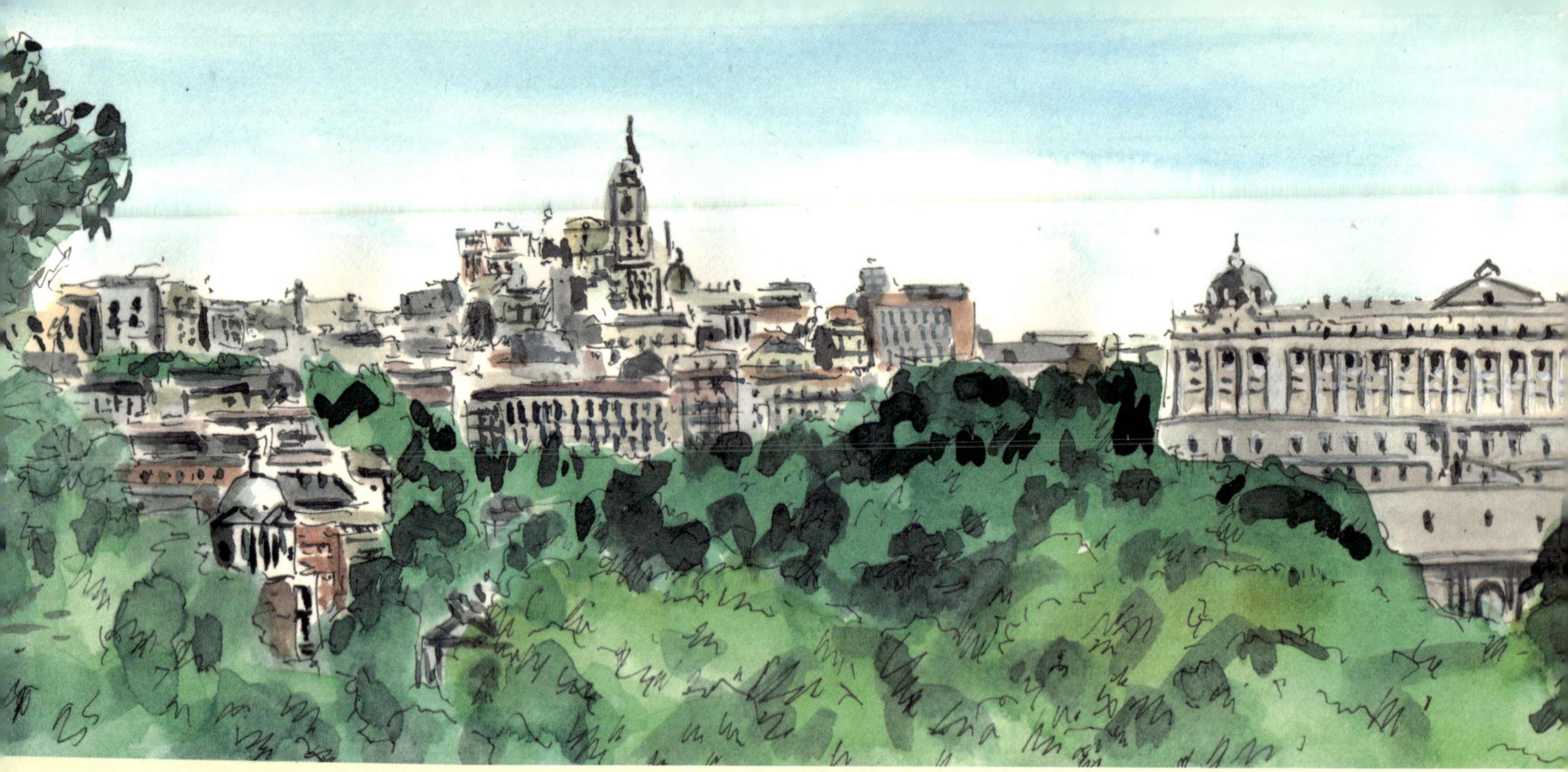

El Palacio Real y sus alrededores desde la Casa de Campo, aquella tarde
The Royal Palace and its surroundings seen from Casa de Campo, at evening

Los antiguos Madriles

Desde siempre, Madrid ha sido conocido popularmente en plural: los madriles. Esto es así por una circunstancia que le viene de antaño. Durante los siglos de la Edad Media, las tres religiones de la Biblia –judíos, cristianos y mahometanos– convivieron en Madrid. En el Mayrit mahometano, se juntaron los árabes, los bereberes (musulmanes del norte de África), los muladíes (cristianos islamizados), los judios y los mozárabes (cristianos bajo poder musulmán). Usualmente, dentro de las medinas, cada una de estas comunidades vivía separada en un barrio diferente, a veces, también amurallado. Como excepción, los mozárabes que, por cristianos, fueron obligados a habitar extramuros y sin fortificación en el cerro de las Vistillas. Cada religión tenía su propio Madrid.

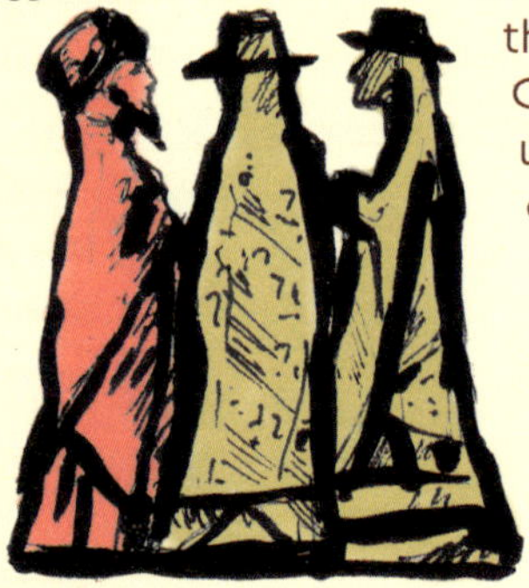

Ancient Madriles

Madrid has always been popularly known in the plural: the madriles. This derives from olden times. In the Middle Ages, the Bible's three religious groups – Jews, Christians and Muslims – co-existed in Madrid. In Muslim Mayrit, Arabs, Berbers (Muslims from the North of Africa), Muladis (Islamicised Christians), Jews and Mozarabics (Christians under Muslim rule) lived together. Each community, though, usually lived separately within the medina in different quarters, sometimes also separated by a wall. All except the Mozarabics, because, as Christians, they were forced to live outside the walls at Vistillas hill, in an unfortified area. Each religion, then, had its own Madrid.

Los conquistadores cristianos también procedían de diferentes lugares y también se reunieron en barrios según su común origen. Se sabe que el arrabal de San Martín fue fundado y habitado por francos llegados desde el otro lado de los Pirineos. Tras la conquista, los cristianos expulsaron a los musulmanes al cerro de las Vistillas que, desde entonces, se llamó barrio de la Morería y sus habitantes, los mudéjares. Los mozárabes se establecieron murallas adentro.

Respecto a la comunidad judía, se dice que habitaron en un castillo cercano al Alcázar ya que estaban bajo la protección de los monarcas por sus imprescindibles préstamos bancarios.

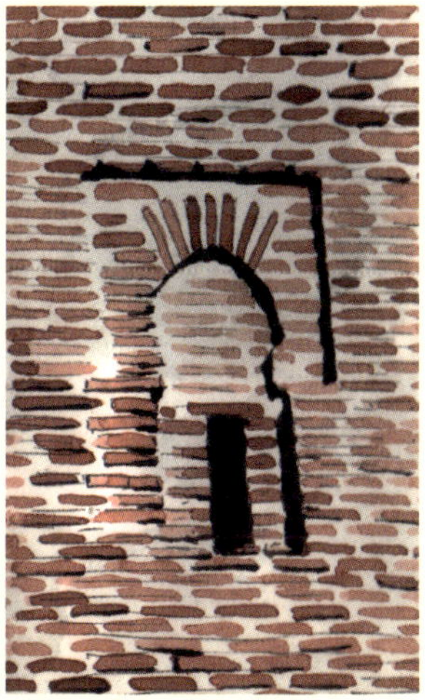

Ventana mudejar de la iglesia de San Pedro
Mudejar window in San Pedro Church

Christian conquerors also came from different places and settled in different quarters depending on their origins. It is known that San Martin suburb was created and inhabited by the Francs that came from the other side of the Pyrenees. After the conquest, the Christians expelled the Muslims to Vistillas hill that was, from then on, called the Moreria and its inhabitants, the Mudejares. The Mozarabics established themselves inside the walls.

Regarding the Jews, it is said that they lived in a castle next to the Alcazar, since they were under the protection of the Kings due to the vital economic support they gave the monarchs.

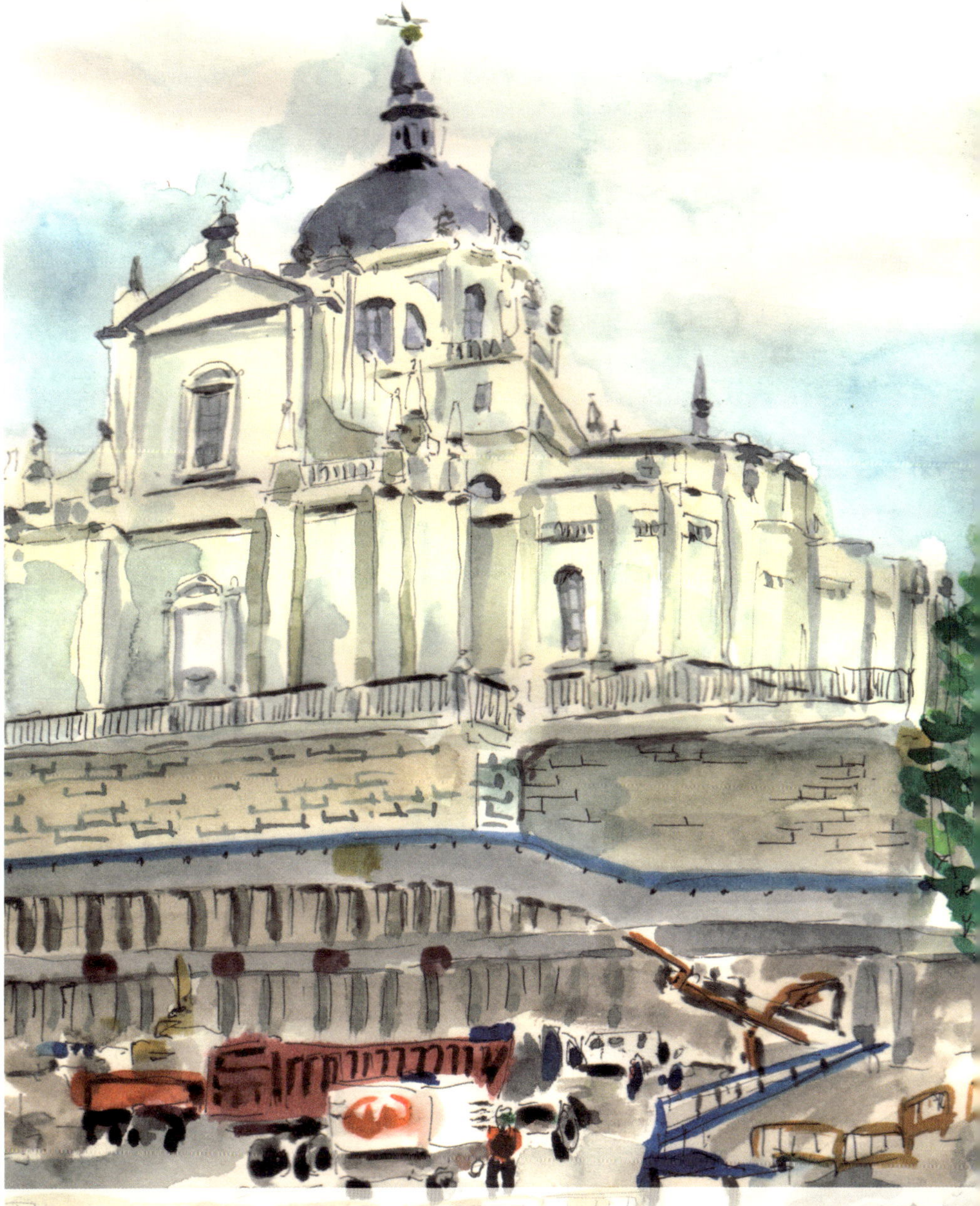

Descubrir la verdad de lo ocurrido en la antigüedad es tan difícil como aventurar el futuro. Nuevas pistas ponen en duda lo que hasta ahora parecía indiscutible. Hoy, se plantea una nueva teoría: el alcázar musulmán no estuvo en el mismo lugar que el castillo cristiano.

To discover the truth of what happened in antiquity is as difficult as predicting the future. New evidence calls into question what seemed unquestionable until now. Today, there is a new theory: the Muslim alcazar was not on the same site as the Christian castle.

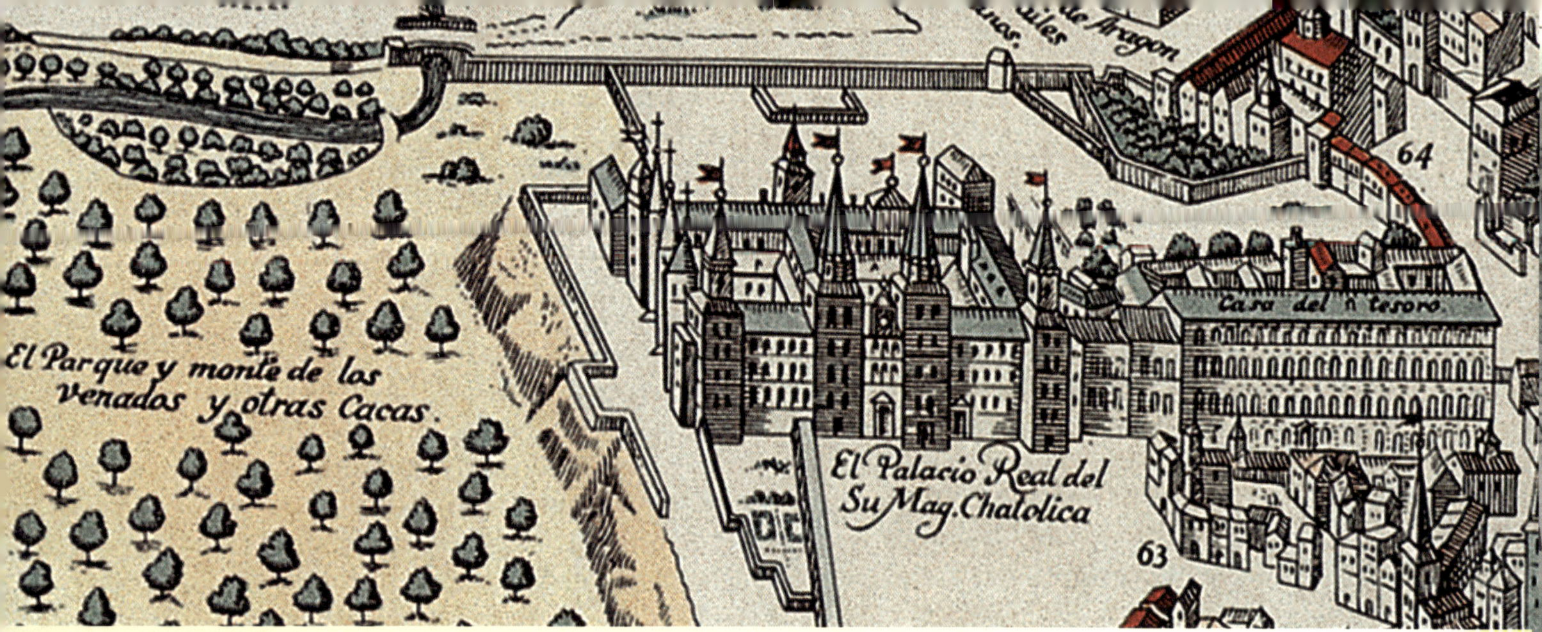

El alcázar en el plano de Mancelli (1630)

The Alcazar in Mancelli´s plan (1630)

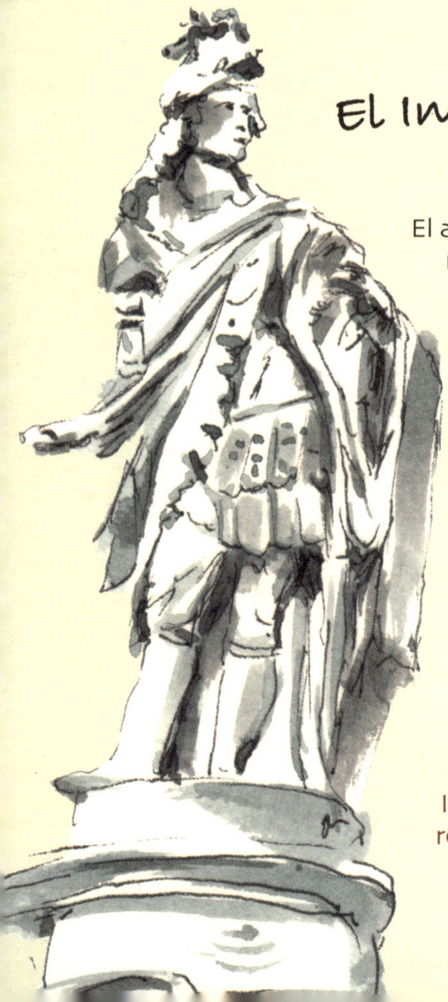

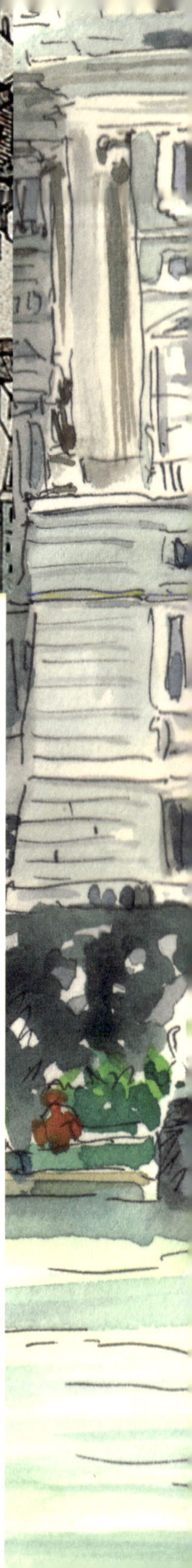

El incendio del alcázar real

Fire at the Royal Alcazar

El alcázar real de Madrid fue la residencia de recreo preferida de los reyes de la España medieval. Aquí se celebraron muchas veces las Cortes, las reuniones del monarca con los más poderosos nobles de su reino. Fue reformado en tiempos de Pedro I el Cruel y Juan I, se lo cedió como morada a León V, el destronado rey de Armenia. Pero quien más lo amplió y embelleció fue Felipe II, lo convirtió en su residencia permanente porque decidió que Madrid fuera la capital de las Españas. De pequeña fortaleza, pasó a ser el palacio desde el que se gobernaba un imperio en el que jamás se ponía el sol. En el alcázar se fueron acumulando riquezas incalculables hasta que, en la Nochebuena del año 1734, un devastador incendio lo redujo a cenizas. Se iniciaron entonces, reinando Felipe V, las obras del nuevo Palacio Real.

Madrid's Royal Alcazar was the Spanish Kings of the Middle Ages' favourite place to spend their leisure time. The States General, where the King met the most powerful people in the kingdom, took place here many times. It was reformed in the time of Peter the Cruel (Peter I) and John I gave it to Leon V, the deposed king of Armenia. But it was Philip II who enlarged and embellished it the most, making it his permanent residence because he had decided that Madrid should become the capital of Spain. From a small fortress, it became a palace from where an empire upon which the sun never set was ruled. In the Alcazar incalculable riches were accumulating until the Christmas of 1734, when a fire reduced it to ashes. So while Philip V reigned, work on the new Royal Palace started.

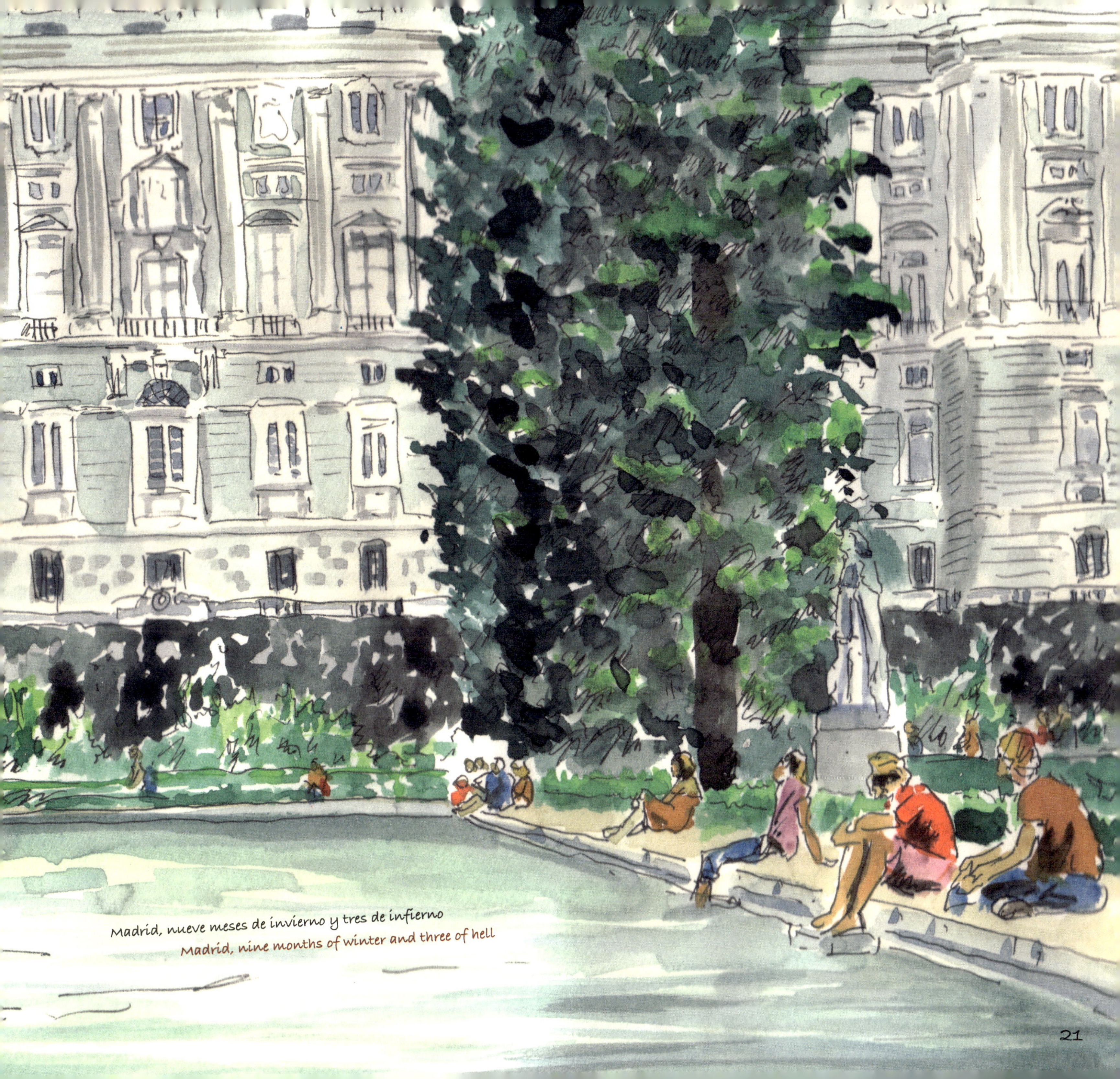

Madrid, nueve meses de invierno y tres de infierno

Madrid, nine months of winter and three of hell

El caballo de Galileo

Galileo's horse

La estatua ecuestre de Felipe IV que preside la plaza de Oriente no siempre estuvo aquí. Inicialmente, en 1642, fue colocada en los jardines del Palacio del Buen Retiro. Se la conoció con el nombre del "caballo de bronce" y su autor fue el florentino Piero Tacca. Para su obra, el escultor utilizó los bocetos de un cuadro de Velázquez y para conseguir que el caballo pudiera tener las patas delanteras levantadas sin peligro recurrió a Galileo Galilei. El sabio le dio la solución para conseguir el equilibrio: la base del caballo sería maciza, la parte delantera hueca.

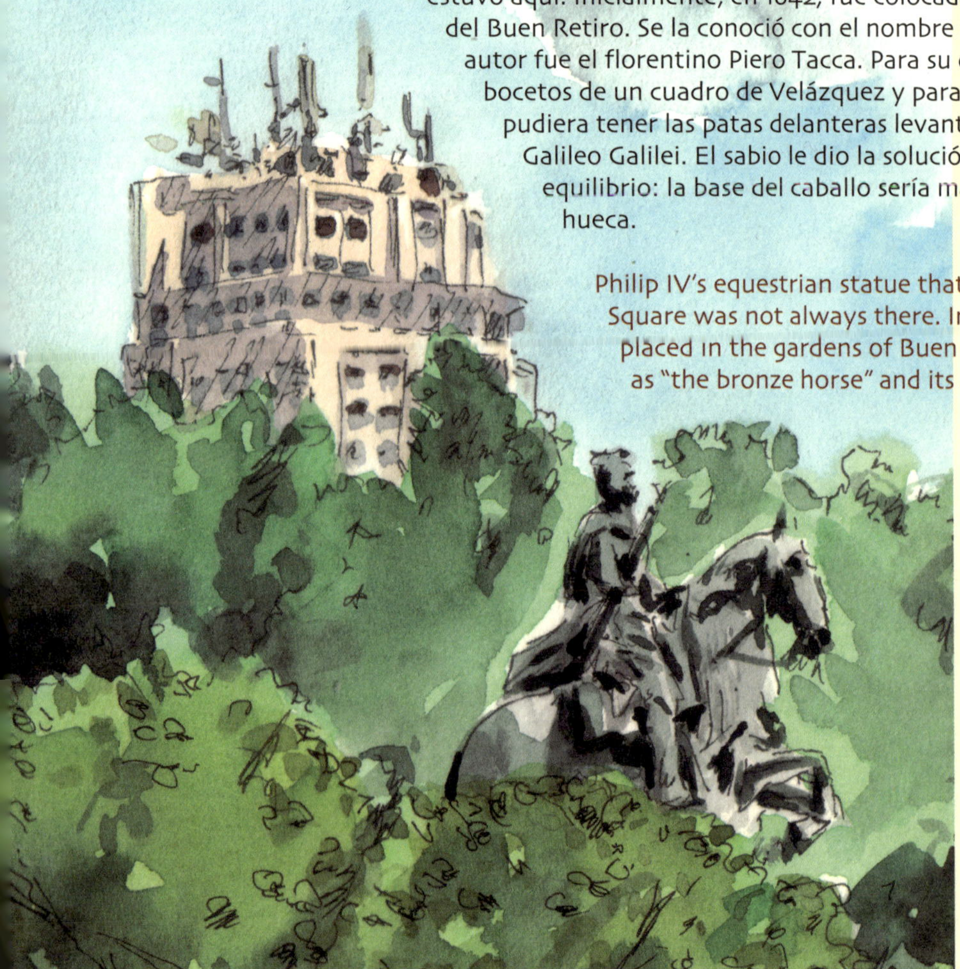

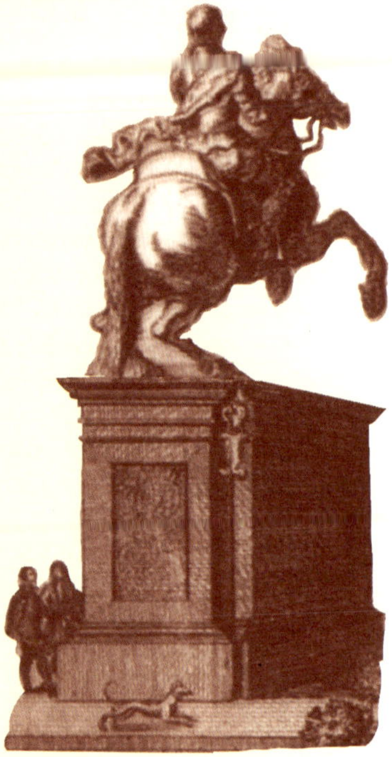

Philip IV's equestrian statue that presides over Oriente Square was not always there. Initially, in 1642, it was placed in the gardens of Buen Retiro Palace. It was known as "the bronze horse" and its author was Florentine's Piero Tacca. To make it, the sculptor used some sketches by Velázquez and to ensure that the horse had its two forelegs raised without danger he turned to Galileo Galilei. The wise man gave him the solution to achieve the equilibrium he was after: the base of the horse had to be solid, while the front part needed to be hollow.

Durante su corto reinado, el rey José Bonaparte fue conocido en Madrid como "el rey plazuelas" por su empeño en abrir nuevas plazas en el laberinto de callejuelas. La más grande fue la plaza de Oriente pero también despejó las de Santa Ana, San Ildefonso, Mostenses y otras.

During his short reign, King Joseph Bonaparte was known in Madrid as "rey plazuelas" ("the King of little squares") due to his zeal for making new squares in the city's maze of streets. The biggest was Oriente Square but he also made Santa Ana, San Ildefonso, Mostenses and others.

MADRID EN 1785

MADRID IN 1785

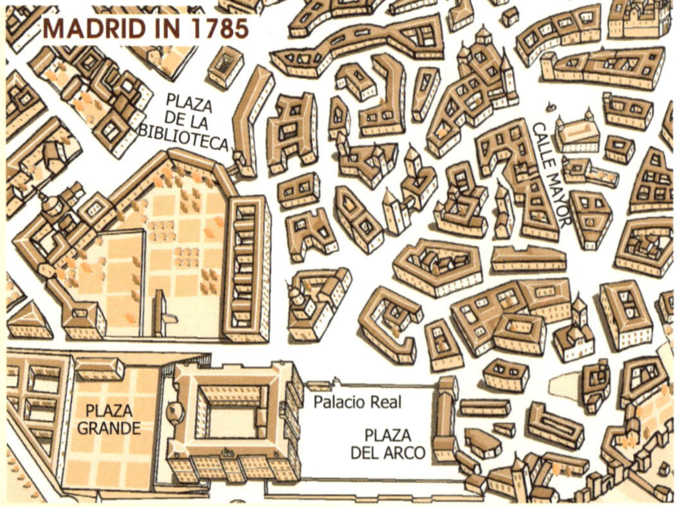

Los reyes ambulantes

Travelling Kings

Los jardines de la Plaza de Oriente y las fachadas del Palacio Real están repletos de esculturas de reyes españoles. Curiosamente, entre godos, navarros, leoneses, aragoneses, trastamaras, austrias y borbones, aparecen también el azteca Moztezuma y el inca Atahualpa. Según el proyecto original muchas estatuas iban a estar en los tejados del palacio. No se hizo así porque la reina Isabel de Farnesio soñó que un huracán las tiraba al suelo e interpretó que, de ocurrir esto, sería el fin de su dinastía. Y entonces, comenzó el viaje de muchas estatuas que hoy pueden verse en el paseo de las Estatuas del Retiro, en Toledo, en Burgos, en Vitoria, en Pamplona, en San Fernando de Henares, en El Paular...

The gardens of Oriente Square and the façade of the Royal Palace are full of sculptures of Spanish Kings. Curiously, amongst the Goths, Trastamaras, Hapsburgs and Bourbons, there also appeared Aztec Mozteszuma and the Inca Atahualpa. According to the original project many of the statues were going to be placed on the roofs of the palace. But it was not done that way because Queen Elisabeth of Farnese had a dream in which a hurricane swept the statues to the ground and she thought that, if such a thing happened, it would signify the end of her dynasty. Then the journey of many sculptures commenced. These sculptures can be seen today in the Sculpture Avenue of Retiro, and in Toledo, Burgos, Vitoria, Pamplona, San Fernando de Henares, El Paular...

MADRID EN 1814

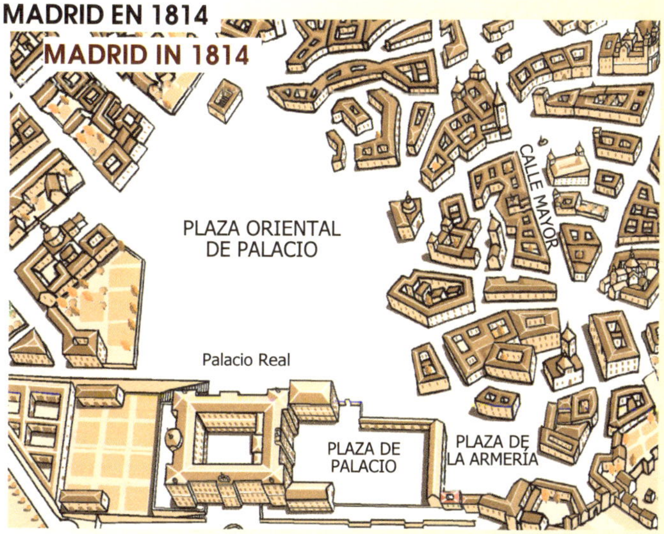

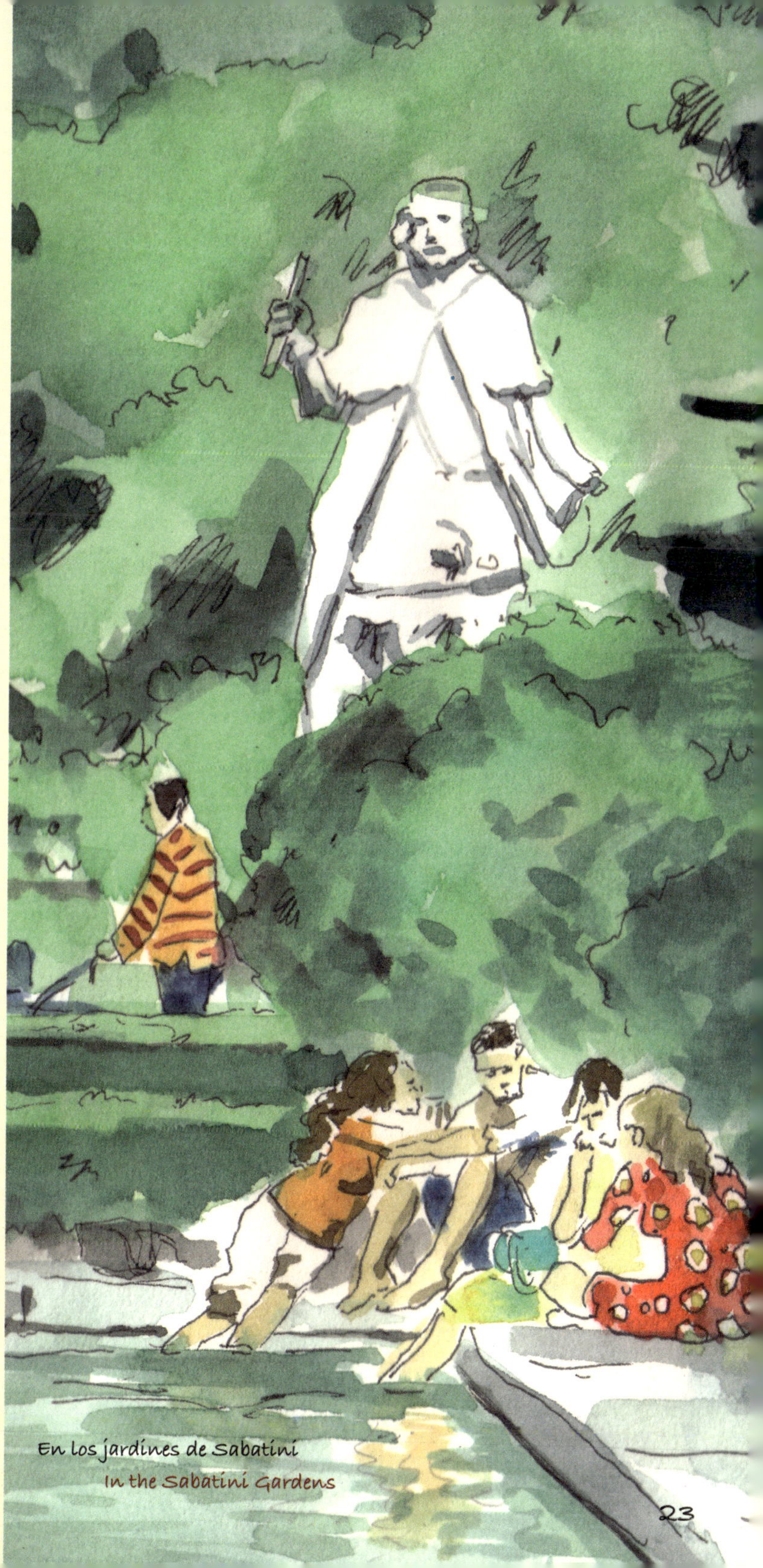

En los jardines de Sabatini

In the Sabatini Gardens

El barranco de san Pedro
San Pedro's gully

Bajo el Viaducto corre la calle Segovia, antaño cauce del arroyo de san Pedro. En sus márgenes estaban las huertas del Pozacho, llamadas así porque las murallas retenían y estancaban las aguas del arroyo. En aquel entonces, no había viaducto para salvar el barranco, sino un puentecillo con el nombre de Alcantarilla, que traducido del árabe –estamos en el barrio de la Morería– significaría "el puente pequeño". Es curioso que hoy en día, en idioma español, la palabra alcantarilla no tenga nada que ver con puente y sí con un lugar donde se recogen aguas inmundas.

Under the Viaduct runs Segovia Street, the ancient bed of San Pedro stream. Along its margins were Pozacho gardens, called thus because the walls stopped and dammed the water of the stream. There was no viaduct back then to overcome the gully, but a bridge called Alcantarilla, which translated from Arab – we are in the Moreria quarter – means "little bridge". It is strange that nowadays, in Spanish, the word "alcantarilla" does not have any relation with bridge but where dirty waters are collected.

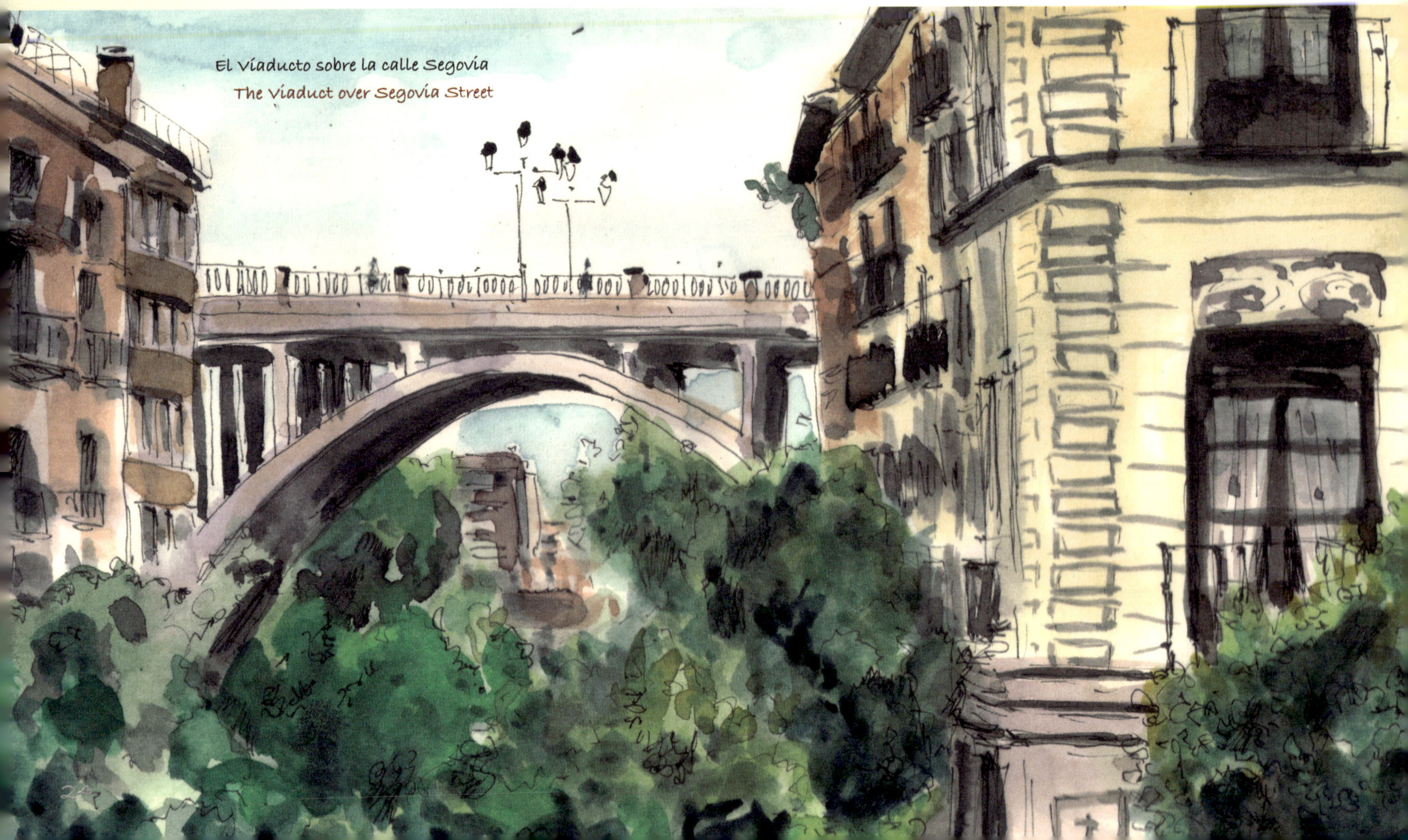

El Viaducto sobre la calle Segovia
The Viaduct over Segovia Street

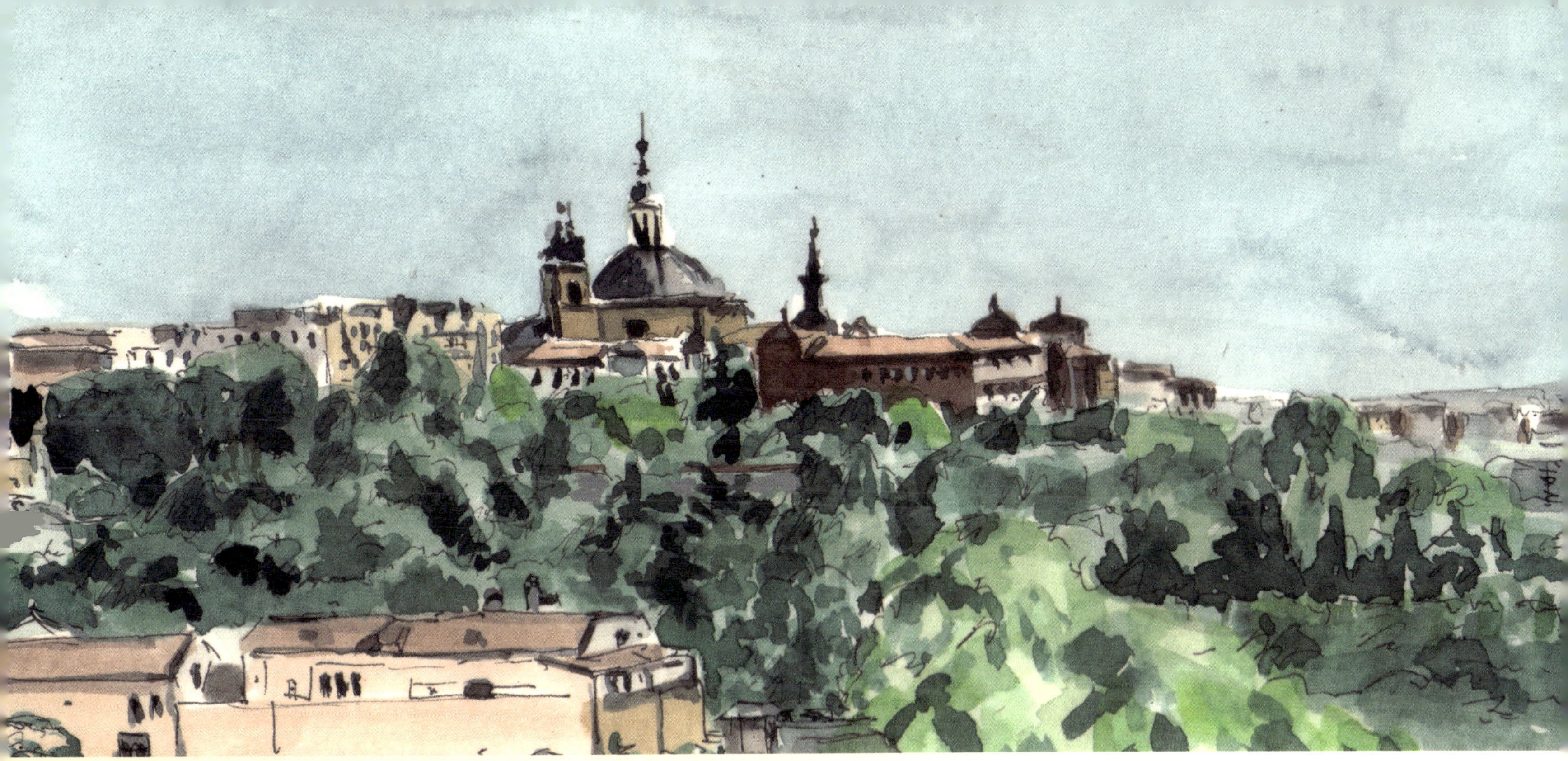

La basílica de San Francisco el Grande
The basilica of San Francisco el Grande

La Cuesta de los ciegos
Ciegos Hill

Se cuenta que en el siglo XIII, el mismo San Francisco de Asís fundó aquí un convento en una pequeña choza. La basílica de San Francisco el Grande no siempre fue basílica ni grande. A ella se asciende desde la calle Segovia por la llamada Cuesta de los Ciegos, nombre que procede de un milagro del santo durante su estancia en Madrid. En ella, sanó la vista a un ciego tocándole los ojos. Dicen que un musulmán quiso reírse del santo simulando una ceguera y Francisco le tocó y le dejó ciego. Le devolvió la vista cuando el burlón se convirtió al cristianismo.

It is said that in the 13th century, Saint Francis of Assisi himself created a convent here in a little hut. The basilica of San Francisco el Grande was not always a basilica nor so large. It is reached from Segovia Street via Ciegos Hill, a name that comes from a miracle performed by the saint during his stay in Madrid. Here, he cured the sight of a blind man by touching his eyes. It is said that a Muslim wanted to mock him by pretending he was also blind but Francis laid hands on him and he turned blind instead. He only restored his sight when the joker turned to Christianity.

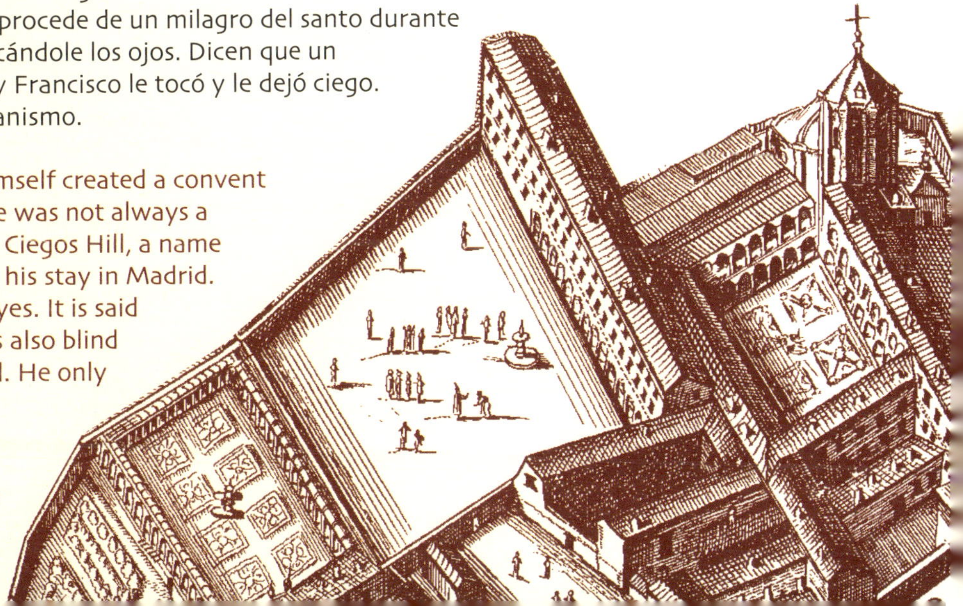

Convento de San Francisco en el plano de Texeira
Convent of San Francisco on Texeira's plan

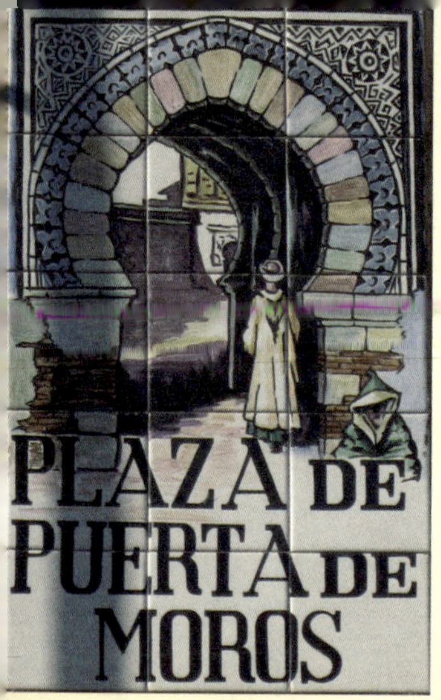

Seis plazas y una iglesia

Six squares and a church

La Puerta de Moros, acceso al barrio de la Morería, fue la única que pudieron utilizar los musulmanes para entrar o salir de Madrid durante la Edad Media cristiana. Quizás por esto, en su entorno se fueron situando algunos mercados madrileños. Hoy son plazas que mantienen, en sus nombres, su origen comercial: a un lado de la iglesia de san Andrés está a la plaza de la Paja, ya queda claro lo que allí se compraba; al otro, están la plaza de la Cebada, en la que sigue funcionando un mercado; la de los Carros, fue apeadero para alquilar éstos vehículos. Y hay dos plazas más, la del Humilladero, donde hubo una imagen ante la que debía arrodillarse todo el que pasara, y la de San Andrés, que denomina la pequeña iglesia del siglo xv. Iglesia con dos capillas que la doblan en tamaño: a un lado la del Obispo, del siglo xvi, y al otro la de San Isidro, del xvii.

Moors Gate, the access point to Moreria quarter, was the only one that Muslims could use to enter or leave Madrid during the Christian Middle Ages. Maybe for this reason, some Madrilenian markets were established around it. Nowadays some squares retain their commercial origins in their names: at one side of San Andres church there is Paja (straw) Square, which tells us what used to be sold there; on the other side there is Cebada Square, which is still a market these days; and Carros Square, which was a place to stop and rent "carros" or carts; and there are two more squares: Humilladero, where there was an image in front of which everybody who passed had to kneel; and San Andres, which gave its name to a small 15th century church. A church with two bigger chapels: at one side Obispo, from the 16th century, and at the other San Isidro, from the 17th century.

La capilla de San Isidro
San Isidro Chapel

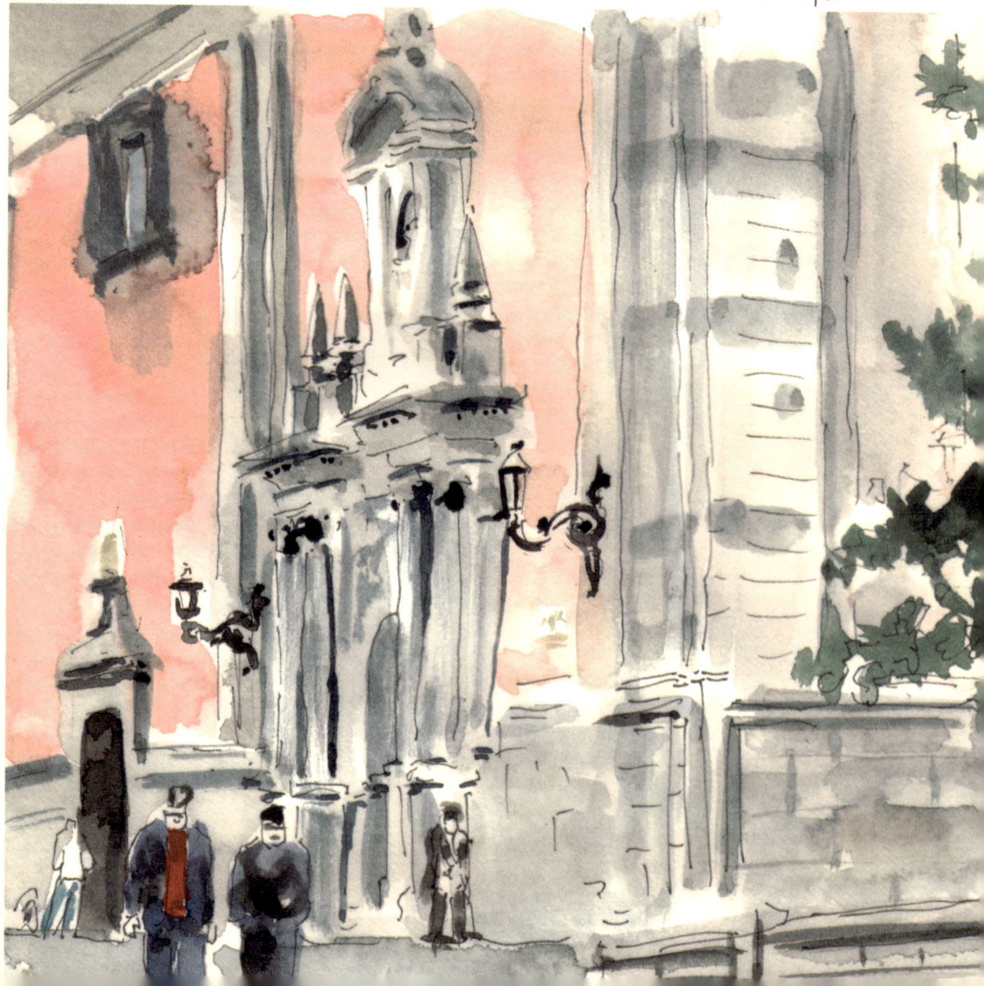

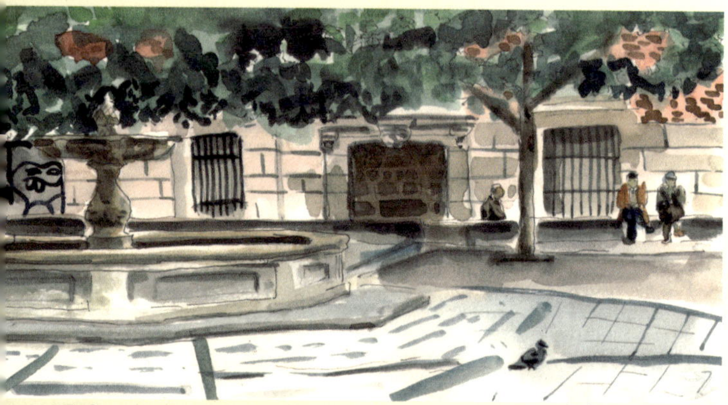

Fuente de los Carros
Carros fountain

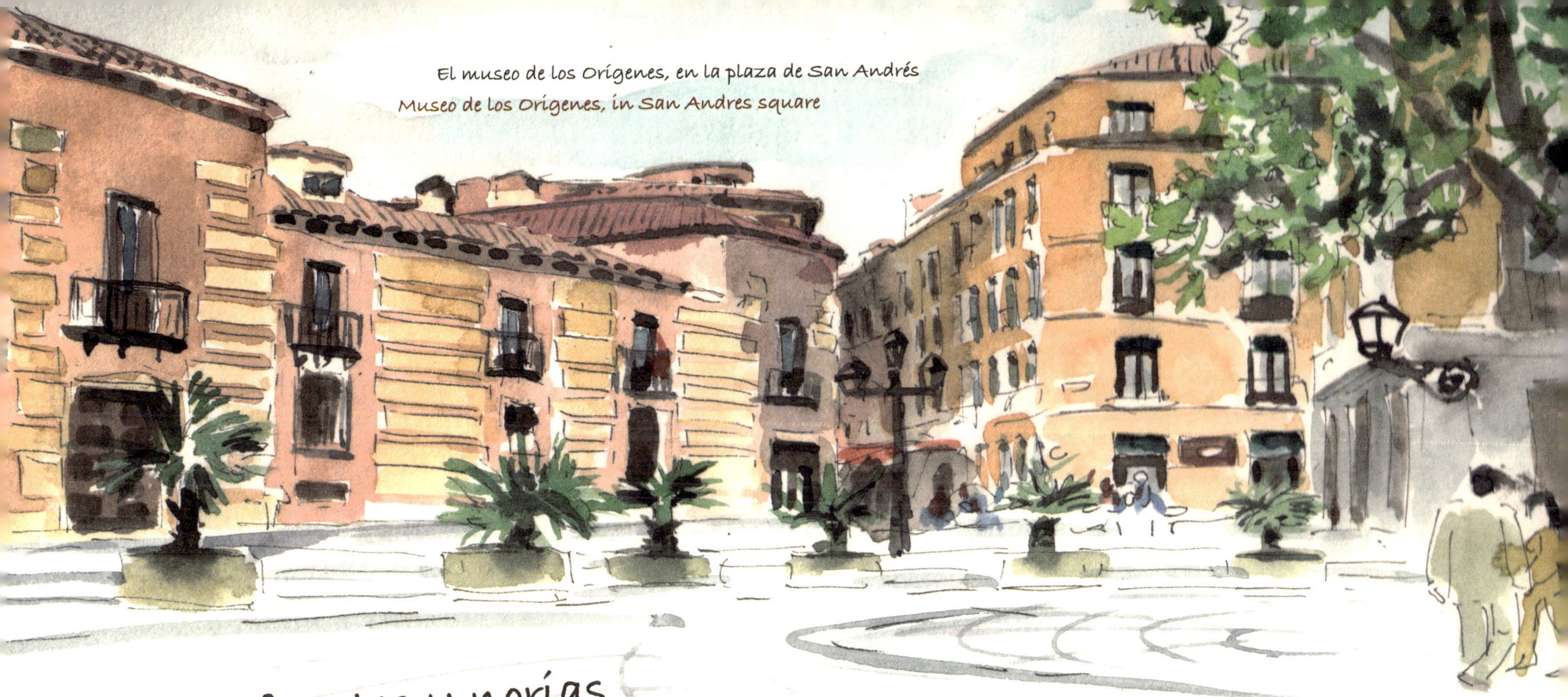

El museo de los Orígenes, en la plaza de San Andrés
Museo de los Origenes, in San Andres square

Pozos, fuentes y norias

En la plaza de San Andrés está el Museo de los Orígenes. En él descubrirás el pasado prehistórico, celtibérico, romano, visigodo y árabe de Madrid. En este mismo lugar vivió san Isidro, el santo patrón de la Villa, como siervo de la familia Vargas. Aquí está su pozo del Santo, del cual rescató a un niño dado por muerto. Los milagros de Isidro siempre tuvieron mucho que ver con el agua. Y Madrid, también. La villa tuvo, desde su nacimiento, un secreto sistema para tener tantas fuentes y pozos, los llamados Viajes o Minas de agua: una red de galerías subterráneas que recorrían las entrañas de la tierra captando y transportando agua. Agua que se escurría por las paredes de las Minas hasta un canal con pendiente en el fondo, bajaba hasta las Arcas y allí se sedimentaba, purificaba y repartía por las fuentes.

El profesor Oliver Asín nos desveló su importancia. Nos contó que el secreto de su existencia tenía mucho que ver con la seguridad de una fortaleza y descubrió que nuestra ciudad había crecido hacía donde las minas proporcionaban aguas "finas", las buenas para beber, y no hacía donde daban aguas "gordas", las que sólo servían para regar.

Wells, fountains and waterwheels

You can find the Prehistoric, Celtiberian, Roman, Visigoth and Arab past of Madrid at the Museo de los Origenes, in San Andrés Square. Saint Isidore, the patron of Madrid, lived in this very place as the Varga family servant. The Saint's well, where he saved a child who had been given up for dead, is located here too. Isidore's miracles always had something to do with water. And Madrid too. The city had, since its founding, a secret system that resulted in many fountains and wells, the so called Viajes or Minas de agua (Water Channels or Mines): a web of subterranean passages running through the entrains of the earth capturing and transporting water. Water that drained from the walls of the mines to the sloping channels that took it to the water towers where it sedimented, purified and was shared between the different fountains.

Professor Oliver Asin revealed its importance. He said that the secret existence of these passages had a lot to do with a fortress's security and he discovered that our city had grown over the mines that produced "aguas finas" or drinking water, and not where the mines produced "aguas gordas", the water only fit to irrigate the fields.

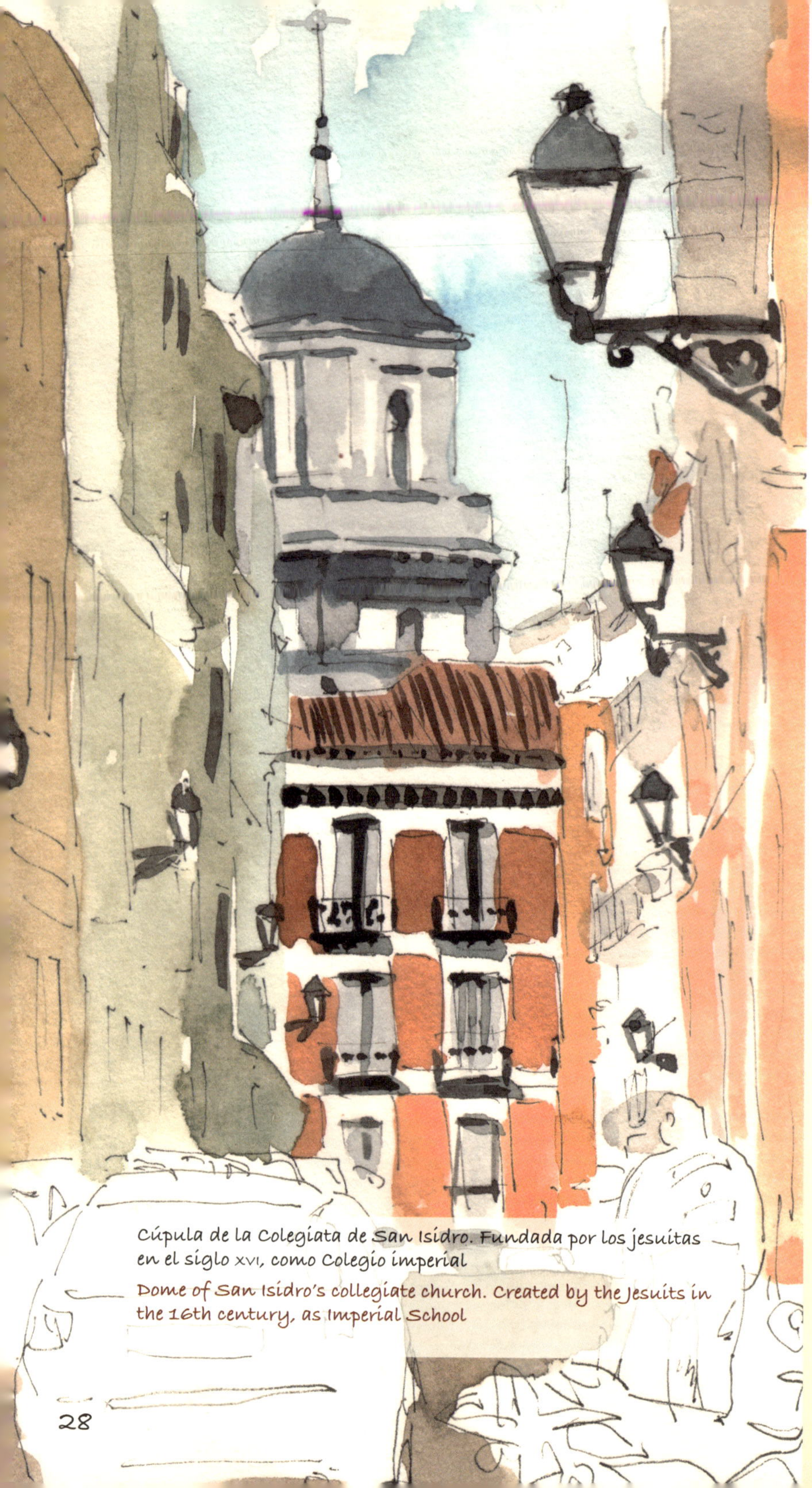

Cúpula de la Colegiata de San Isidro. Fundada por los jesuitas en el siglo XVI, como Colegio imperial

Dome of San Isidro's collegiate church. Created by the Jesuits in the 16th century, as Imperial School

La serpiente de Puerta Cerrada

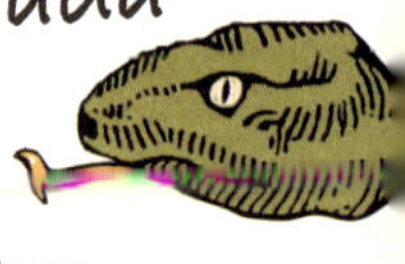

Cerrada Gate's snake

No se sabe por qué la desaparecida Puerta Cerrada tuvo este nombre. Se dijo que se cerraba a causa de los muchos maleantes que la aprovechaban para escapar. Para otros, las cavas de San Miguel y Cuchilleros arrastraban el agua de las lluvias hasta formar una laguna en su entrada que la hacía inaccesible.

A finales del siglo XVI se decidió ampliar la Puerta Cerrada. Al iniciar las obras se descubrió, oculto tras unas piedras, el relieve de una enorme culebra. Fueron llamados los sabios de la villa y éstos la identificaron rápidamente: no era una serpiente, era un dragón y los dragones eran el emblema de los guerreros troyanos. Y para todos, quedó demostrado que Madrid había sido fundada por los griegos.

It is unknown why the Cerrada (Closed) Gate, which cannot be seen today, had such a name. It was said that it was closed due to the many criminals that used it to escape. Others believe that rainwater flowed down San Miguel and Cuchilleros streets and made a small lake at the gate's entrance that made it inaccessible.

At the end of the 16th century it was decided to enlarge Cerrada Gate. When the work began the relief of a huge snake was discovered, hidden behind some stones. Wise men were called who quickly identified it: it was not a snake, but a dragon, the emblem of the Trojan warriors. And for everyone it was thus proved that Madrid had been founded by the Greeks.

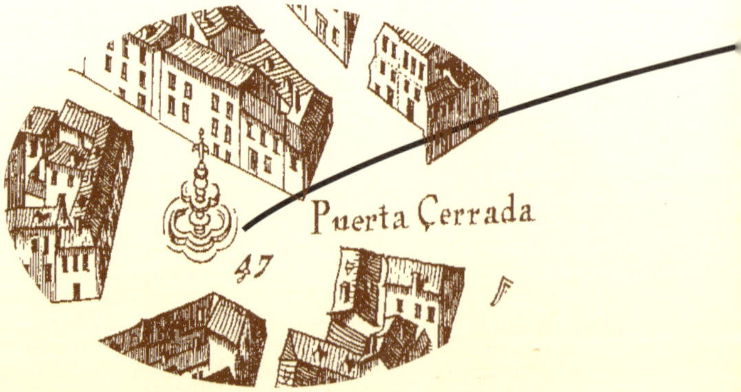

Fuente de Puerta Cerrada tal como aparece en el plano de Pedro de Texeira de 1665

Fountain at Cerrada Gate as it appears on Pedro Texeira's map of 1656

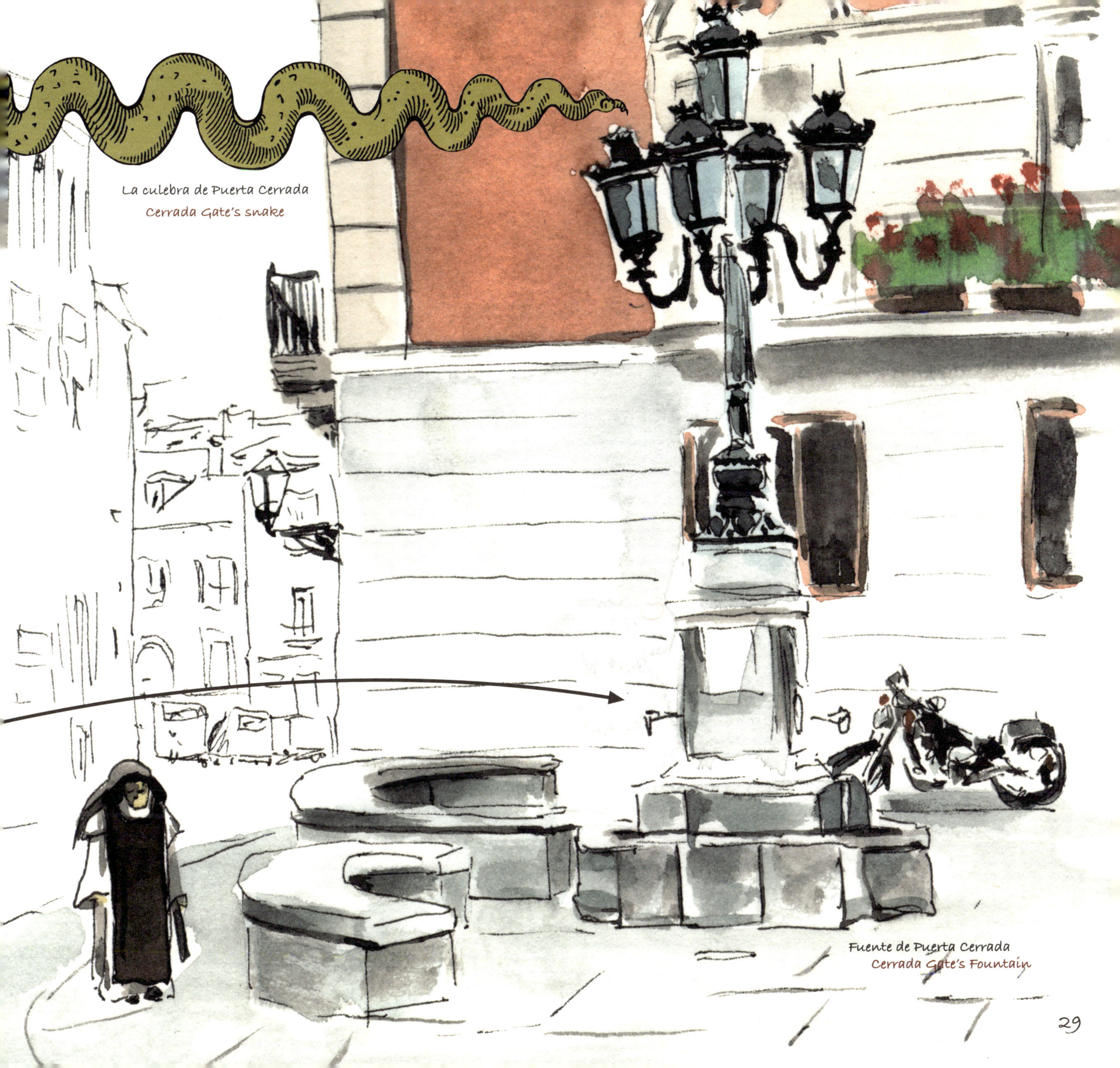

La culebra de Puerta Cerrada
Cerrada Gate's snake

Fuente de Puerta Cerrada
Cerrada Gate's Fountain

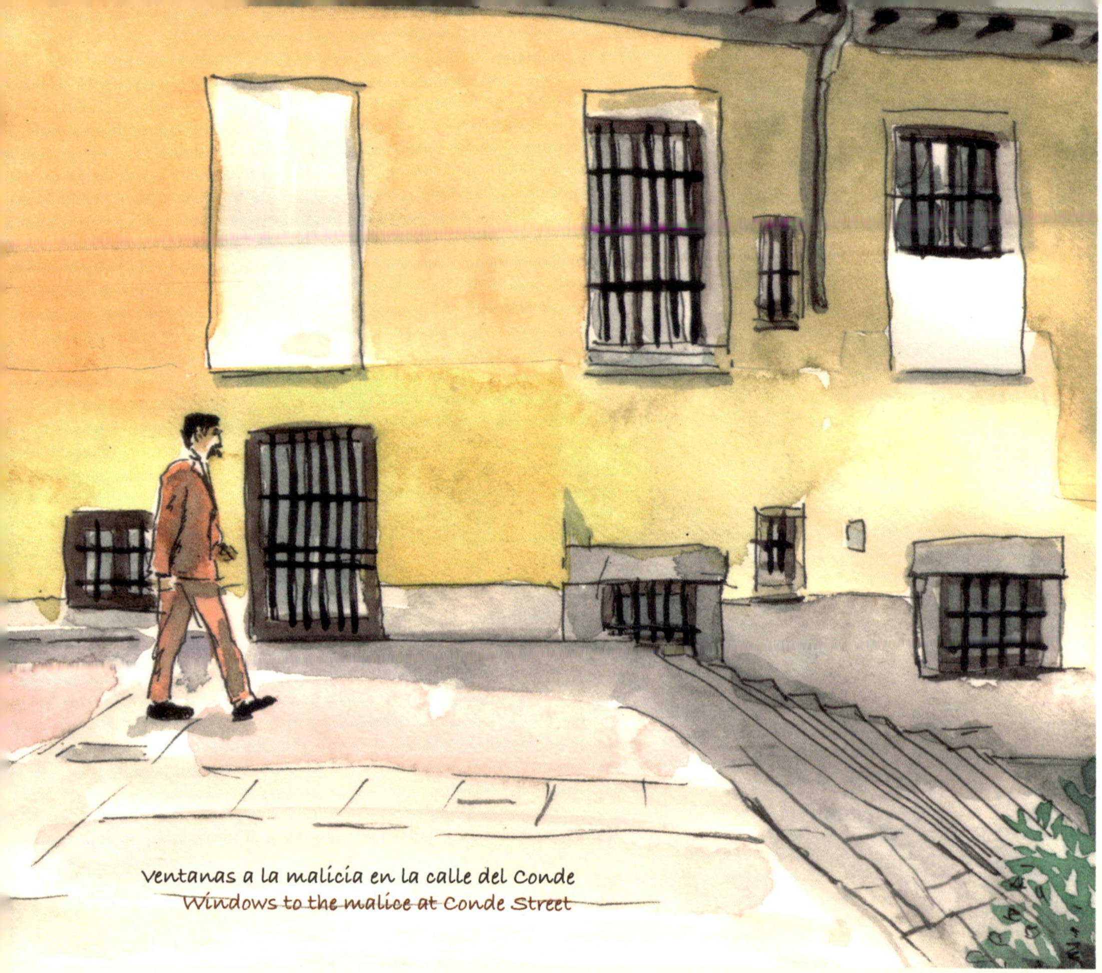

Ventanas a la malicia en la calle del Conde
Windows to the malice at Conde Street

El fantasma de Sacramento
Sacramento's ghost

Una noche lluviosa, un guardia de Corps se refugió en el quicio de un portón de la calle Sacramento. La puerta se abrió y una bellísima dama le invitó a pasar dentro de un lujoso palacio y allí le ofrendó hasta el último de los placeres. A la mañana siguiente, ya en la calle, el guardia se dio cuenta que había olvidado su espada y regresó a recogerla. En lugar de un palacio, encontró una casa en ruinas.

A rainy night, a Corps Guard sought refuge in a doorway on Sacramento Street. The door opened and a beautiful woman invited him inside a luxurious palace and offered him all kinds of pleasures. The following morning, already in the street, the guard realised that he had forgotten his sword, and he went back to pick it up. But instead of the palace, he found a ruined house.

Las casas a la Malicia
Malicious Houses

La elección de Madrid como capital del reino tuvo malas consecuencias para sus habitantes. Llegó un ejército innumerable de funcionarios que necesitaba residencia y se promulgó una ley por la que todos los vecinos debían ceder obligatoriamente una parte de su casa para alojarles. Los madrileños inventaron entonces multitud de trucos para ocultar, desde la calle, el tamaño de sus viviendas. Se llamaron las Casas a la Malicia.

The choice of Madrid as capital of the kingdom had negative consequences for its inhabitants. A countless army of civil servants that needed somewhere to live arrived and a law obliging all inhabitants of the city to hand over part of their houses to accommodate them was approved. Madrilenians thus invented a multitude of tricks to hide, from the street, the size of their houses. These were the Casas a la Malicia, or Malicious Houses.

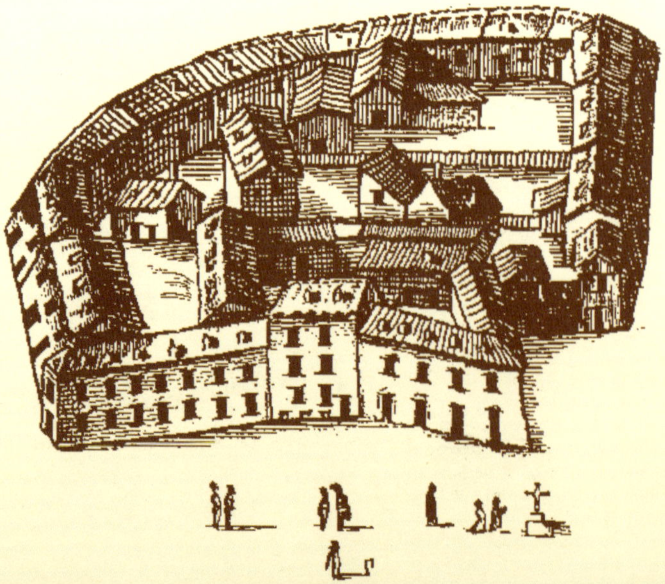

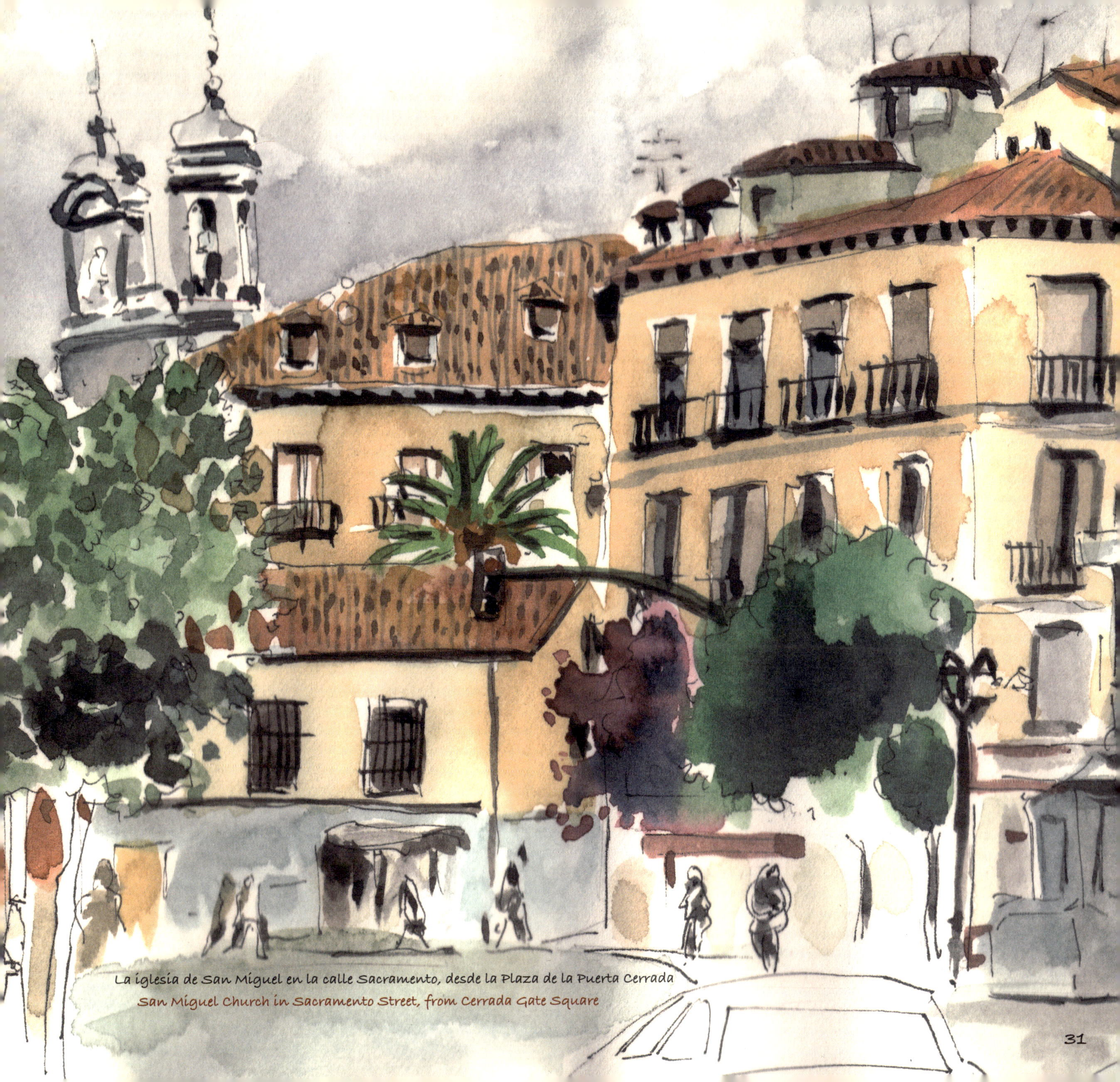

La iglesia de San Miguel en la calle Sacramento, desde la Plaza de la Puerta Cerrada
San Miguel Church in Sacramento Street, from Cerrada Gate Square

La puertecilla de Luján

En la plaza de la Villa podrás ver las casas de los Lujanes que mantienen su aspecto medieval. Destaca en ellas un soberbio torreón y sus puertas. Portadas éstas, en las que se mezclan el estilo mudéjar con elementos decorativos góticos.

La torre de don Juan de Luján tiene una puertecilla de muy poca altura en la calle del Codo con una vieja anécdota: estando prisionero en Madrid el rey Francisco I, fue invitado a entrar por esta puertita para obligarle a inclinarse ante quienes estaban al otro lado. Pero el francés se dio cuenta y la atravesó de espaldas.

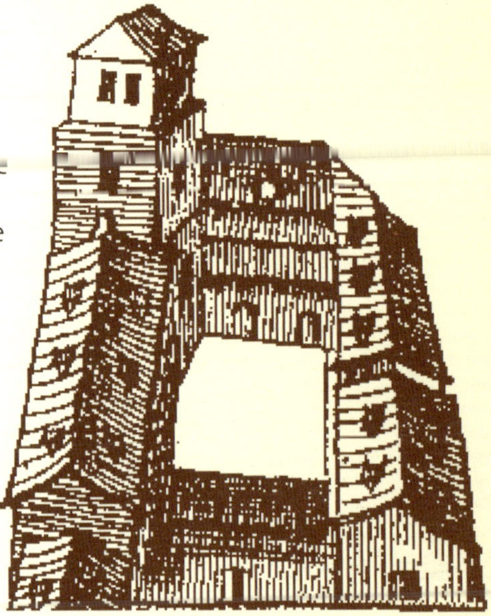

Torre medieval de los Lujanes en el plano de Texeira

Lujanes medieval tower on Texeira's plan

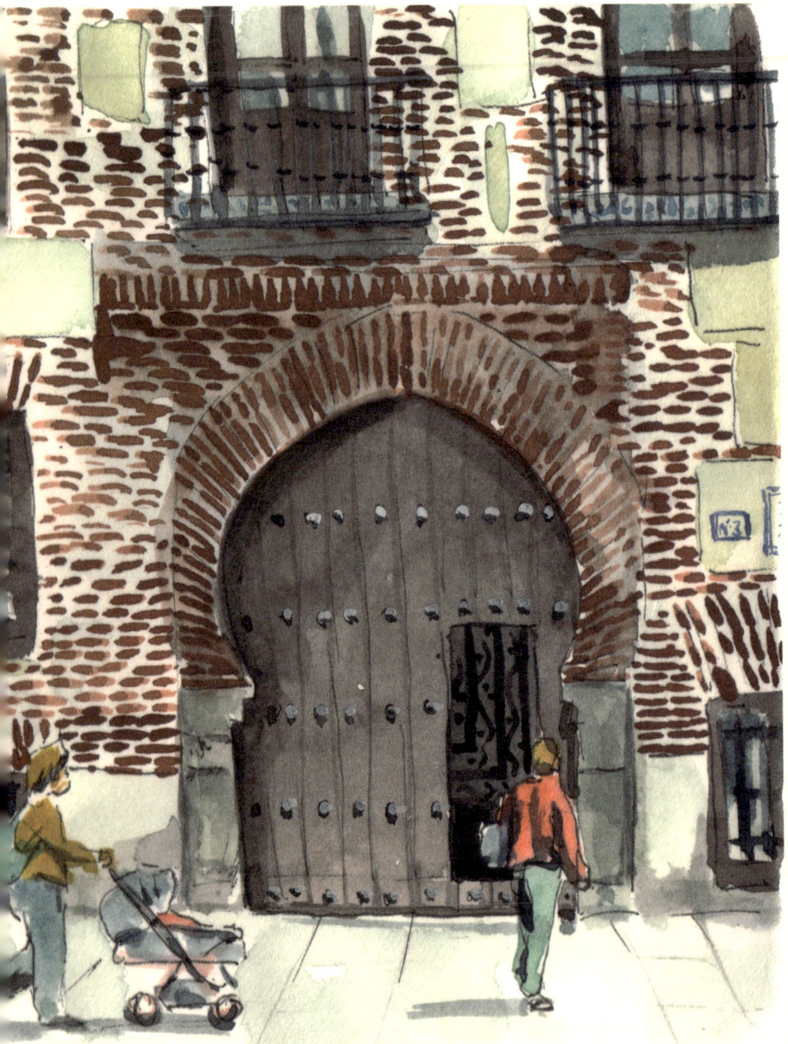

Puerta mudejar de la Casa de don Álvaro de Luján

Mudejar door at the house of Don Alvaro de Lujan

Lujan Door

At Villa Square you can see the houses of the Lujanes that retain their medieval look. Besides their impressive tower, the doors are also interesting. Mudejar style mixes with Gothic decorative elements in these doors.

Don Juan de Lujan tower has a very small door on Codo Street with an old story attached to it: while he was prisoner in Madrid King Francis I was invited to enter through this door to force him to bow to those on the other side. But the French King realized what was happening and entered backwards.

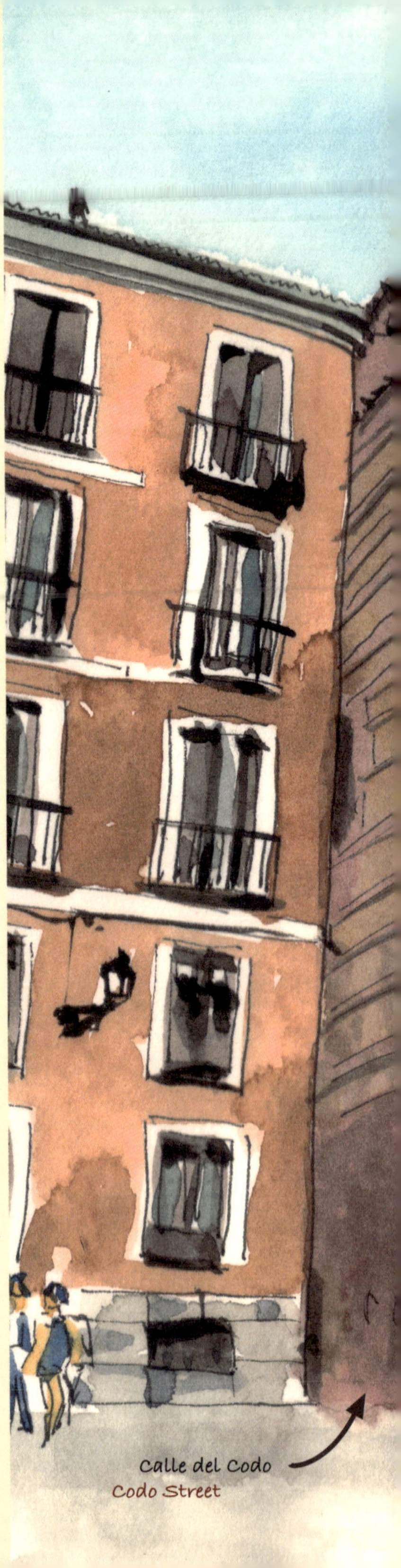

Calle del Codo

Codo Street

La Casa de la Villa

Town Council

En la plaza de la Villa, en la desaparecida iglesia de san Salvador, se reunía el concejo medieval madrileño. Esta plaza tiene más curiosidades en sus puertas: enfrente de la casas de los Lujanes puede verse el edificio que, hasta hace muy poco, ha sido sede del Ayuntamiento de Madrid. Construido en el siglo XVII, en él sorprende encontrar dos puertas principales iguales. La razón es que una de las puertas era la del ayuntamiento, y la otra lo fue de la cárcel.

Villa Square has more curiosities aside from its doors. Madrid's Medieval city council met at San Salvador Church, which used to stand in this square. Opposite the Lujanes houses one can see the building which, until a short while ago, housed the town council. Built in the 17th century, it has two identical main doors. One was for the town council, and the other for the prison.

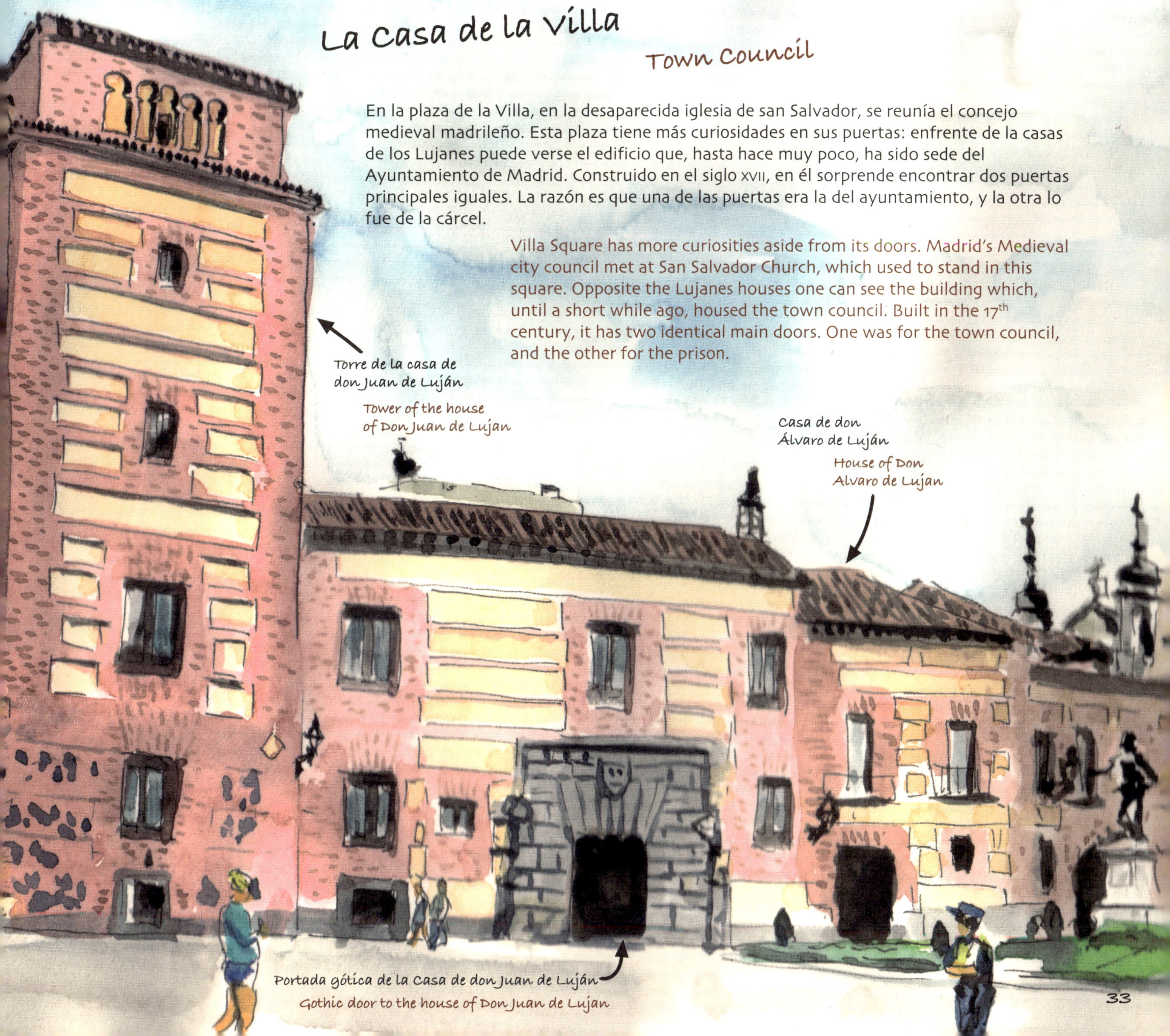

El espíritu de la muralla

The spirit of the wall

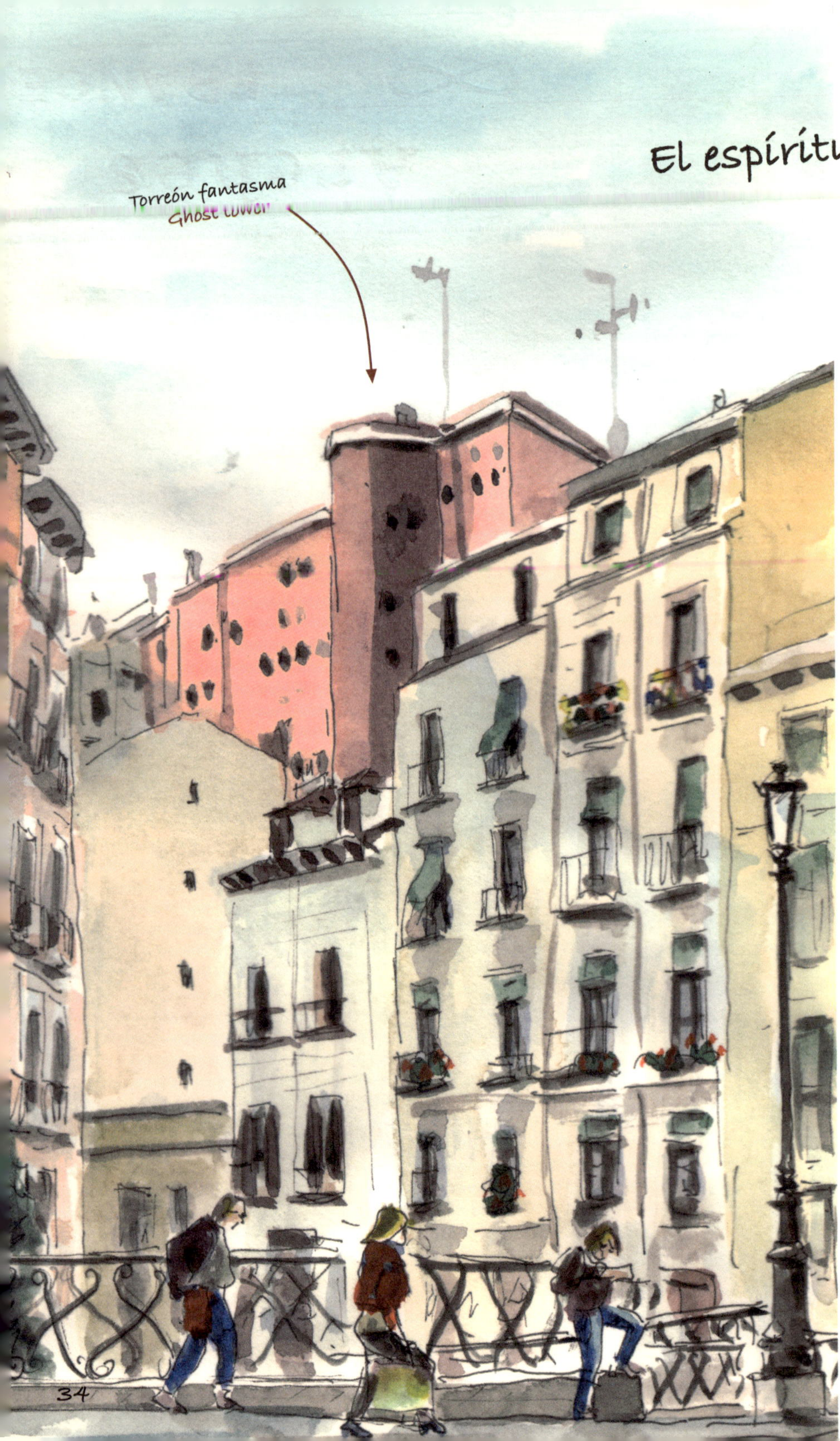

Si desde la Plaza de Isabel II, miramos hacia la calle de la Escalinata, nos sorprenderá la extraña joroba que ostenta la parte trasera de un edificio. Es un torreón fantasma de la antigua muralla medieval. De él, sólo queda el recuerdo en la forma de un edificio y alguna piedra de sus cimientos. No muy lejos de esta torre, se encontraba la Puerta de Valnadú, o Banaldú, o del Diablo, que también así fue llamada. La tenebrosa leyenda que se tejió sobre esta puerta surgió a causa de una profunda marca que apareció un día en una de sus piedras. La marca tenía la forma exacta de una mano y muchas fueron las conjeturas que sobre ello hicieron los madrileños. La puerta de Vanaldú, fue derribada a finales del siglo XVI.

If we look towards Escalinata Street from Isabel II Square, we will see, to our surprise, a strange hump at the back of a building. It is a ghost tower belonging to the ancient medieval wall. We only have a trace of it left in the form of a building and some of its stone foundations. Not far from this tower one can find Valnadu, or Balnadu or Diablo, Gate. The dark legend surrounding this gate arose due to a deep mark that appeared on one of its stones one day. The mark had the exact same shape as a hand and Madrilenians made many conjectures about it. Valnadu Gate was torn down at the end of the 16th century.

Las murallas entre el caserío en el plano de Texeira

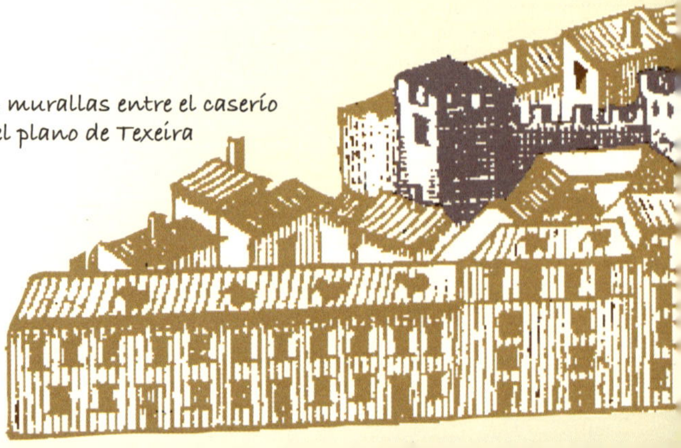

Las fuentes en el plano de Texeira
The fountains on Texeira's plan

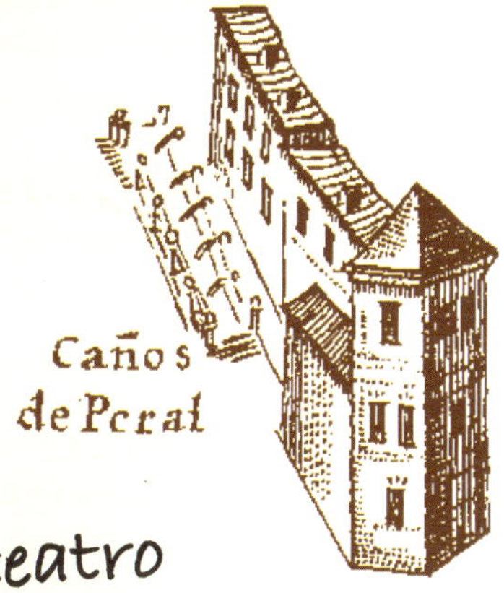

La fuente del teatro
The fountain of the theatre

Enterradas bajo la plaza de Isabel II, están las Fuentes de los Caños del Peral. Durante siglos, las fuentes y la explanada que se abría delante, reunieron a diario a una buena parte del pueblo madrileño. Allí acudían las mujeres a por agua y los hombres al Juego de Pelota. Los comediantes aprovechaban la aglomeración y presentaban sus espectáculos lo cual, con el tiempo, dio lugar a la construcción, primero, de un Coliseo de comedias y, a mediados del siglo XIX, del Teatro Real.

Buried under Isabel II Square are the Caños del Peral Fountains. For centuries, the fountains and the esplanade in front of them attracted a great proportion of Madrid's population each day. Women went there to get water and men to play the Juego de Pelota (Ball Game). Comedians took advantage of the crowds and performed their shows there. In time these lead to, first, the building of a Coliseum of comedies and, in the mid 19th century, the Royal Theatre.

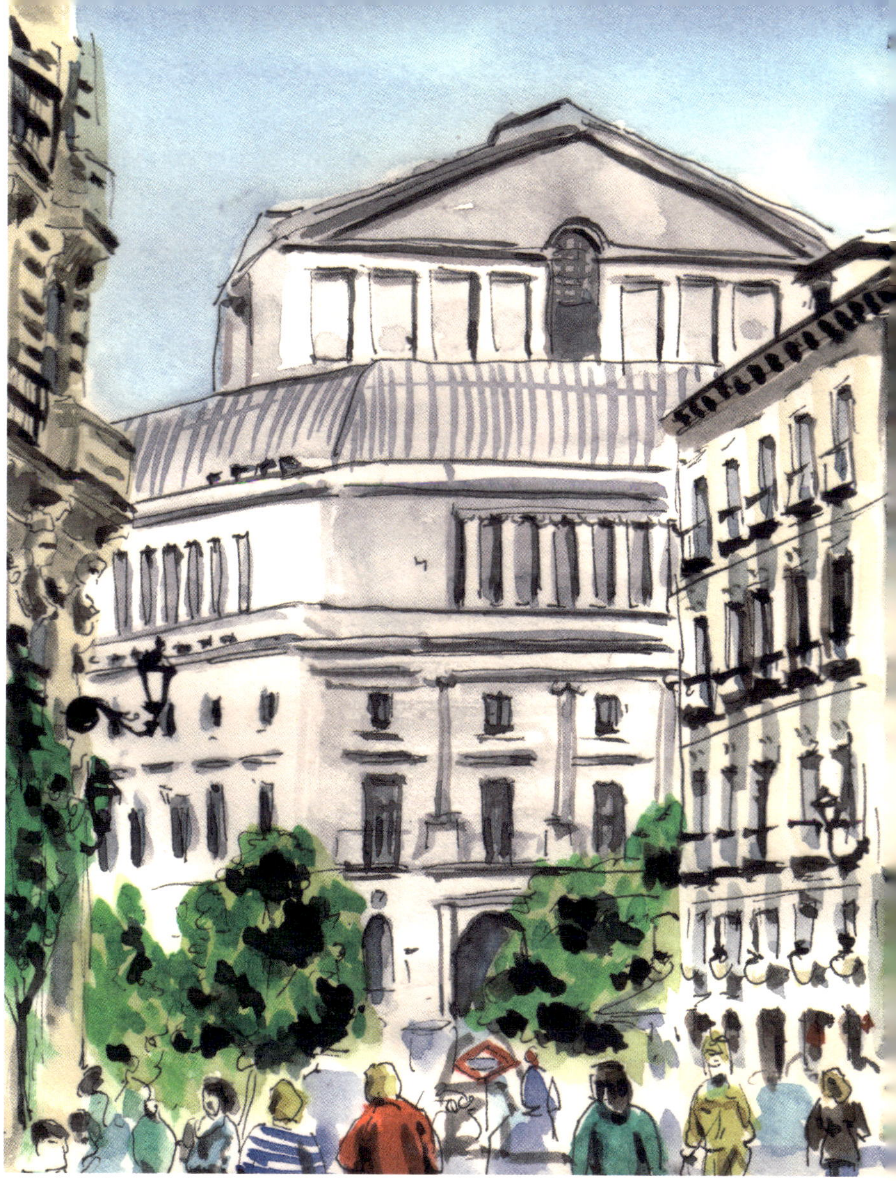

El Teatro Real visto desde la calle Arenal Royal Theatre from Arenal Street

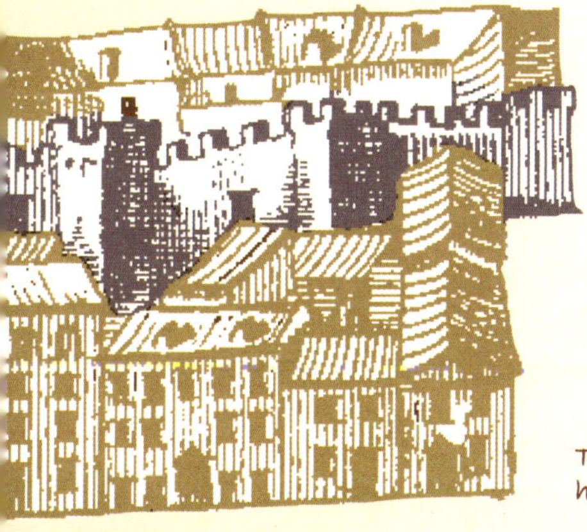

Por la que hoy es la calle Arenal, corría el arroyo del mismo nombre hasta formar el barranco que protegía el noreste del alcázar. Con los siglos, sucesivas obras de relleno fueron nivelando del barranco hasta dejar bajo tierra las Fuentes del Peral.

Where we find Arenal Street today there used to run a stream by the same name, until it formed a gully that protected the North-East of the alcazar. Following centuries of land-fill work the gully was levelled and the Peral Fountains were left underground.

The wall around the houses on Texeira's plan

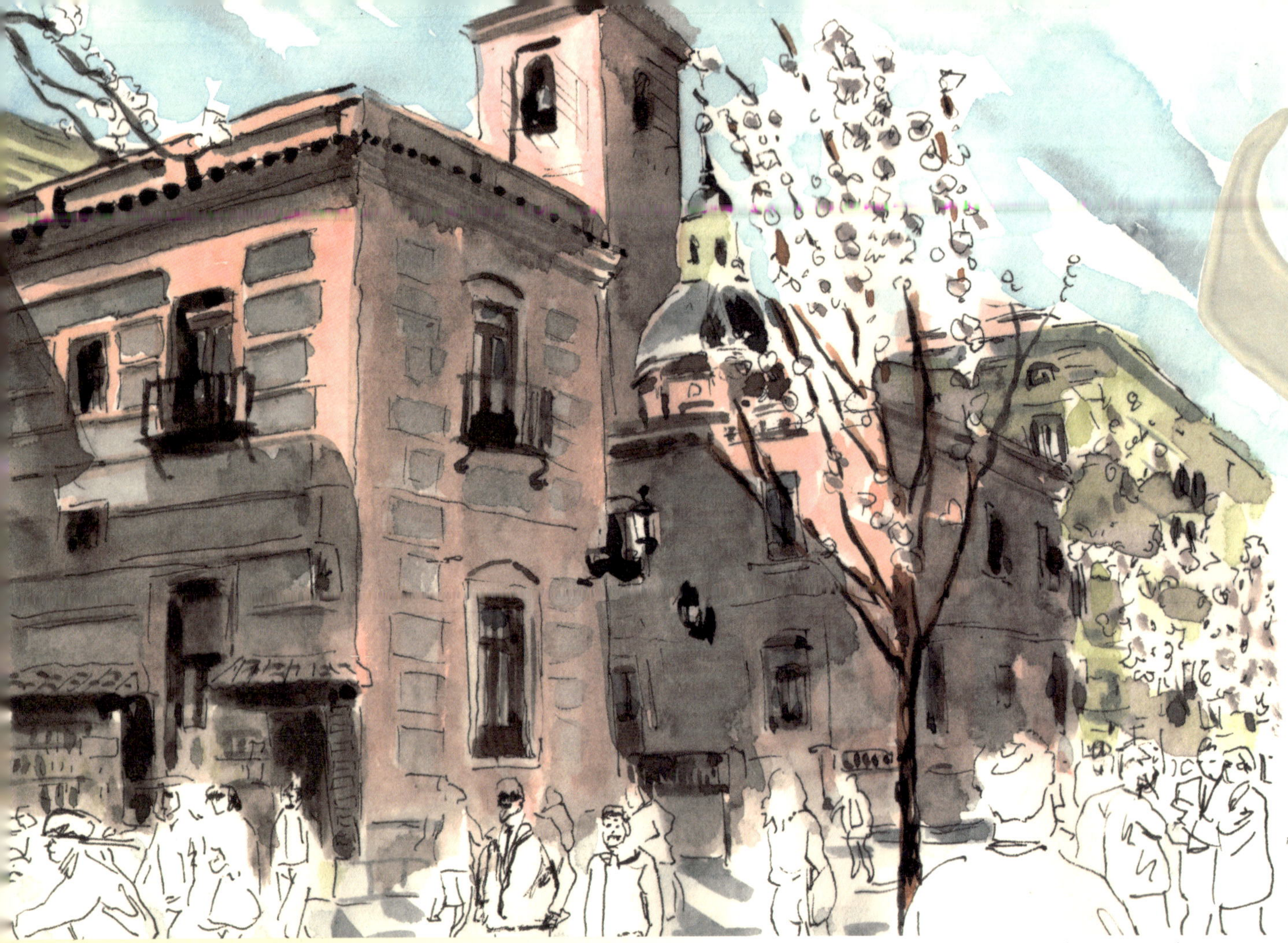

Iglesia de San Ginés
San Gines church

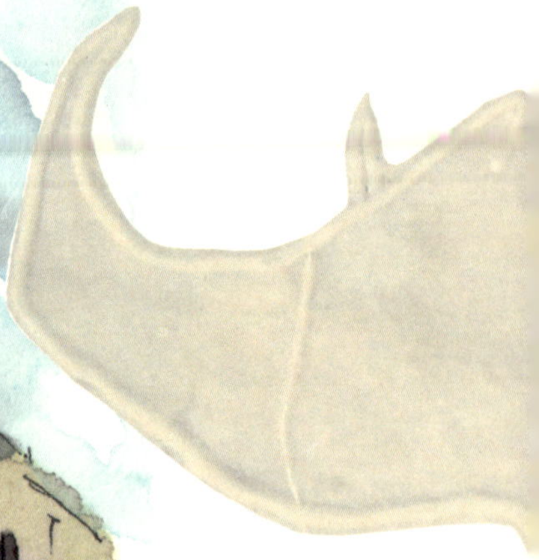

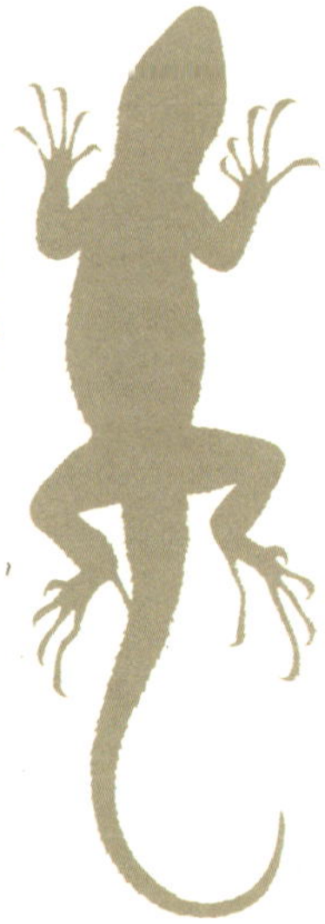

El lagarto de San Ginés

San Gines' lizard

Hasta hace muy poco tiempo, en una capilla de San Ginés se exhibía el cuerpo momificado de un caimán. Pero el cura de la parroquia decidió retirarlo, consideraba que su templo no era un lugar de atracción turística por un reptil. Cuenta la tradición, que la momia del inmenso «lagarto», llegó desde América traída como ofrenda por uno de aquellos conquistadores del siglo XVII. Afirmaba que había vivido un milagro. Al parecer, cuando el monstruo iba a devorarle en la selva, hizo su aparición la Virgen María, el reptil quedó estupefacto y el caballero aprovechó la ocasión para matarlo.

Until recently, the mummified body of an alligator was exhibited at St Gines Chapel. But the parish priest decided to remove it, as he considered that his temple should not be a tourist attraction. Tradition says that the mummy of the immense lizard came from America as an offering from one of the 17th Century conquerors. He said that he had experienced a miracle. It seems that just as the animal was going to eat him in the jungle, the Virgin Mary appeared and the lizard was so astonished that the knight was able to seize the opportunity to kill it.

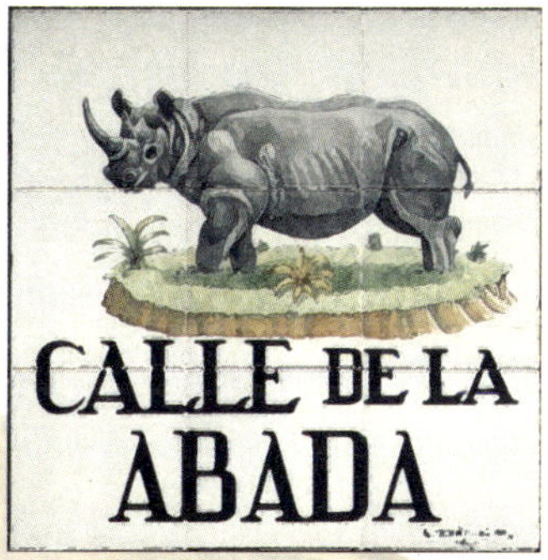

Abada Street

A principios del siglo XVI, un grupo de saltimbanquis portugueses llegó a Madrid acompañado de un portentoso unicornio: un ejemplar hembra de rinoceronte, llamado entonces "abada". Los madrileños quedaron asombrados y una multitud se congregó para verlo en el lugar donde hoy se encuentra la calle de la Abada. Los niños comenzaron a gritarle y hacerle diabluras y un joven panadero le dio de comer un ascua encendida. El animal, en un arrebato de furia, embistió contra todo lo que se movía y mató al causante de su dolor. Cuentan las viejas crónicas que la rinoceronte escapó y anduvo asustando madrileños durante varios días hasta que fue capturada y muerta.

At the beginning of the 16th century, a Portuguese travelling circus arrived in Madrid with a magnificent unicorn: a female rhinoceros, called "abada" back then. Madrilenians were astonished and a massive crowd gathered to see it where Abada Street is today. Children started to shout at it and tease it and a young baker gave it a lighted ember to eat. The animal, furious, charged at anything that moved and killed the baker. Old chronicles say that the rhinoceros escaped and roamed freely for a few days, scaring Madrilenians until it was captured and killed.

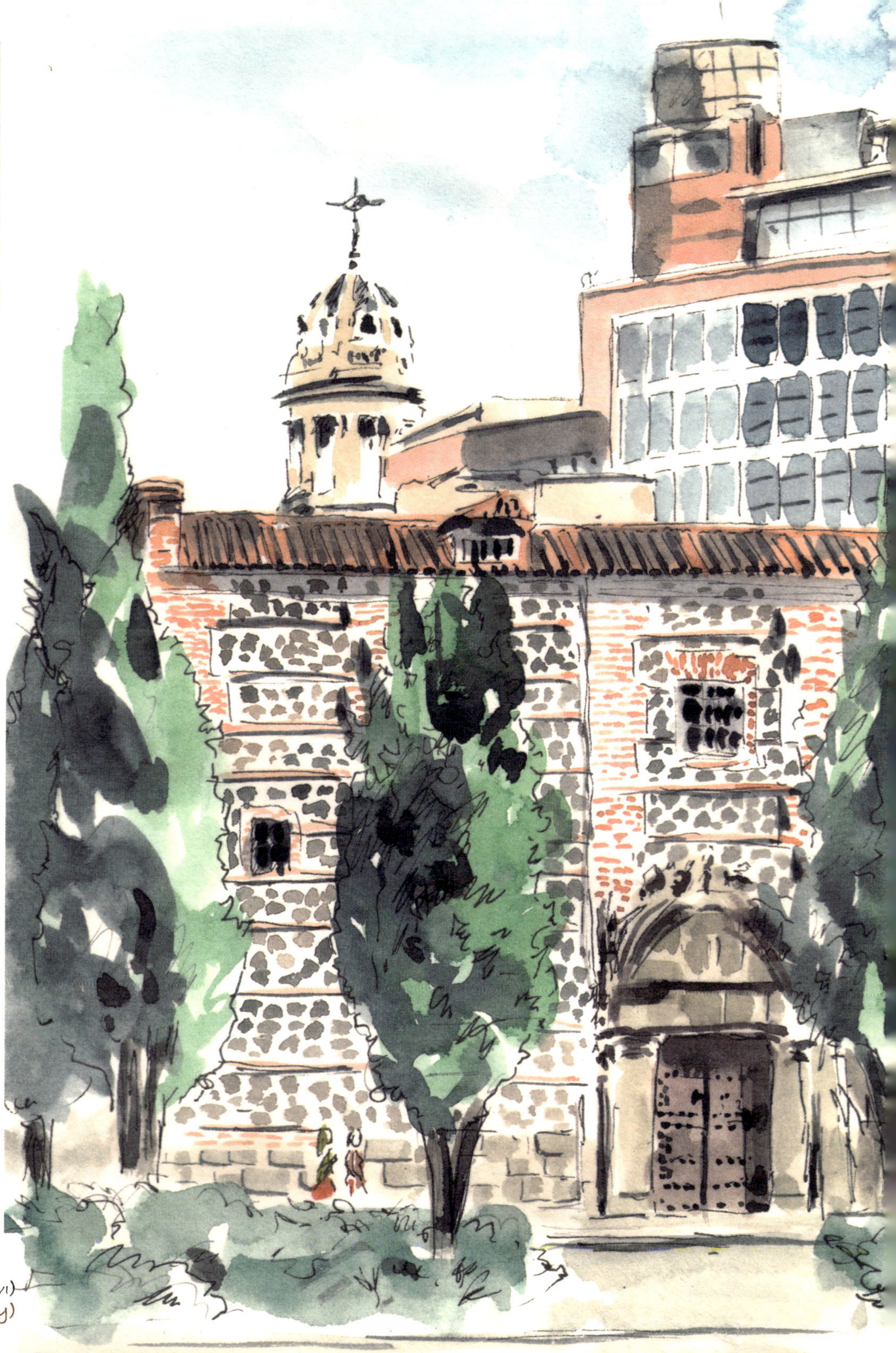

Convento de las Descalzas Reales (s. XVI)
Descalzas Reales Convent (16th century)

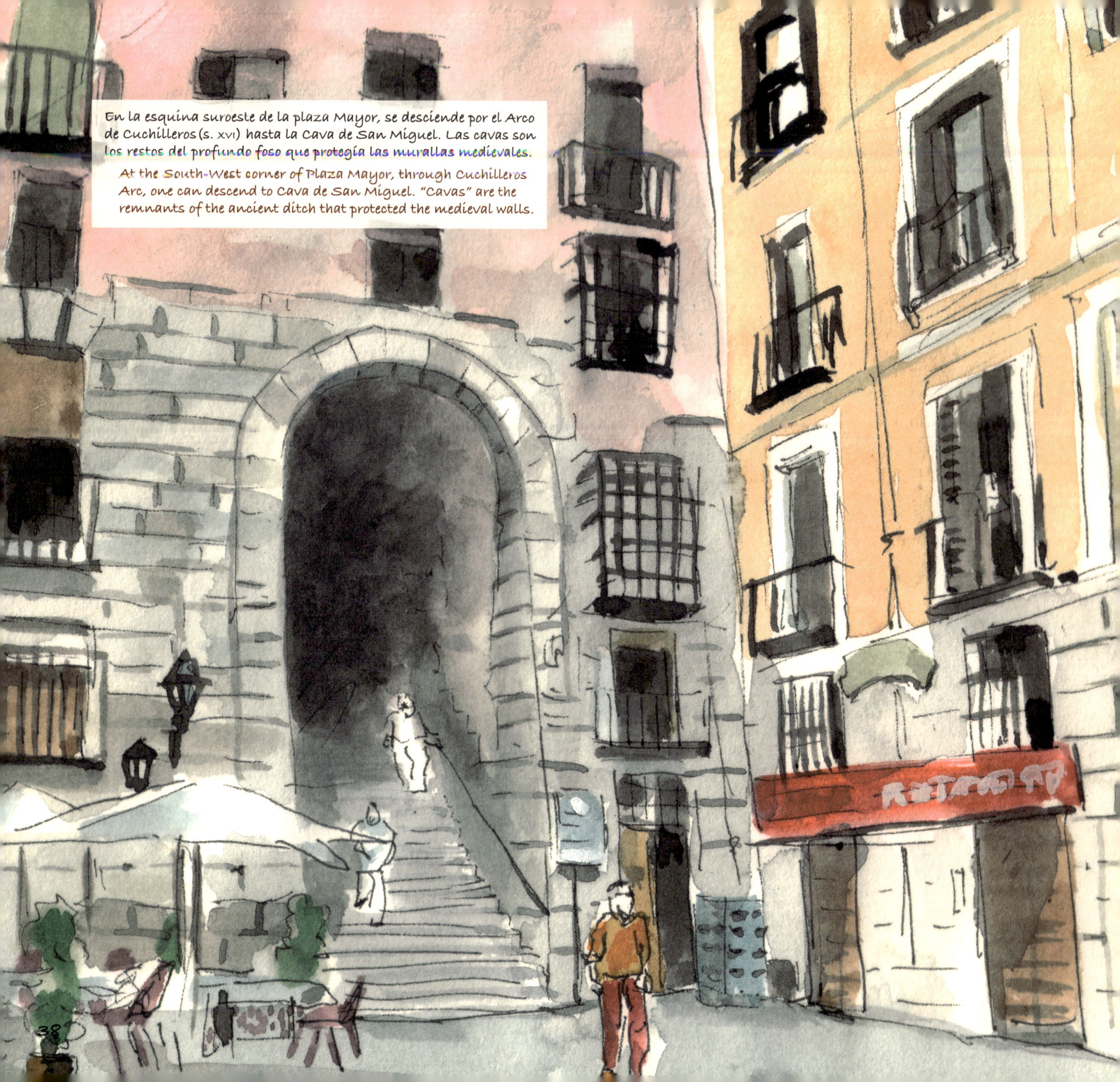

En la esquina suroeste de la plaza Mayor, se desciende por el Arco de Cuchilleros (s. XVI) hasta la Cava de San Miguel. Las cavas son los restos del profundo foso que protegía las murallas medievales.

At the South-West corner of Plaza Mayor, through Cuchilleros Arc, one can descend to Cava de San Miguel. "Cavas" are the remnants of the ancient ditch that protected the medieval walls.

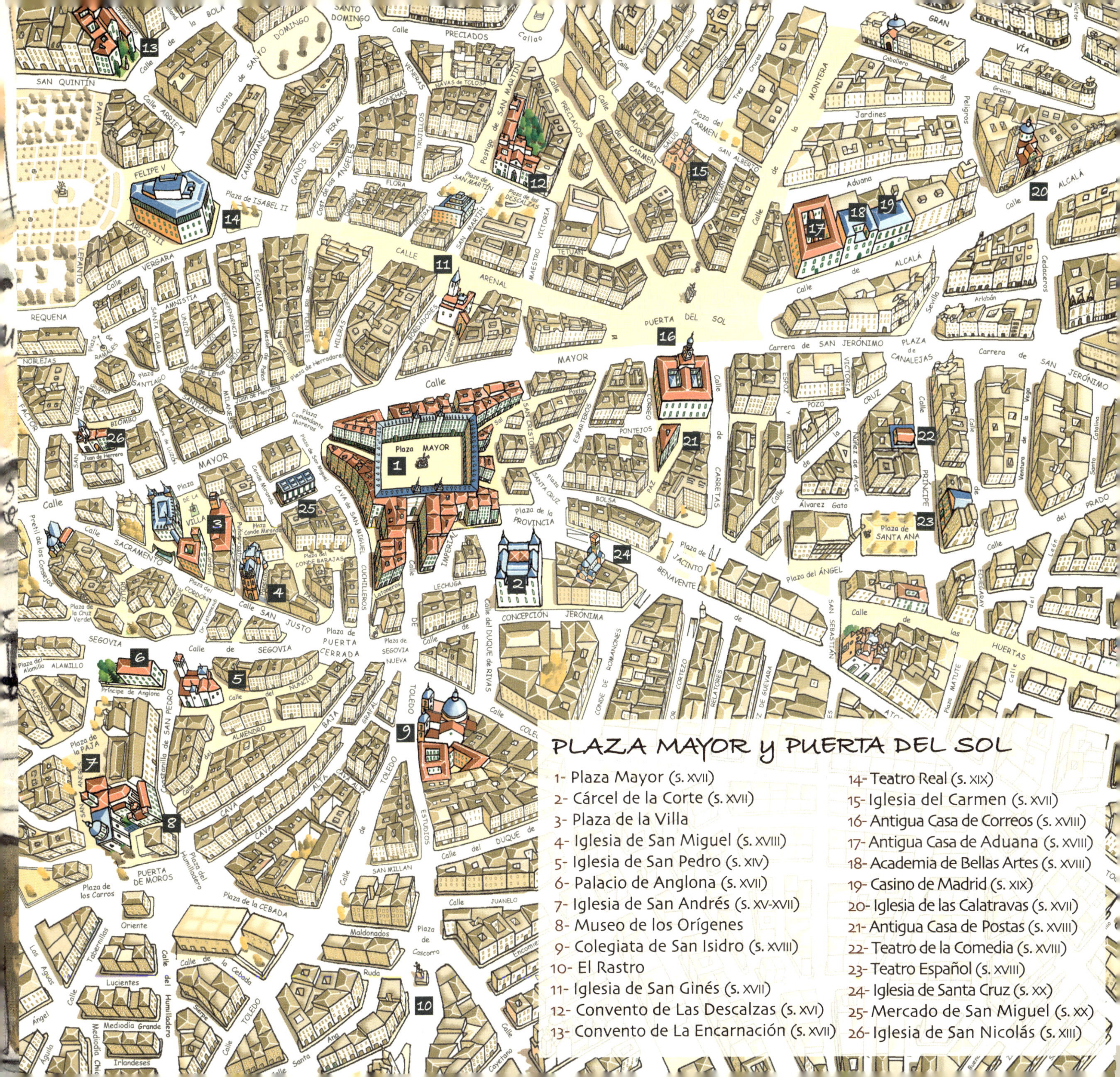

PLAZA MAYOR y PUERTA DEL SOL

1- Plaza Mayor (s. XVII)
2- Cárcel de la Corte (s. XVII)
3- Plaza de la Villa
4- Iglesia de San Miguel (s. XVIII)
5- Iglesia de San Pedro (s. XIV)
6- Palacio de Anglona (s. XVII)
7- Iglesia de San Andrés (s. XV-XVII)
8- Museo de los Orígenes
9- Colegiata de San Isidro (s. XVIII)
10- El Rastro
11- Iglesia de San Ginés (s. XVII)
12- Convento de Las Descalzas (s. XVI)
13- Convento de La Encarnación (s. XVII)
14- Teatro Real (s. XIX)
15- Iglesia del Carmen (s. XVII)
16- Antigua Casa de Correos (s. XVIII)
17- Antigua Casa de Aduana (s. XVIII)
18- Academia de Bellas Artes (s. XVIII)
19- Casino de Madrid (s. XIX)
20- Iglesia de las Calatravas (s. XVII)
21- Antigua Casa de Postas (s. XVIII)
22- Teatro de la Comedia (s. XVIII)
23- Teatro Español (s. XVIII)
24- Iglesia de Santa Cruz (s. XX)
25- Mercado de San Miguel (s. XX)
26- Iglesia de San Nicolás (s. XIII)

La Plaza Mayor
(Main Square)

En la plaza Mayor de Madrid ha ocurrido de todo. En los tiempos de la muralla medieval cristiana, era una explanada en las afueras de la Puerta de Guadalajara y, se dice, que hubo aquí una laguna que crecía con las lluvias. La obligación de "pechar" impuestos por vender mercancías dentro de la villa, motivó que muchos vendedores instalaran aquí, extramuros, un mercado paralelo. Mercado, alrededor del cual crecieron nuevos barrios. Así apareció la plaza del Arrabal que, con las obras llevadas a cabo a principios del siglo XVII por Juan Gómez de Mora, se transformó en la Plaza Mayor de Madrid. Desde entonces, se han celebrado en ella mercados y ferias, autos de fe de la Inquisición, ejecuciones públicas de delincuentes, fiestas populares y corridas de toros. Durante su historia, sufrió tres devastadores incendios y su última reconstrucción fue proyectada por Juan de Villanueva, autor también del museo del Prado.

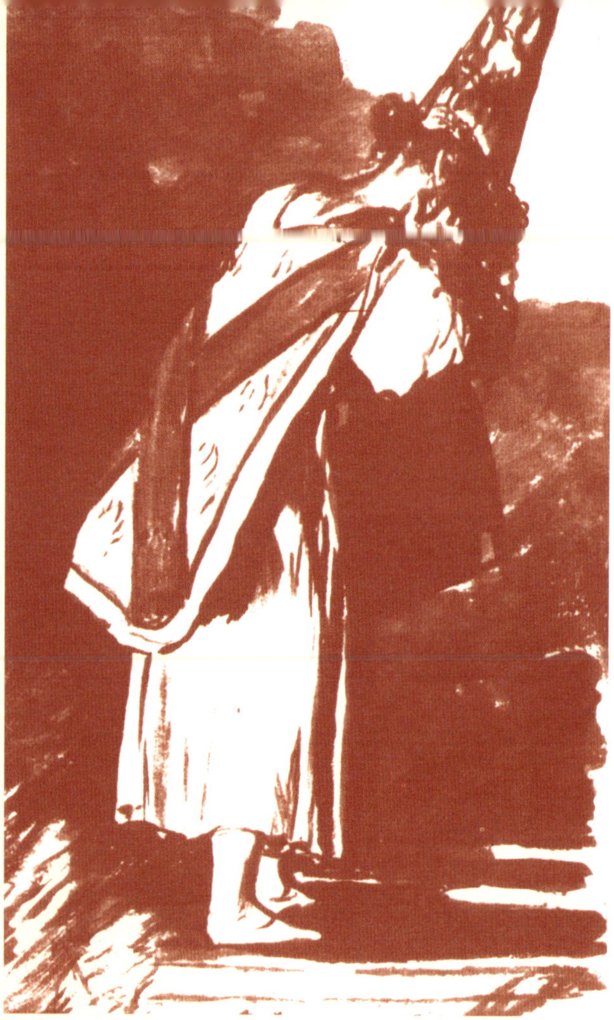

Reo de la Inquisición. «Por haber nacido en otra parte». Francisco de Goya. Prueba para los Segundos Caprichos

Accused by the tribunal of the Inquisition. "For being born in a different place". Francisco de Goya. Preparing for the Second Caprices

At Madrid's Plaza Mayor everything has happened. In the era of the Christian medieval wall, there was an esplanade outside Guadalajara Gate and, it is said, there was a small lake that swelled with the rains. The obligation to pay taxes to sell merchandise in the city meant that many merchants established themselves outside the walls, in a parallel market, around which new neighbourhoods grew. Arrabal Square, for instance, appeared and, due to building work by Juan Gomez de Mora at the beginning of the 17th century, it became Madrid's Plaza Mayor. Since then many markets and fairs have taken place, Inquisition trials, public executions, celebrations and bullfights. There have been three terrible fires in its history, and the last reconstruction was designed by Juan de Villanueva, who was also behind the Prado Museum.

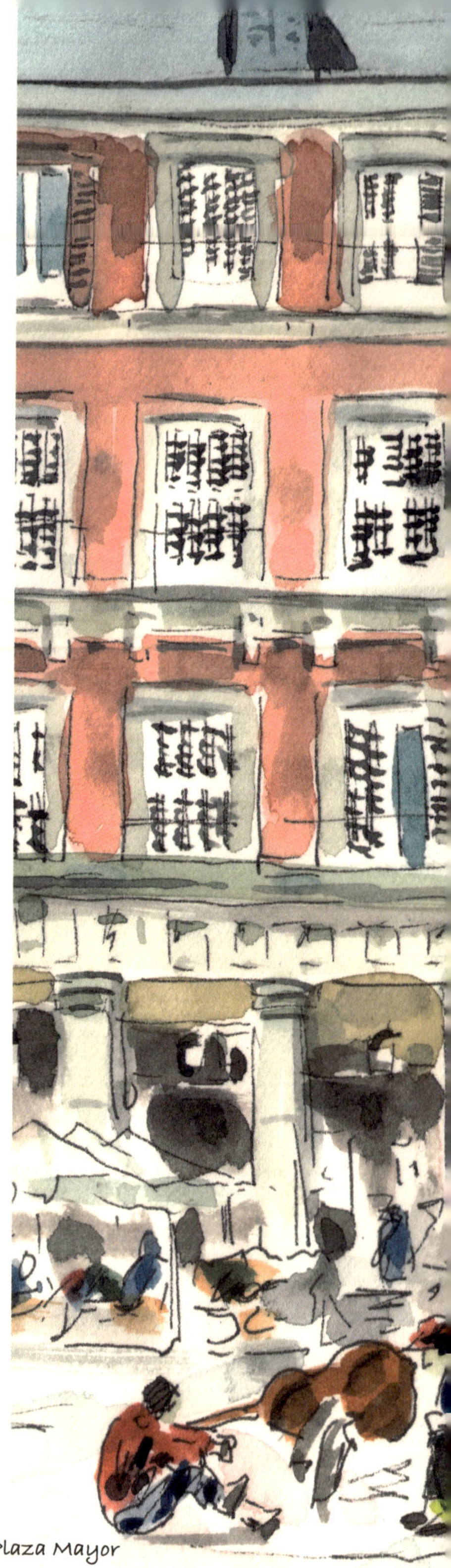

Paseando por la Plaza Mayor
Walking at Mayor Square

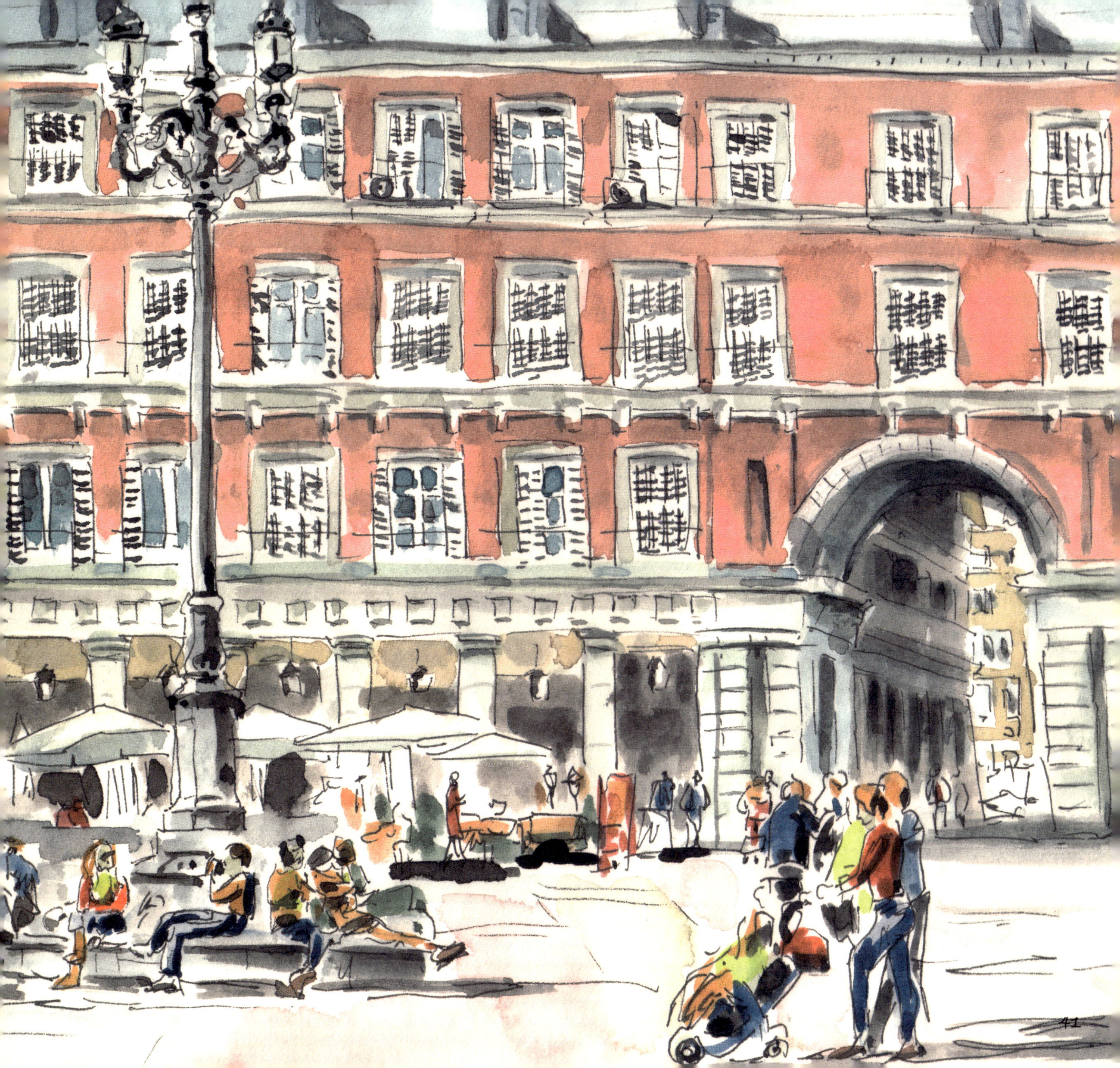

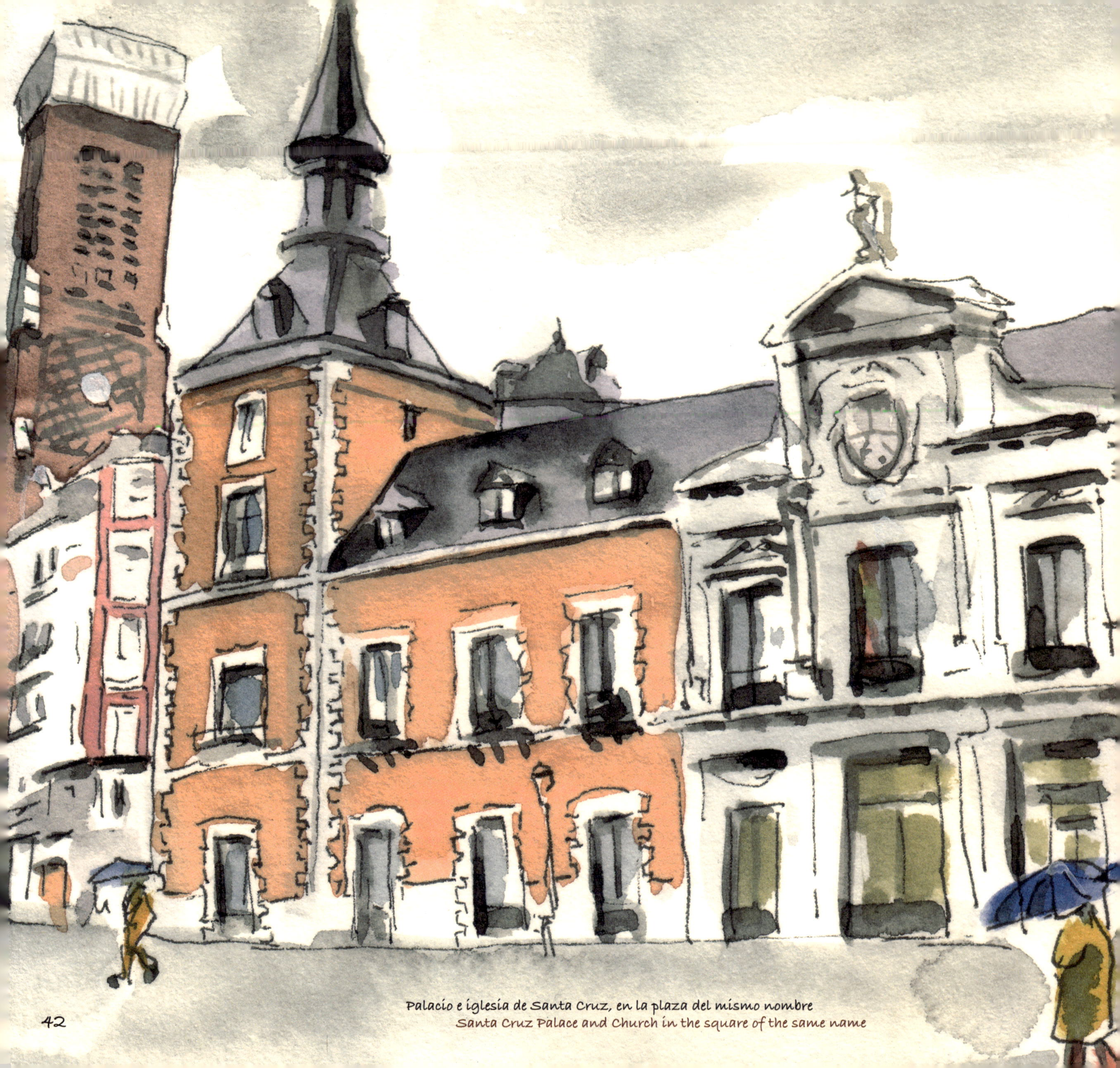

Palacio e iglesia de Santa Cruz, en la plaza del mismo nombre
Santa Cruz Palace and Church in the square of the same name

La Cárcel de la Corte

Court Prison

El palacio de Santa Cruz es hoy la sede del ministerio de Asuntos Exteriores pero, en el siglo XVII, fue construido para ser la Cárcel de la Corte. Un viajero de entonces, dejó escrita su extrañeza al comprobar que el que, para él, era el más bello edificio de la villa, fuera una cárcel.

En sus celdas se alojaron toda suerte de personajes. Entre muchos otros, en ellas pasaron sus días Cervantes, el general Riego y el bandido Luís Candelas.

Today Santa Cruz Palace is the headquarters of the Foreign Affairs Ministry but, in the 17th century, it was built to be the Court Prison. A traveller from that time wrote of his astonishment to discover that what for him was the nicest building in the city was a prison.

All sorts of people stayed in its cells. Amongst them Cervantes, General Riego and the bandit Luis Candelas.

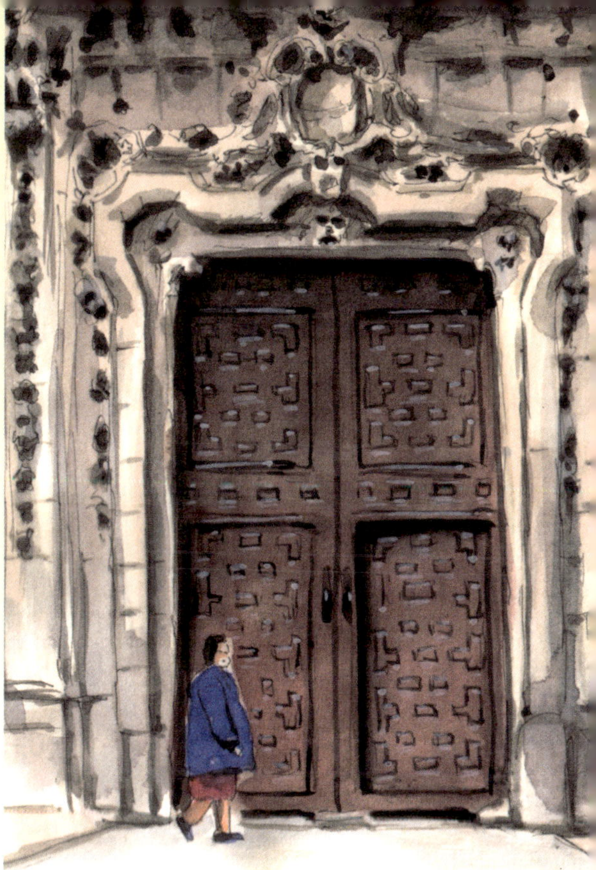

En la calle Magdalena podrás admirar una portada típica del barroco madrileño, obra de Pedro de Ribera

In Magdalena Street you can admire a traditional door of the Madrilenian Baroque, made by Pedro de Ribera.

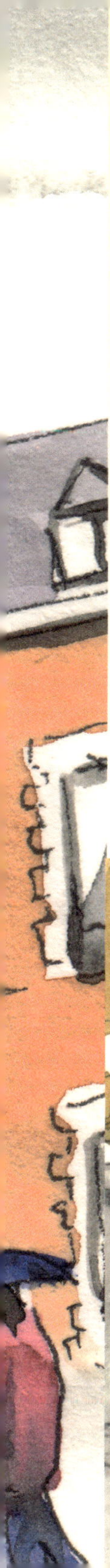

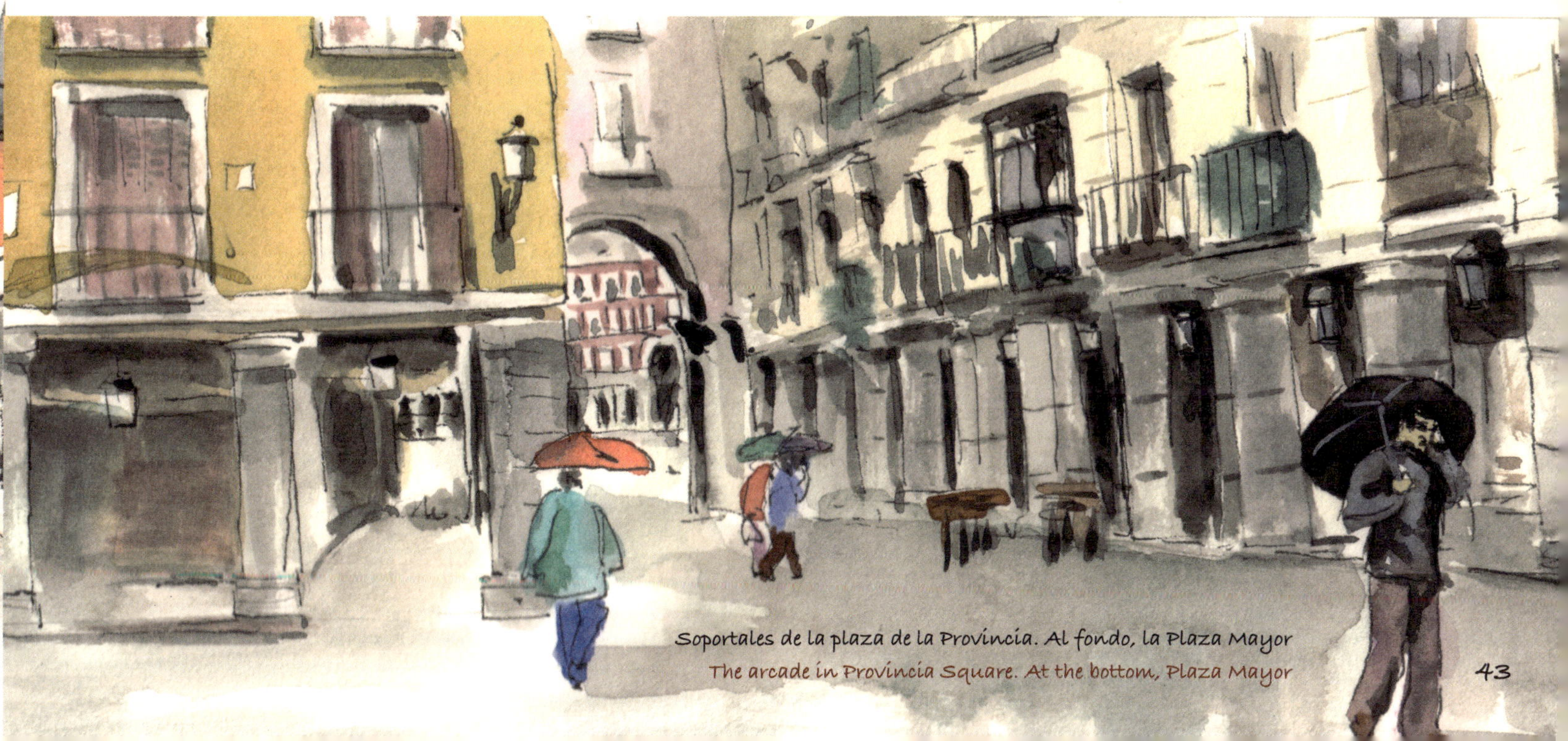

Soportales de la plaza de la Provincia. Al fondo, la Plaza Mayor

The arcade in Provincia Square. At the bottom, Plaza Mayor

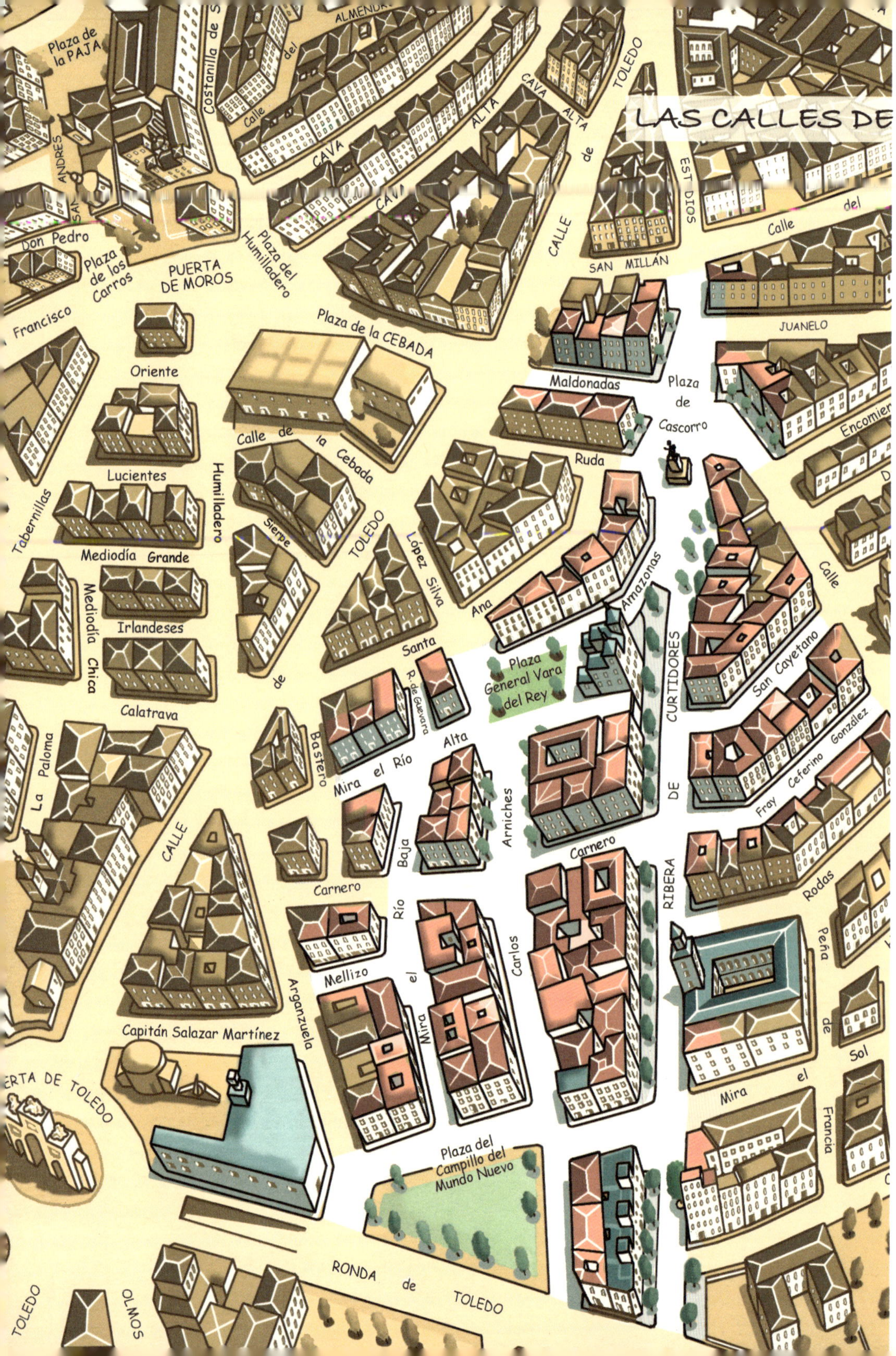

LAS CALLES DE EL RASTRO

The streets of El Rastro

Los domingos y festivos por la mañana, y desde tiempos inmemoriales, se celebra en Madrid el singular mercado de El Rastro. En él, se mezclan los objetos usados y las antigüedades de ocasión con exóticos productos llegados de todas partes. Hace pocos años, al iniciar las obras de un nuevo edificio en la parte más baja de la Ribera de Curtidores, se descubrieron las antiguas balsas en las que trabajaban los tintoreros y los curtidores. Son iguales que las que pueden verse, funcionando hoy en día, en la ciudad marroquí de Fez.

From times immemorial Madrid has held its Rastro market on Sunday and holiday mornings. Second-hand objects can be found there, mixed with antiques and exotic products from all over the world. A few years ago, when work on a new building began at the lowest part of Ribera de Curtidores, the ancient ponds where tanners and dyers worked was found. They are the same as the ones that can be seen in Fez today.

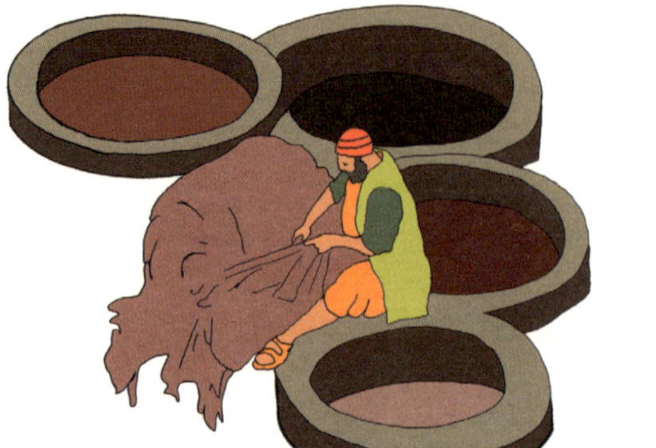

Curtidores del Rastro
Rastro tanners

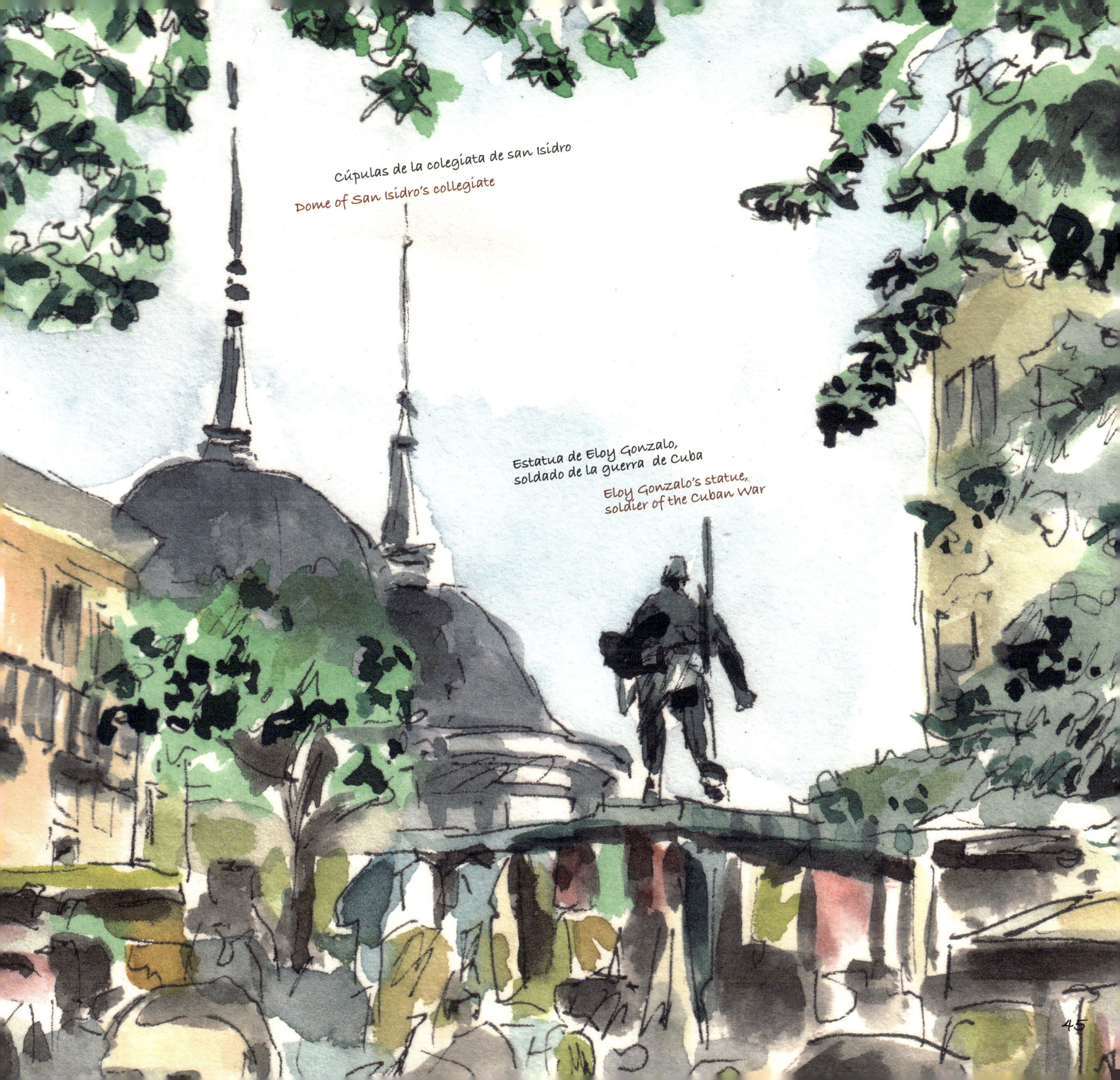
Cúpulas de la colegiata de san Isidro
Dome of San Isidro's collegiate
Estatua de Eloy Gonzalo,
soldado de la guerra de Cuba
Eloy Gonzalo's statue,
soldier of the Cuban War

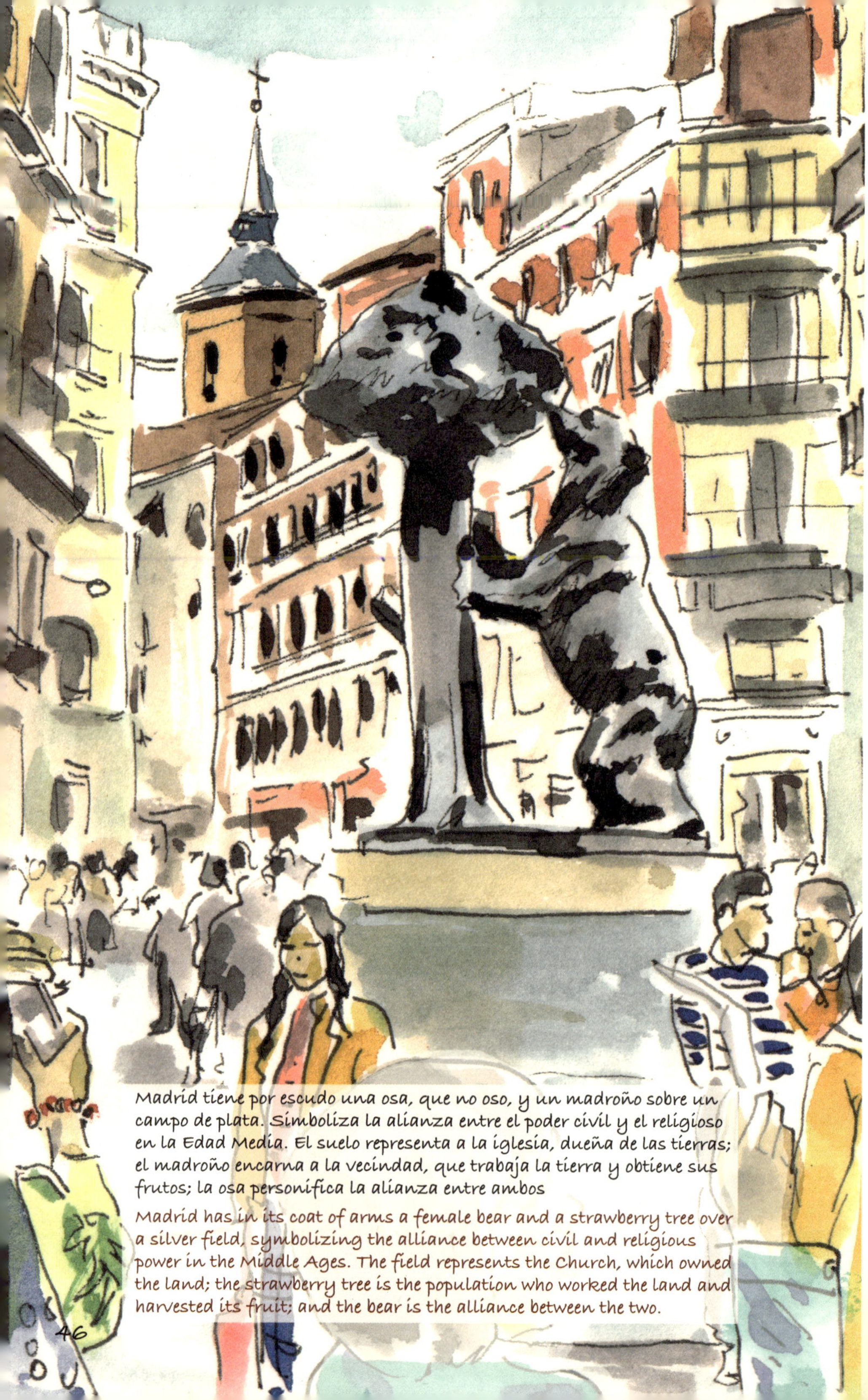

Madrid tiene por escudo una osa, que no oso, y un madroño sobre un campo de plata. Simboliza la alianza entre el poder civil y el religioso en la Edad Media. El suelo representa a la iglesia, dueña de las tierras; el madroño encarna a la vecindad, que trabaja la tierra y obtiene sus frutos; la osa personifica la alianza entre ambos

Madrid has in its coat of arms a female bear and a strawberry tree over a silver field, symbolizing the alliance between civil and religious power in the Middle Ages. The field represents the Church, which owned the land; the strawberry tree is the population who worked the land and harvested its fruit; and the bear is the alliance between the two.

El sol de la Puerta

The Sun over the Gate

A mediados del XVI, en la desembocadura de la calle Mayor, existía una puerta con un enorme sol pintado encima de su abertura. Y como en otros casos, la explanada de afuera de esta puerta terminó convertida en importante plaza. En la Puerta del Sol, ya como plaza, funcionó, durante siglos, el llamado mentidero de las Covachelas, espontáneo lugar de reunión de los madrileños para comunicarse y discutir noticias y chismes.

En 1862, una importante remodelación le dio la forma actual. Después, ha sufrido muchas reformas. En la última, además de peatonalizar la mayor parte de su espacio exterior, se ha excavado en el subsuelo una enorme estación de tren y metro que ha dejado al descubierto y hecho visitables, los cimientos del desaparecido hospital del Buen Suceso.

In the middle of the 16th century, there was a gate with a huge sun painted over it, just where Calle Mayor (Mayor Street) ended. And as in other cases, the esplanade outside this gate ended up becoming an important square. Already a square, Puerta del Sol had for centuries functioned as the "mentidero" (gossip's corner) of Covachelas, a spontaneous meeting point where Madrilenians exchanged news and the latest pieces of gossip.

In 1862, an important revamp gave the square its current design. Since then it has undergone many reforms. In the last, besides making it mainly pedestrian, a huge subterranean train and metro station was added. During the excavation work the foundations of the Buen Suceso Hospital, which once stood there, were uncovered and can now be visited.

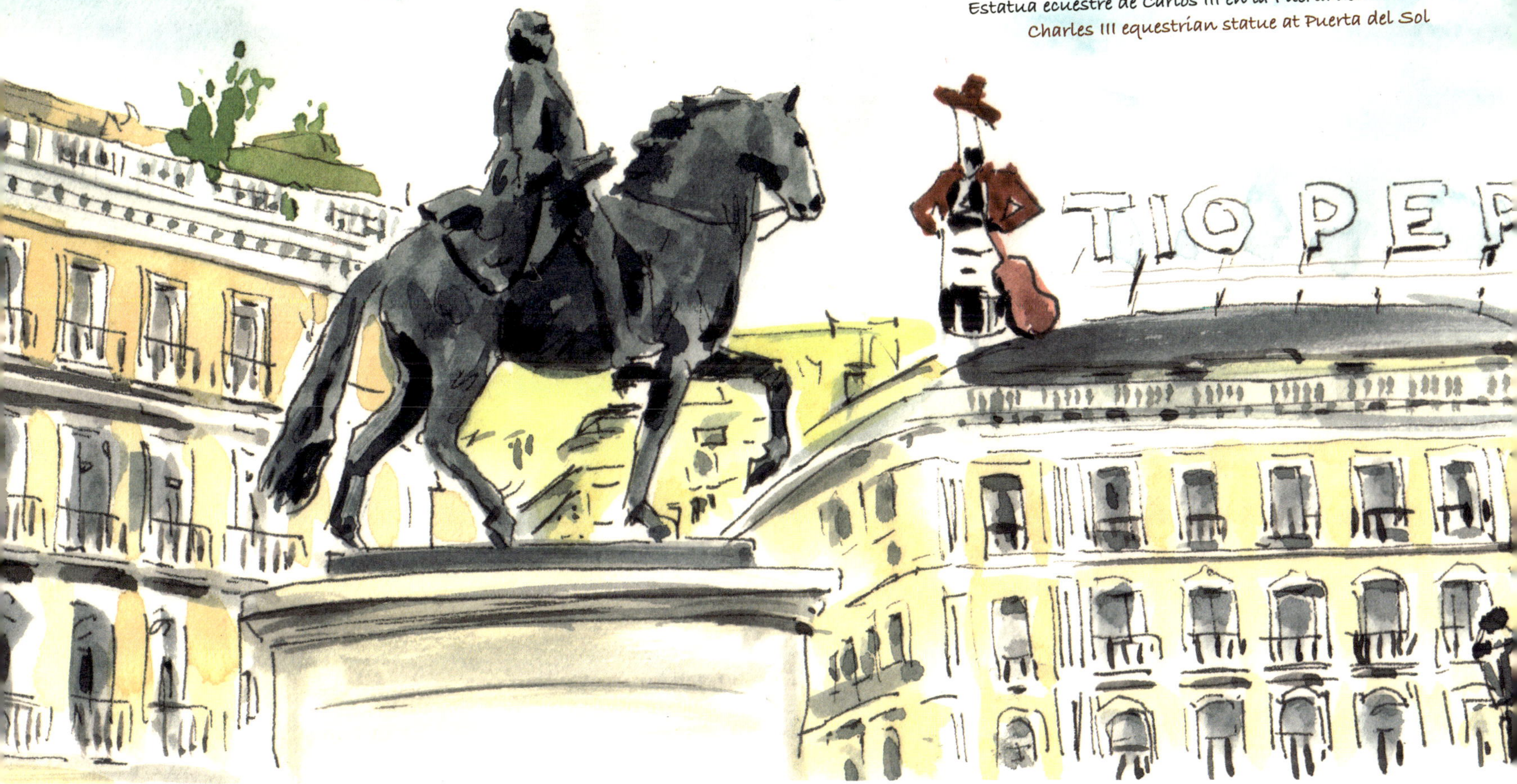

Estatua ecuestre de Carlos III en la Puerta del Sol
Charles III equestrian statue at Puerta del Sol

El diablo del Correo

Preside la Puerta del Sol la antigua Casa del Correo, hoy sede de la Comunidad de Madrid. La reconocerás por el reloj de su torre. Durante su construcción, en el reinado de Carlos III, los obreros que trabajaban en ella se llevaron un buen susto: un feísimo demonio apareció gritando que todos terminarían en el infierno por trabajar bajo el mandato de un arquitecto francés. Cuando Jaime Marquet, el arquitecto, se enteró de la noticia, encontró una fulminante solución : contrató a un conocido sacerdote de la inquisición, famoso por los terribles castigos que había impuesto a aquellos que se tomaban a broma las cosas de religión. El interesado demonio no volvió a aparecer.

The Devil of the Post Office

The old Casa de Correos or Post Office, now the Comunidad de Madrid headquarters, dominates Puerta del Sol. It can be recognised thanks to the clock on its tower. During its construction, in the reign of Charles III, workers had a nasty shock: an ugly demon appeared shouting that all of them would end up in hell for working under a French architect. When Jaime Marquet, the architect, found out he hit upon an immediate solution: he contracted a famous Inquisition priest, well-known for the terrible punishments that he imposed on those who treated religious matters as a joke. The demon did not appear again...

El barrio de las Letras

Letras quarter

En el triángulo que forma la calle de Atocha, la carrera de San Jerónimo y el paseo del Prado estaban los Corrales de Comedias más populares de Madrid y, por eso, residieron en sus casas los literatos y los artistas. En este barrio vivieron y se relacionaron Cervantes, Calderón de la Barca y Lope de Vega. De éste último se conserva su casa que, convertida en museo, nos muestra cómo era una vivienda particular en el Madrid del siglo XVII. Este museo se encuentra en la calle de Cervantes pues en ella también vivió este otro genio de las letras. En la confluencia de la calle Lope de Vega con la del León se encontraba el mentidero de los artistas, lugar de reunión y negocios de éstos.

The Corrales de Comedias (Comedy Theatres) used to stand in the triangle formed by Atocha Street, the Carrera de San Jeronimo and the Paseo del Prado. And for that reason, writers and artists lived around there. Cervantes, Calderon de la Barca and Lope de Vega all lived and socialised in this area. The latter's house has been conserved and turned into a museum, so we can see what a private house in 17th century Madrid looked like. The museum is on Cervantes Street, because this other literary genius lived there too. At the place where Lope de Vega Street met Leon Street was the "mentidero de los artistas", a place where artists congregated and did business.

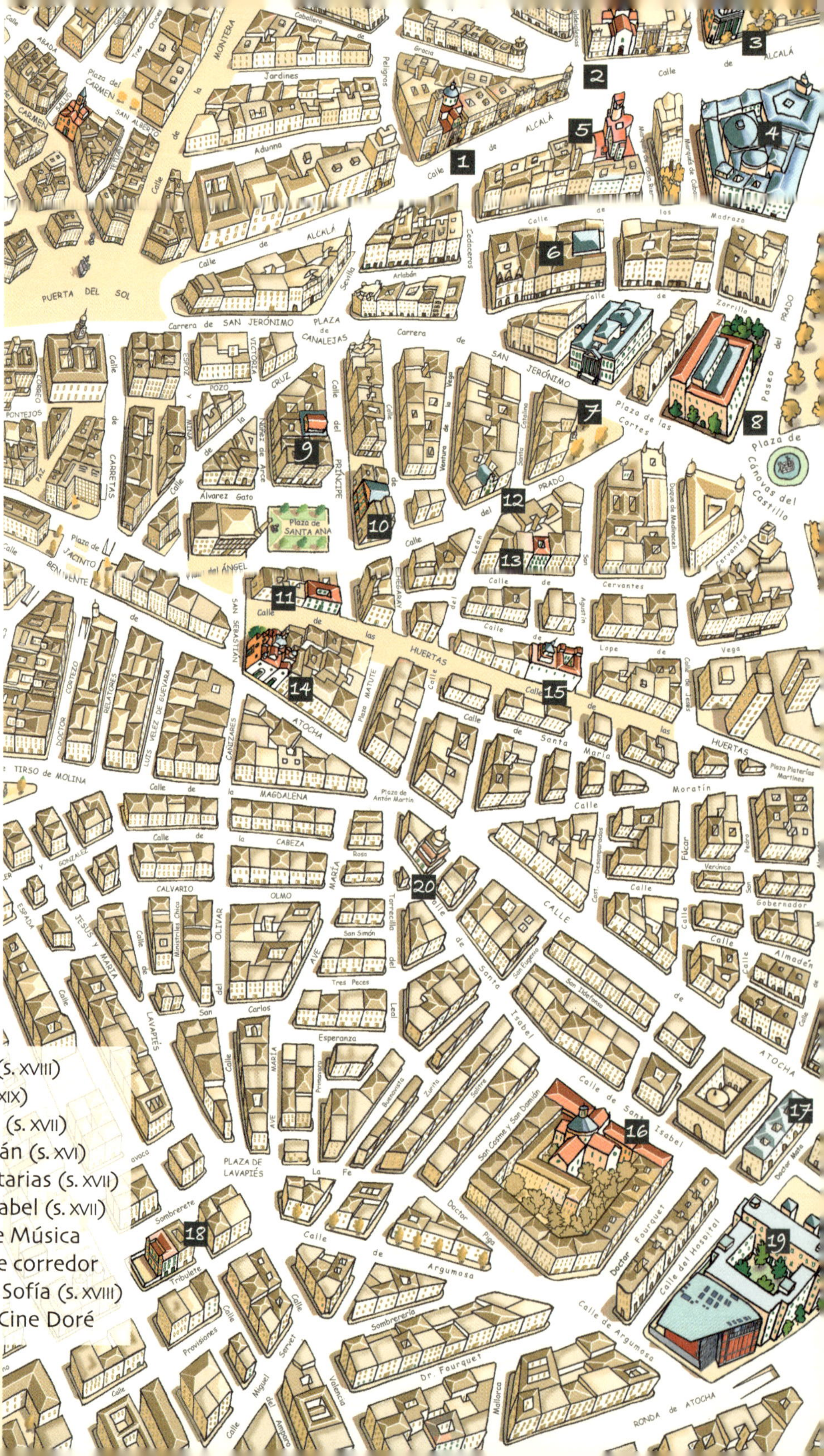

1- Iglesia de las Calatravas (s. XVII)
2- Iglesia de San José (s. XVIII)
3- Instituto Cervantes (s. XX)
4- Banco de España (s. XIX)
5- Círculo de Bellas Artes (s. XX)
6- Teatro de la Zarzuela(s. XVII)
7- Congreso de los Diputados (s. XIX)
8- Museo Thyssen (s. XVII)
9- Teatro de la Comedia(s. XIX)
10- Teatro Español (s. XVIII)
11- Cámara de Comercio (s. XVIII)
12- Ateneo de Madrid (s. XIX)
13- Casa de Lope de Vega (s. XVII)
14- Iglesia de San Sebastián (s. XVI)
15- Convento de las Trinitarias (s. XVII)
16- Convento de Santa Isabel (s. XVII)
17- Real Conservatorio de Música
18- Corrala. Típica casa de corredor
19- Museo de Arte Reina Sofía (s. XVIII)
20- Filmoteca Nacional. Cine Doré

Los amigos de Cervantes

Aunque el Quijote, la gran obra de Miguel de Cervantes, alcanzó gran popularidad en vida de éste, su persona no tuvo el mismo reconocimiento entre sus vecinos. La causa pudo ser el círculo de íntimos amigos de don Miguel, amigos a los que nunca abandonó aunque vivían en la absoluta miseria. Con ellos siguió reuniéndose hasta su muerte. Es sabido que Cervantes era manco desde la batalla de Lepanto y esto es lo que tenía en común con su grupo de amigos: todos ellos eran mutilados de guerra. Un guión perfecto para una película de Buñuel.

Cervantes friends

Although Don Quixote, Cervantes' masterpiece, achieved great popularity during the author's lifetime, he did not gain such recognition personally. It could be due to his circle of intimate friends, whom he never left in spite of them living in absolute misery. He continued meeting them until his death. It is known that the battle of Lepanto had left Cervantes with one hand and he had this in common with his friends: all of them had war wounds. A perfect script for a Buñuel film.

El cine Doré, sede de la Filmoteca Nacional
Cine Doré (Dore Cinema), headquarters of the Filmoteca Nacional

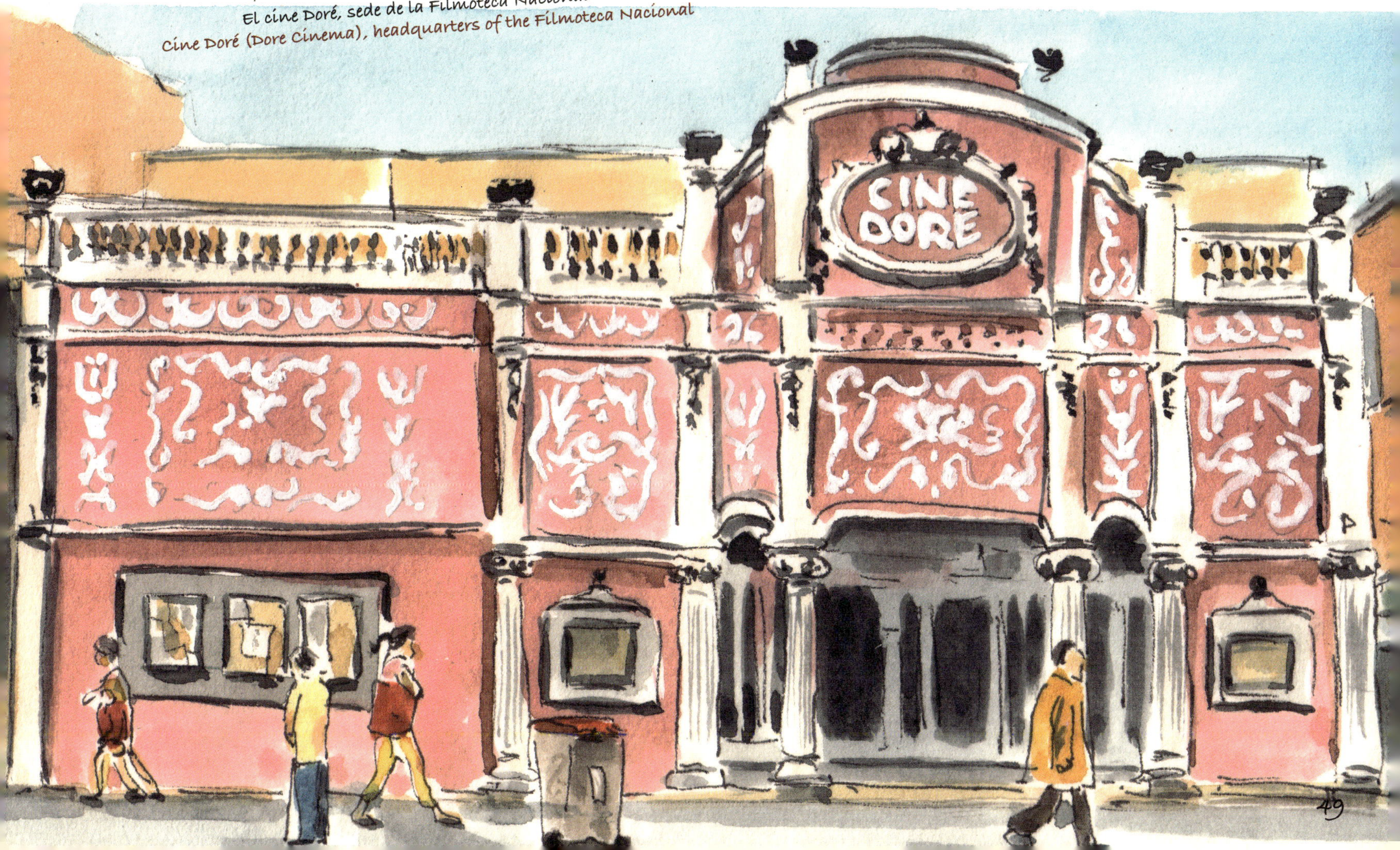

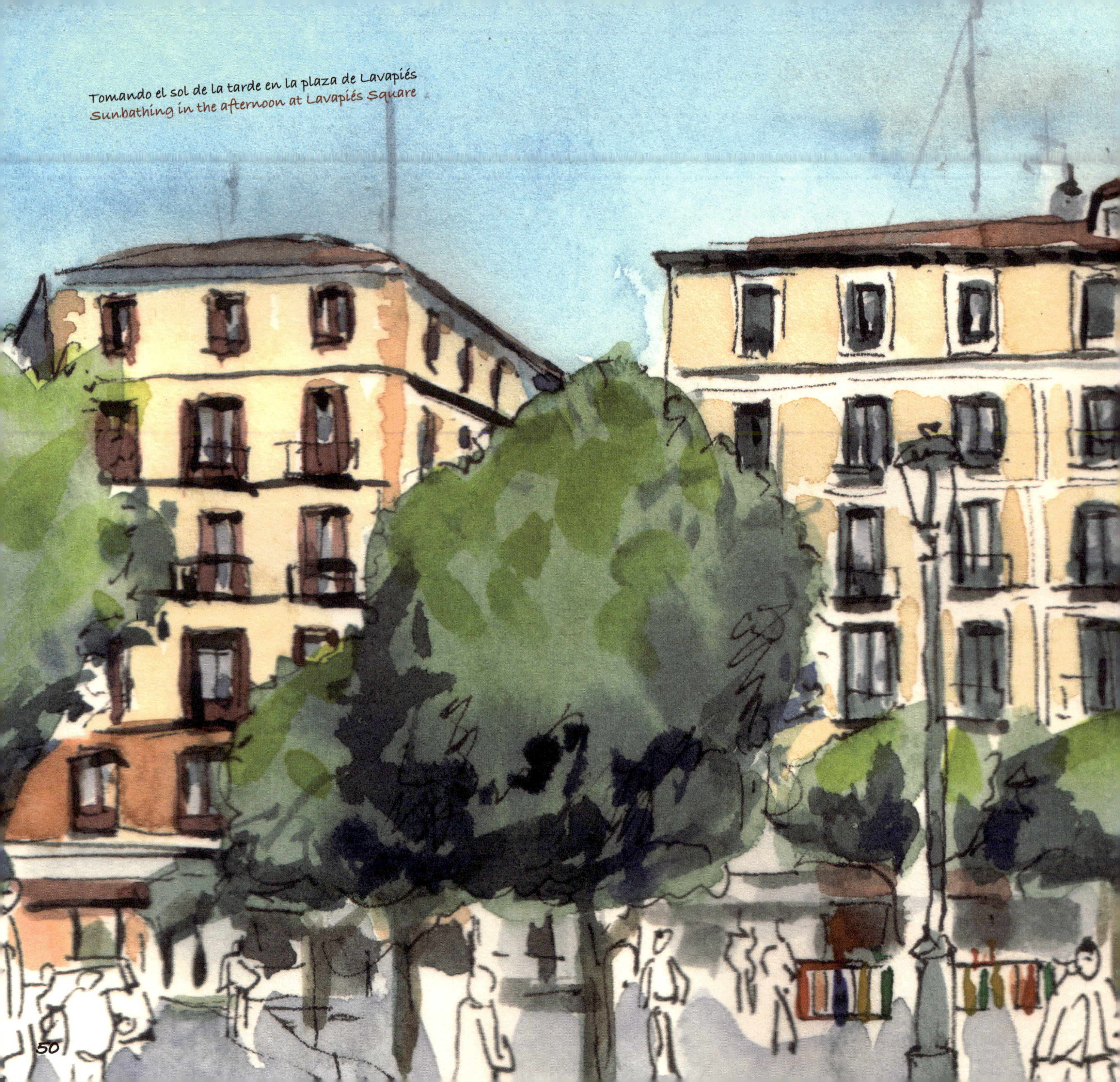

Tomando el sol de la tarde en la plaza de Lavapiés
Sunbathing in the afternoon at Lavapiés Square

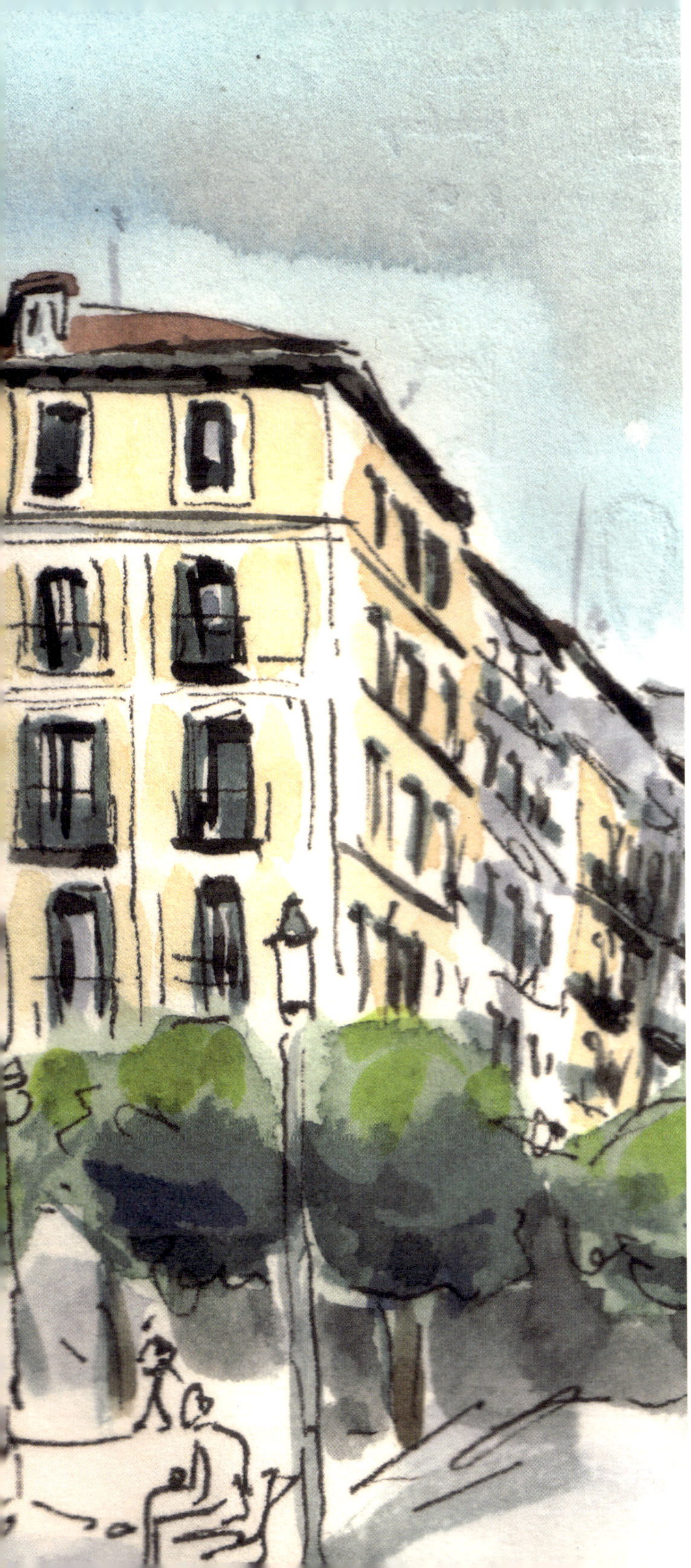

Manolos y Manolas

Manolos and Manolas

Es sabido que, a principios del siglo XVII, fue decretada la expulsión del reino de España de todos aquellos que no profesaran la religión católica. Muchos otros se habían marchado ya en el siglo XVI. Sin embargo, una buena parte de judíos y musulmanes, se convirtió o simuló convertirse al cristianismo, pues sólo de esta forma podían quedarse en su tierra. Y se dice que fue en el barrio de Lavapiés donde se instalaron la mayor parte de los recién conversos. En torno a ellos, los cristianos nuevos, se fueron tejiendo maledicencias que llegaron a denunciar la existencia de una sinagoga secreta entre sus casas.

Lo cierto es que, a finales del siglo XVIII, con la moda de las "majas" y los "majos", los jóvenes de cada barrio formaron bandas que se reconocían entre si por su forma de vestir. Los del hoy barrio de Chueca eran los "chisperos", en alusión a las fraguas de las herrerías de la calle Barquillo. Los de Lavapiés fueron los "manolos" y sus contrincantes explicaban así el origen de su nombre. Era un truco para reconocerse entre judeo-conversos: llamar Manuel a su hijo primogénito.

Lavapiés se ha transformado durante este último cambio de siglo. De escenario del Madrid castizo, ha pasado a ser un barrio multicolor con vecinos de los cinco continentes.

In the early 17th Century, it is known that all those who did not follow the Catholic faith were expelled from Spain. Many others had already left in the 16th century. However, a good deal of Jews and Muslims turned or pretended to turn to Catholicism since that was the only way to stay in their country. And it is said that many lived in the neighbourhood of Lavapiés. Round about these new Christians rumours abounded of the existence of a secret synagogue amongst their houses.

The truth is that, by the end of the 18th century, with the fashion of the "majas" and "majos", the young people from each quarter formed groups that were recognisable by their costumes. People from what today is the Chueca quarter were "chisperos", alluding to the blacksmiths' forges on Barquillo Street. Those from Lavapiés were the "manolos" and their opponents explained the origin of the name. It derived from a trick which enabled converted Jews to recognise each other: they would call their first born son Manuel.

Lavapiés has undergone a transformation during the last turn of the century. Once a place where only those born and bred in Madrid lived, it has become a multicultural neighbourhood where people from the five continents live.

El Paso de los Jerónimos

The Jerónimos' Pass

Enrique IV fundó, a mediados del siglo xv, el monasterio jerónimo de Santa María del Paso en la ribera del río Manzanares. Lo asentó en este lugar para festejar que allí, cerca del hoy puente de los Franceses, triunfó en un torneo su amigo don Beltrán de la Cueva. Pero los frailes jerónimos no pudieron soportar la humedad del sitio y, en 1501, trasladaron el monasterio, piedra a piedra, hasta el paraje de el Prado y allí, le cambiaron el nombre por el de San Jerónimo.

In the mid 15th Century Henry IV created the monastery of Santa Maria del Paso (Saint Mary of the Pass) next to the river Manzanares. He situated it there, next to where Franceses Bridge is today, because his friend Beltrán de la Cueva won a tournament there. But the Jerónimo (Hieronymus) friars could not bear the humidity of the place and, in 1501, they moved the monastery, stone by stone, to El Prado and there they changed its name to San Jerónimo.

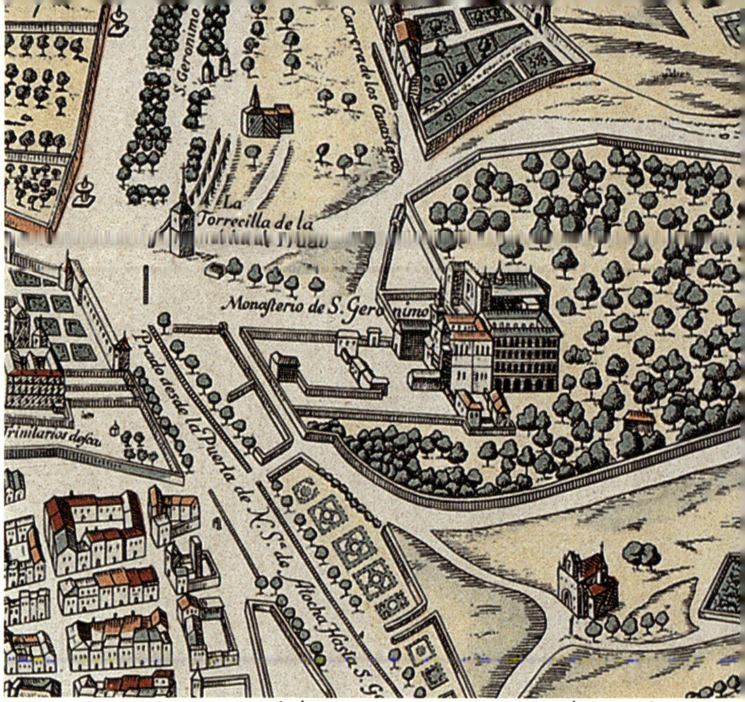

San Jerónimo en el plano de Mancelli (1632)
San Jerónimo on Mancelli's map (1632)

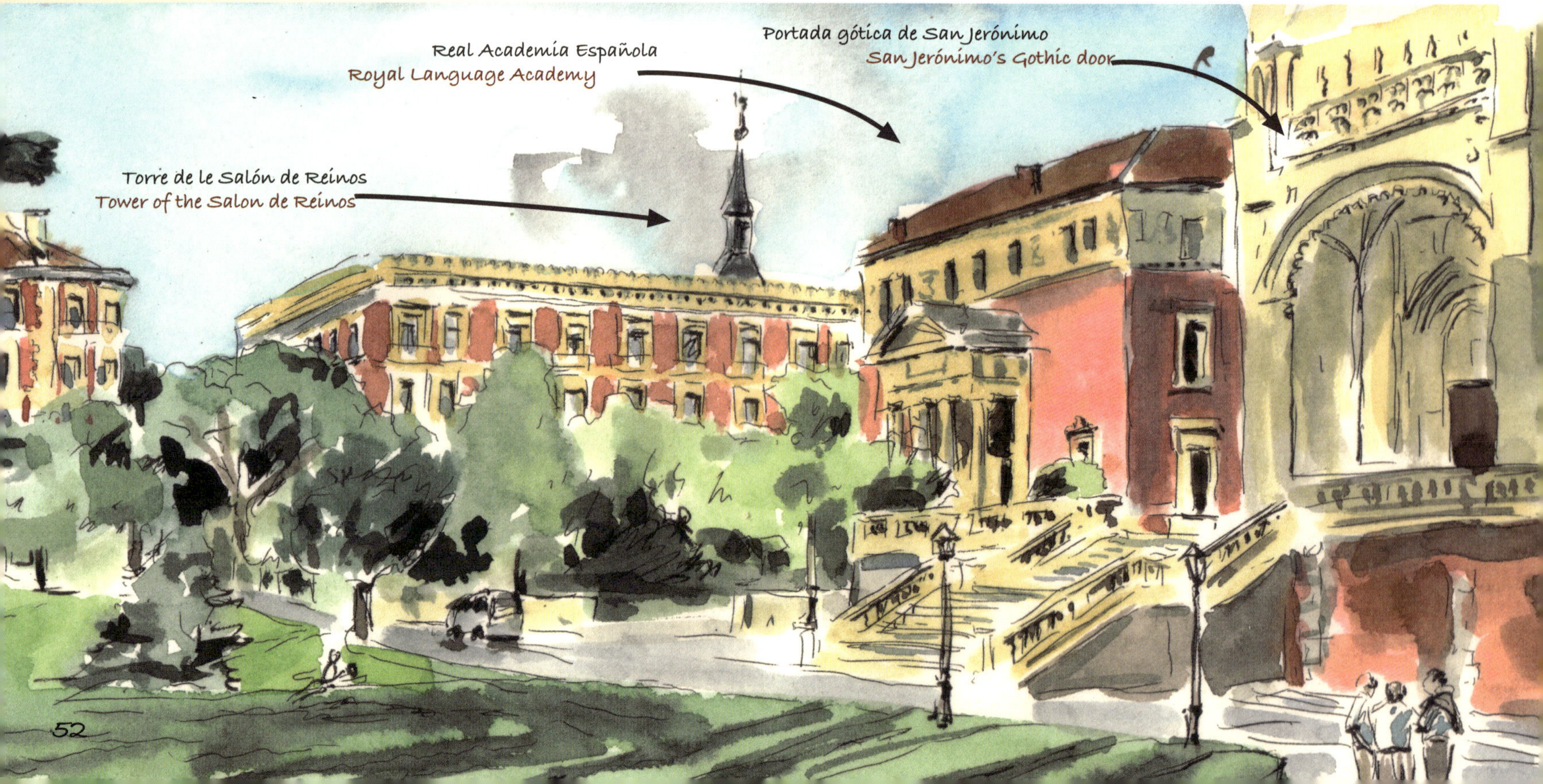

El retiro real
Royal respite

Desde su fundación, el monasterio de San Jerónimo fue utilizado como residencia de retiro espiritual para reyes. Por eso, Carlos I creó a su lado unos aposentos reales que luego amplió su hijo Felipe II. Pero su esplendor llegó con Felipe IV, para quien el conde duque de Olivares construyó aquí un palacio con la intención de distraerlo de los asuntos de estado.

From its founding, San Jeronimo Monastery was used as a residence for spiritual rest by the Kings. For that reason, Charles I created some royal rooms that his son Philip II later enlarged. Its splendour came with Philip IV, for whom the Count Duke of Olivarez built a palace there to distract him from state affairs.

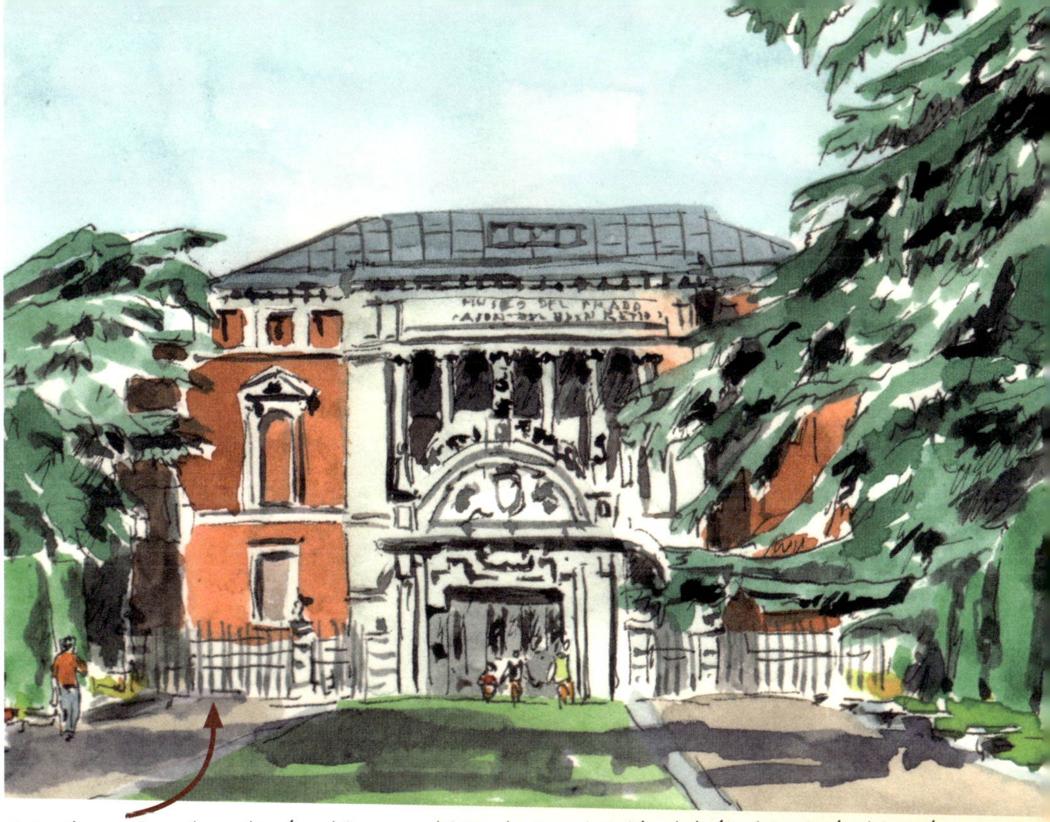

El Casón son hoy dependencias del museo del Prado. Fue el Salón de baile del palacio del Retiro
The Cason, nowadays part of the Prado Museum, was the Ball Room of Retiro Palace

Salón de Reinos. Hoy, museo del Ejército
Salon de Reinos. Until recently, the Army Museum

Estatua de Felipe IV en el Caballo de bronce
Bronze Statue of Philip IV on horseback

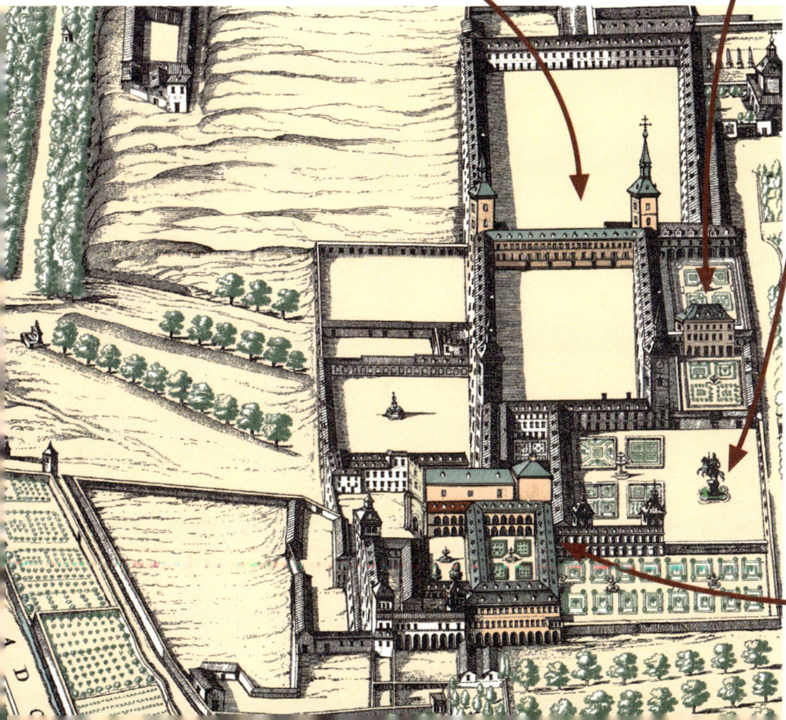

San Jerónimo y su claustro en el plano de Texeira (1656)
San Jerónimo and its cloister on Texeira's map (1656)

Navegar en Madrid
Sailing in Madrid

El nuevo Palacio del Real Sitio del Buen Retiro se convirtió en un parque de atracciones para uso exclusivo de los reyes y la aristocracia. Con teatro, salón de baile y jardines salpicados de ermitas, jaulas de aves exóticas, ríos y estanques artificiales por los que navegaban lujosas falúas.

The new Buen Retiro Palace was converted into a leisure park for the exclusive use of the Kings and the nobility. There was a theatre, ball room and gardens replete with hermitages, cages for exotic birds, rivers and artificial lakes where luxurious launches sailed.

Las Puertas de Alcalá

Alcala Gates

Con el paso del tiempo, y acompañando a Madrid mientras crecía, la puerta de Alcalá fue trasladándose a largo de la calle de su mismo nombre. En época de Felipe II, estaba a la altura de la calle Sevilla; en el siglo xvii, se instaló en el cruce con Alfonso XI; y en el siglo xviii, en su lugar actual. Si la rodeas, observarás que cada cara tiene una decoración distinta. Cuentan que Sabatini envió a Carlos III dos proyectos para que eligiera uno. El rey, despistado, dio su aprobación a los dos y el arquitecto, obediente, realizó ambos.

As time went by, and as Madrid grew, Alcala Gate moved along the street of the same name. In the time of Philip II, it was next to Sevilla Street; in the 17th century, by Alfonso XI; and in the 18th century, at its current site. If we walk around it, we can see that each side is decorated differently. It is said that Sabatini sent Charles III two designs to choose from. The King absent mindedly gave his approval to both and the architect obediently made both.

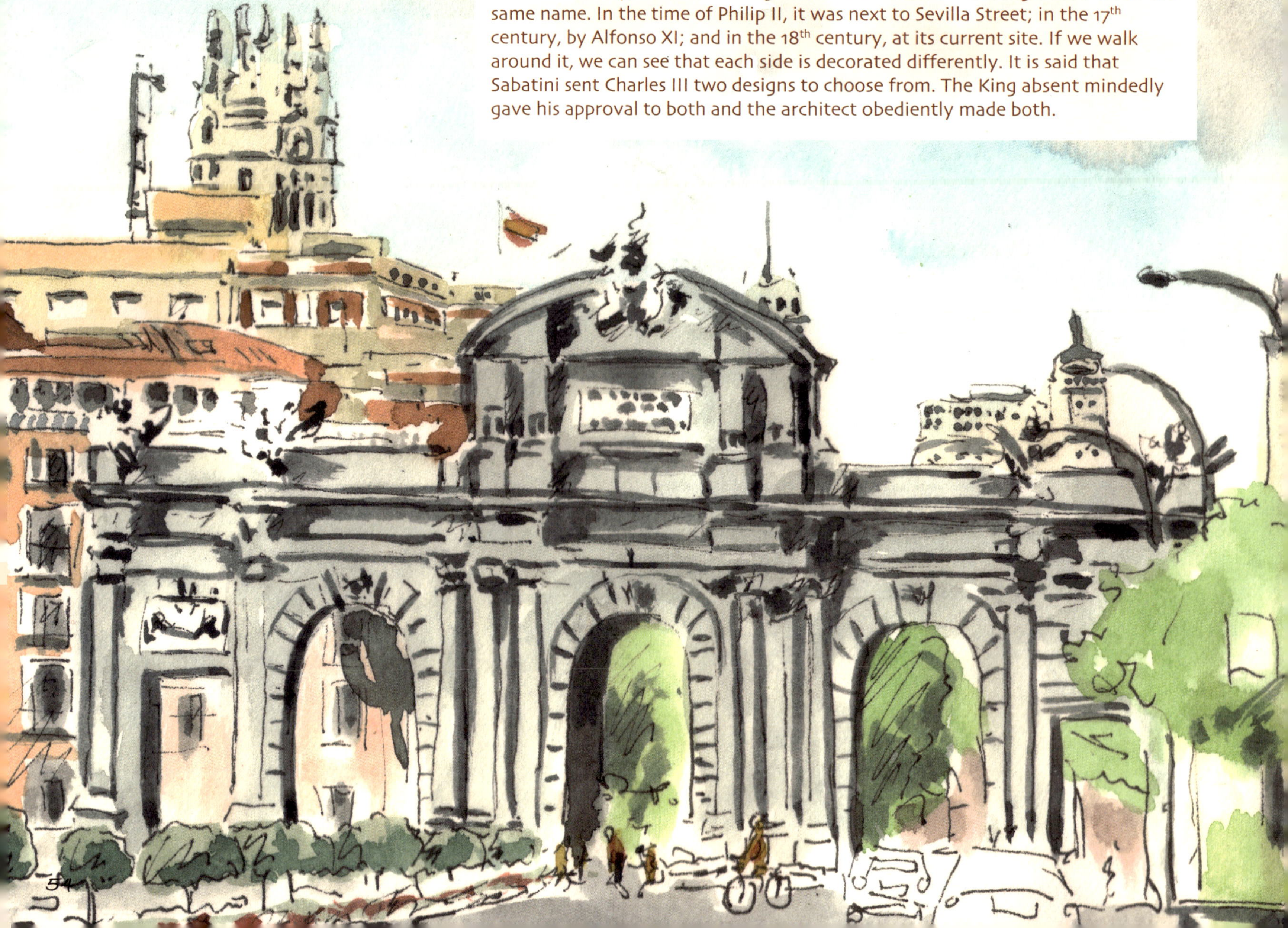

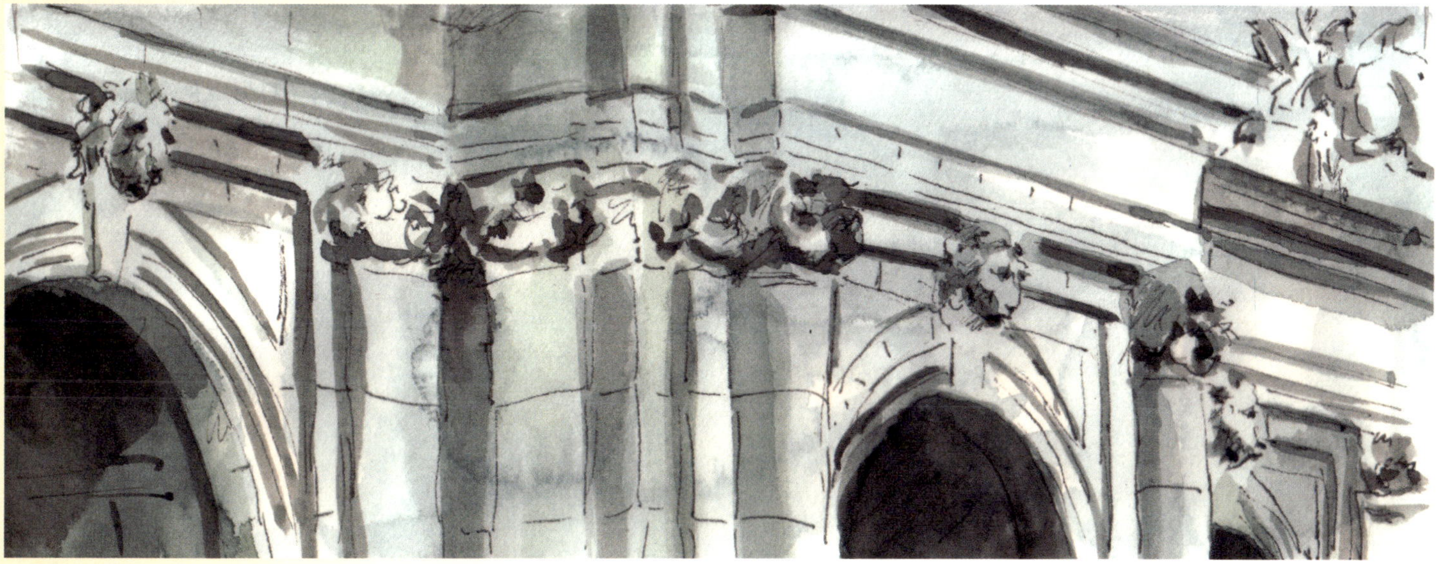

Detalle de la Puerta de Alcalá
Detail from Alcala Gate

El rey alcalde

"El mejor alcalde, el rey", se dijo de Carlos III, hijo de Felipe V, hermano de Fernando VI y cuarto rey de la dinastía borbónica de España. Así se reconocía su gran labor en el saneamiento y embellecimiento de Madrid. Pero su reinado estuvo lleno de dificultades.

Carlos III había sido rey de Nápoles durante veinte años y desde allí llegó con sus ministros, su pasión por la ciencia y sus leyes innovadoras. La colisión de sus ideas con las jerarquías y tradiciones españolas, estalló con un decreto que prohibía llevar capa larga y sombrero de ala ancha. Una multitud enfurecida asaltó la Casa de las Siete Chimeneas. Era el motín de Esquilache y el domicilio del ministro del mismo nombre. El rey amenazó cambiar la capital de España a otra ciudad y, Madrid terminó aceptando, a regañadientes, la capa corta, el sombrero de tres picos y las demás leyes modernizadoras.

De su reinado procede la red de alcantarillado de Madrid, las Fuentes y urbanización de los paseos del Prado y Recoletos, el Observatorio Astronómico, la Casa de Correos...

The best mayor

"The best mayor, the King", was how Charles III, Philip V's son, Ferdinand VI's brother and the fourth King of Spain's Bourbon dynasty was described. This was how his great work sanitizing and adorning Madrid was recognized. But his reign was filled with difficulties. Charles III had been King of Naples for twenty years and from there he came with his ministers, his passion for science and innovative laws. The clash between his ideas and the hierarchies and Spanish traditions came to a head with a decree which forbade wearing long capes and wide-brimmed hats. A furious crowd assaulted the House of the Seven Chimneys. The revolt was named after and was against the King´s minister Esquilache, and the House of the Seven Chimneys was where the minister lived. The King threatened to move the capital to another Spanish city, and Madrid finally accepted, albeit reluctantly, the short cape, the three-cornered hat and the rest of the modernizing laws.

It was during his reign that Madrid got its sewerage network, the fountains and the urbanization of the Paseo de Prado and Recoleto, the Observatory of Astronomy, and the Casa de Correos...

El parque del Buen Retiro y el paseo del Prado

Buen Retiro Park and the Paseo del Prado

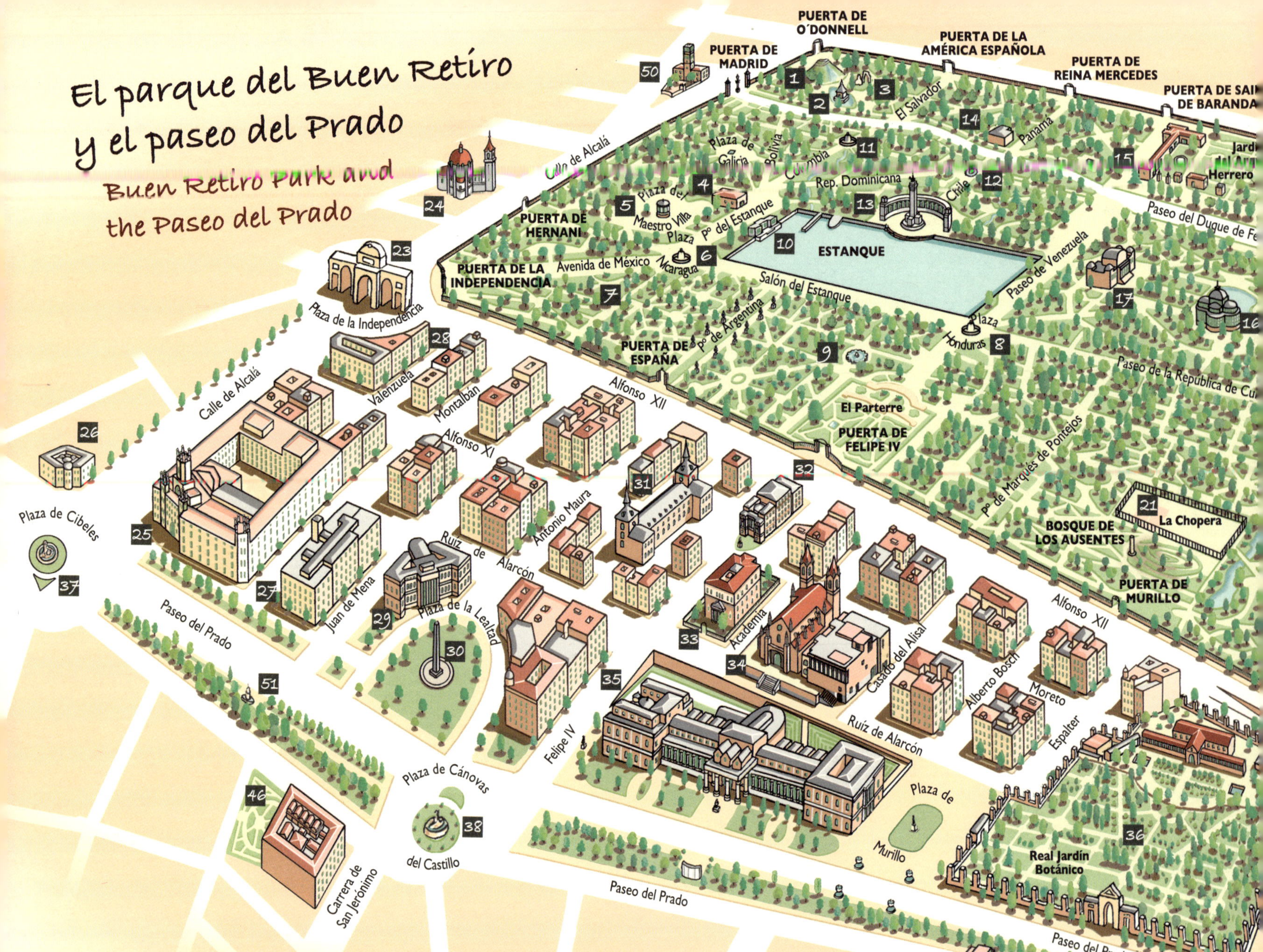

Del antiguo palacio de Buen Retiro sólo quedan dos dependencias, el Salón de Baile (32) y el de Reinos (31). En 1808, se convirtió en cuartel de las tropas de Napoleón y cuando estas se retiraron edificios y jardines estaban en ruinas.

Only two buildings from the ancient Buen Retiro Palace remain: the Ball Room (32) and the Salon de Reinos (31). In 1808 it was turned into a barracks for the Napoleonic troops and when the army left both buildings and gardens were in ruins.

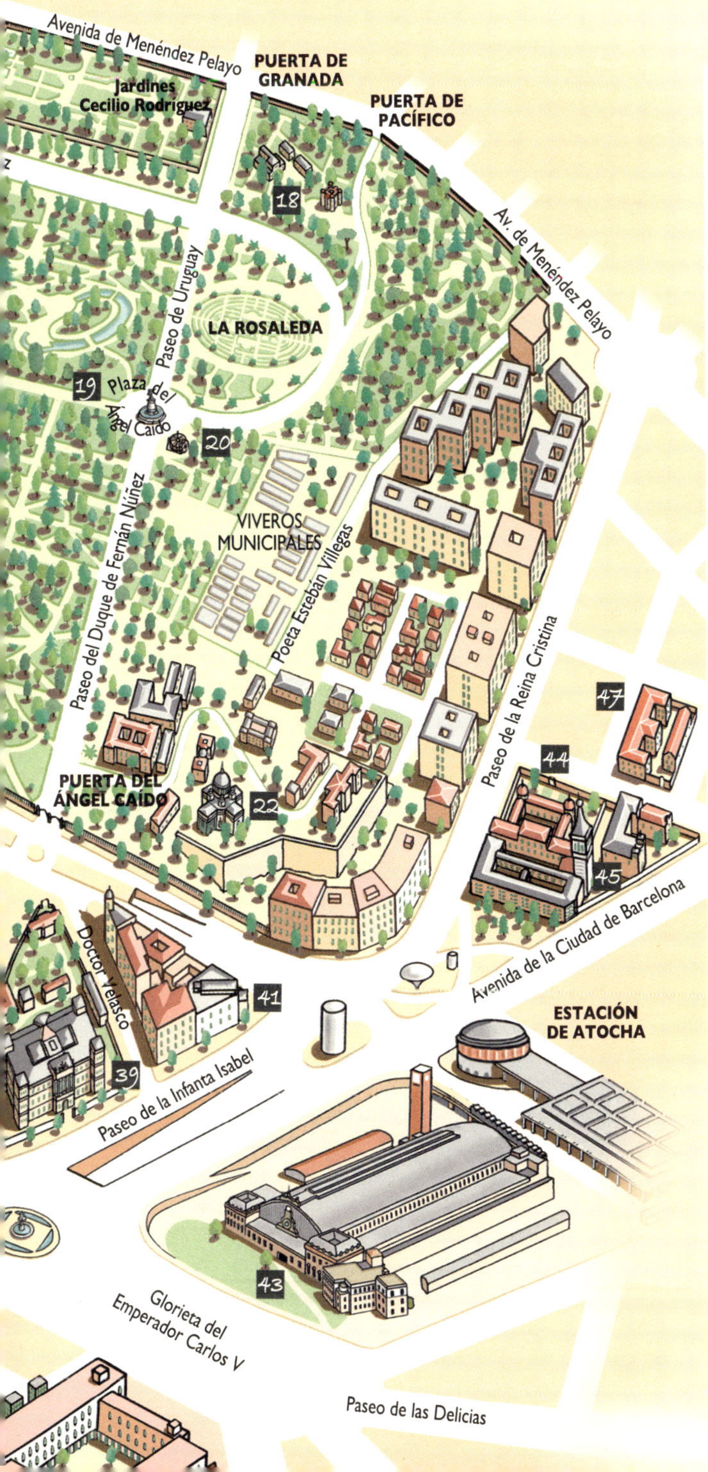

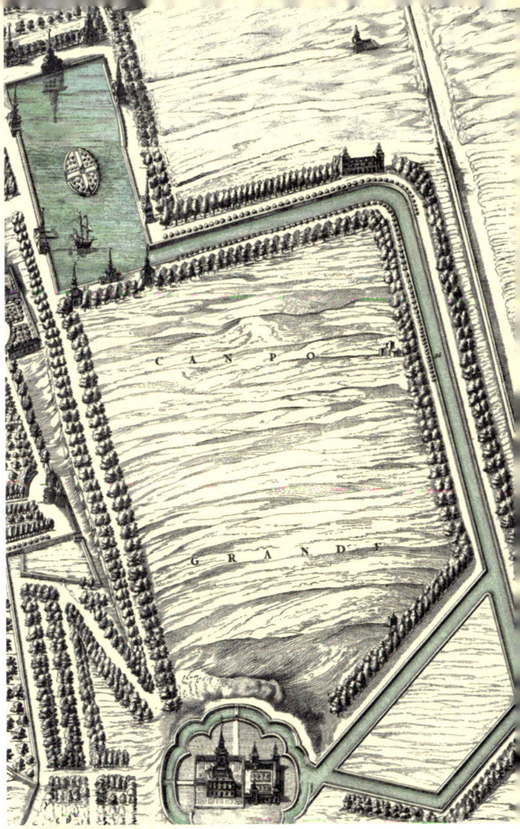

En el plano de Texeira (1656) figura la desaparecida red de ríos artificiales del Retiro

On Teixeira's plan (1656) the network of artificial rivers at Retiro – which are no longer there – can be seen.

1. Montaña artificial (s. XIX)
2. Casita del Pescador (s. XIX)
3. Ruinas románicas (s. XIV)
4. Casa de Vacas (s. XIX)
5. Templete de música (s. XIX)
6. Fuente de los Galápagos (s. XVII)
7. Teatro de Títeres
8. Fuente de la Alcachofa (s. XVII)
9. Estanque de las Campanillas (s. XVII)
10. Embarcadero (s. XX)
11. Monumento a Cuba (s. XX)
12. Monumento al Gral. M. Campos (s. XIX)
13. Monumento al rey Alfonso XII (s. XX)
14. Casa del Contrabandista (s. XIX)
15. Antigua Casa de Fieras (s. XIX)
16. Palacio de Cristal (s. XIX)
17. Palacio de Velázquez (s. XIX)
18. Inst. Meteorológico. Castillete (s. XIX)
19. Fuente del Ángel Caído (s. XIX)
20. Noria del Huerto del Francés (s. XVIII)
21. Zona deportiva La Chopera
22. Real Observatorio Astronómico (s. XVIII)
23. Puerta de Alcalá (s. XVIII)
24. Iglesia S. Manuel y S. Benito (s. XX)
25. Ayuntamiento de Madrid (s. XX)
26. Palc. de Linares. Casa de América (s. XIX)
27. Museo de la Marina (s. XX)
28. Museo de Artes Decorativas (s. XIX)
29. La Bolsa de Comercio (s. XIX)
30. Obelisco del Dos de Mayo (s. XIX)
31. Museo del Ejército. Salón de Reinos (s. XVII)
32. Casón del Retiro. Salón de Baile (s. XVII)
33. Real Academia de la Lengua (s. XIX)
34. Iglesia de San Jerónimo el Real (s. XVI)
35. Museo del Prado (s. XVIII)
36. Real Jardín Botánico (s. XVIII)
37. Fuente de la Cibeles (s. XVIII)
38. Fuente de Neptuno (s. XVIII)
39. Ministerio de Agricultura (s. XIX)
40. Fería del Libro de ocasión
41. Museo de Antropología (s. XIX)
42. Segunda fuente de la Alcachofa (s. XX)
43. Invernadero de Atocha (s. XIX)
44. Panteón de los Hombres Ilustres (s. XIX)
45. Basílica de Nª Sª de Atocha (s. XIX)
46. Museo Thyssen (s. XIX)
47. Real Fábrica de Tapices (s. XIX)
48. Museo Centro de Arte Reina Sofía (s. XVIII)
49. Caixa Forum (s. XX)
50. Casa Árabe (s. XIX)
51. Fuente de Apolo (s. XVIII)

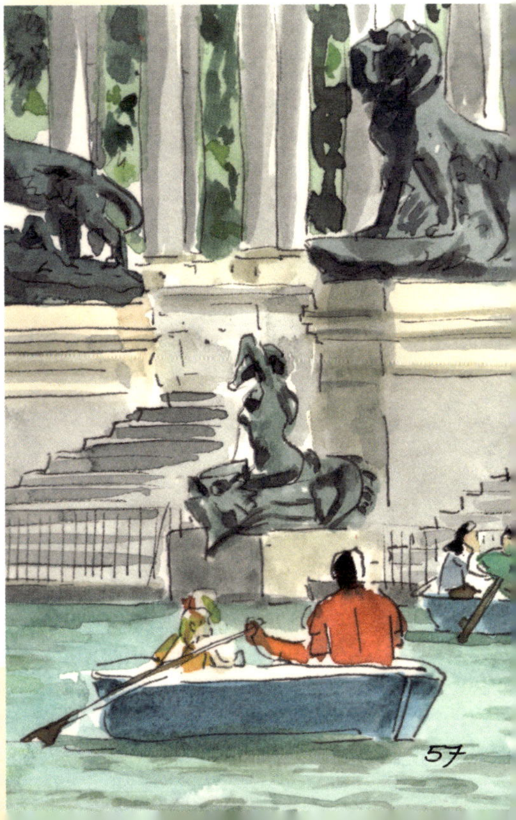

Estanque de El Retiro

Lake at El Retiro

El anciano ahuehuete

En los Jardines del Retiro, entrando por la puerta barroca de Felipe IV, se alza un ahuehuete inmenso, seguramente, el árbol más longevo de Madrid. Hay quienes aseguran que tiene casi tres siglos. Su denominación científica es *taxodium micronatum*, también conocido como Ciprés de Moctezuma.

En Méjico, aún puede verse el ahuehuete bajo el que lloró Hernán Cortés tras la batalla de la Noche Triste. En ella, la mayor parte de su ejército había perecido al intentar escapar de Tenochtitlán cargado con los tesoros de sus palacios y templos.

Se asegura que, quienes salvaron su vida, no consiguieron llevarse ni una sola joya.

The ancient Ahuehuete

Entering the Retiro Gardens at Philip IV's Baroque gate, there is a huge Ahuehuete, surely the most ancient tree in Madrid. Some people say it is more than 300 years old. Its scientific name is *taxodium micronatum*, also known as Moctezuma Cypress.

In Mexico, the Ahuehuete, under which Hernan Cortes cried after the Noche Triste battle, can still be seen. There, the greater part of his army died after trying to escape from Tenochtitlan with all the treasure they could carry from palaces and temples.

It is said that those who saved their lives could not take with them a single jewel.

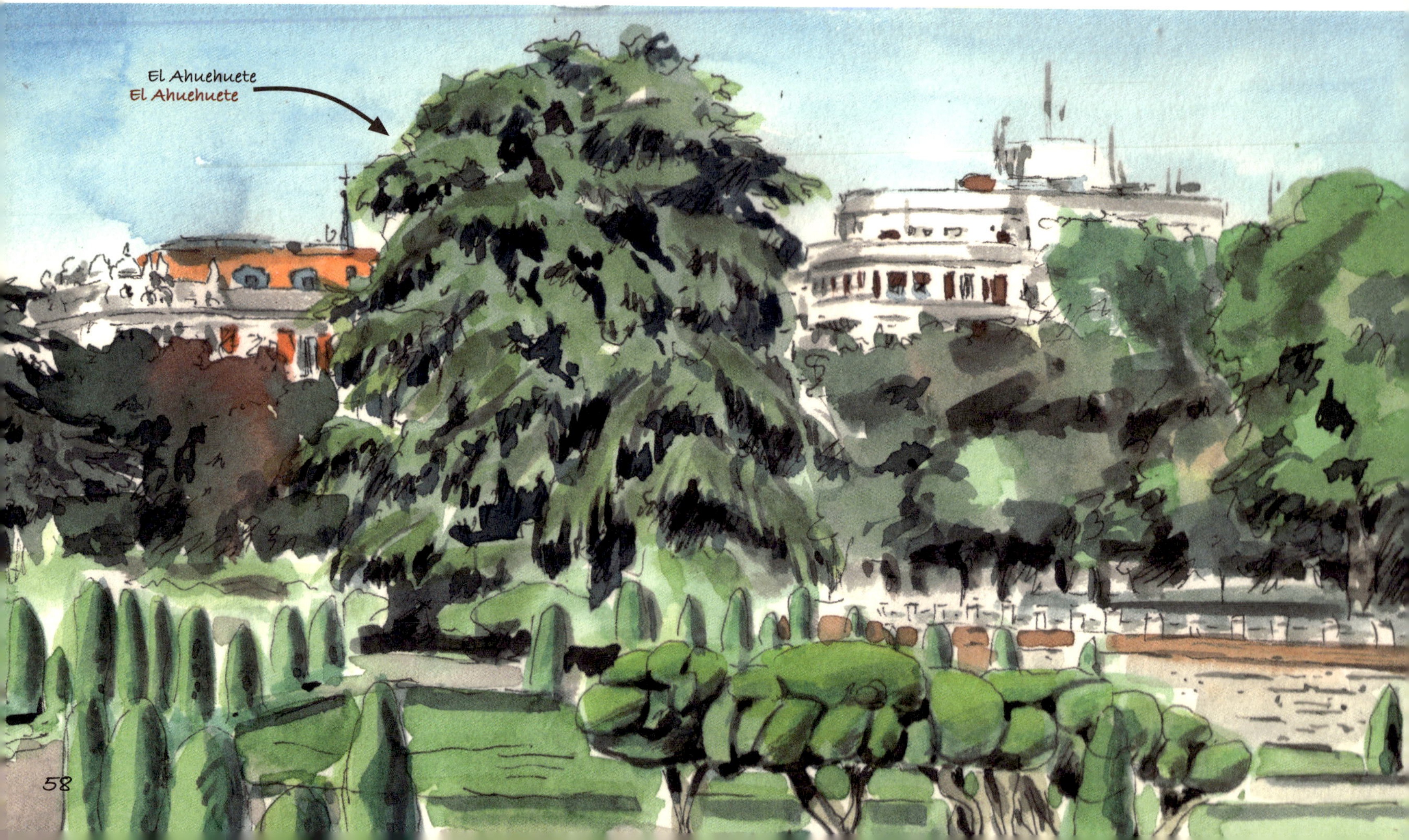

El diablo y el madroño
The devil and the strawberry tree

Cuenta la leyenda cómo un padre madrileño sufría al ver a su hijo enfermo a punto de morir. El diablo, quiso aprovechar la ocasión y le ofreció curar al niño a cambio de su alma de padre atormentado. El padre dudó un momento y suplicó a Satanás que curara a su hijo.

–Tan sólo te pido que me dejes estar con mi hijo hasta que ese árbol deje de tener flores o frutos– le dijo.

El demonio aceptó el pacto sin fijarse en que aquel arbolillo era un madroño y que, en los madroños, las nuevas flores salen antes de que los frutos del año anterior hayan terminado de caer. Y fue así como aquel vecino de Madrid engañó al diablo con su pacto.

Legend tells of a Madrilenian father who suffered so much seeing his son ill that he wanted to die. The devil sought profit in the situation and offered to cure his son in exchange for the tormented father's soul. The father hesitated only for a moment and then asked Satan to cure his son.

I just ask you that I stay with my son until that tree stops bearing fruit or flowers, he said.

The devil accepted without thinking that the tree was a strawberry tree and, on those trees, the new flowers appear before the fruits from the previous year finish falling. And so the Madrilenian deceived the devil with his pact.

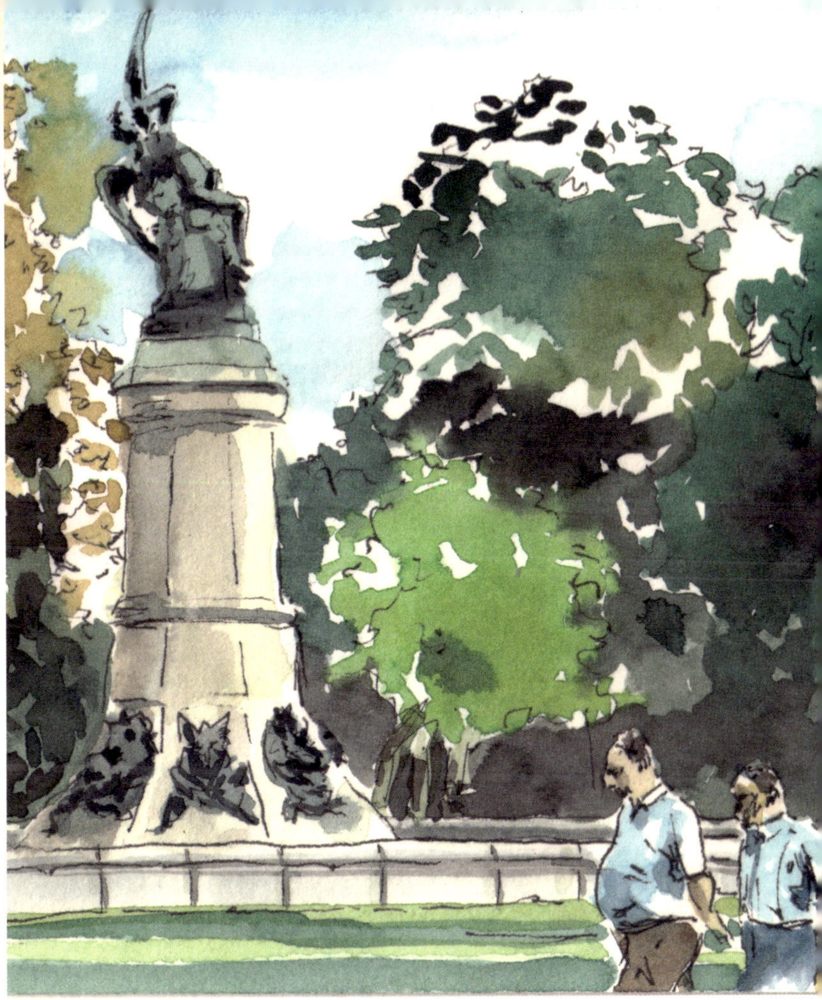

Escultura del Ángel Caído en el parque del Retiro
Sculpture of the Fallen Angel at Retiro park

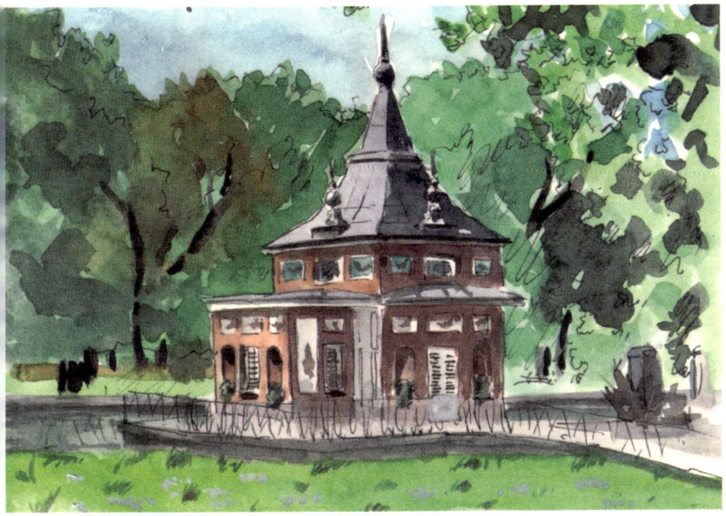

La Casita del Pescador
The Fisherman's Little House

El jardín reservado
The reserved garden

El reinado de Fernando VII (1813-1833) fue un desastre en lo político y en lo económico. Para pasar el rato con su familia, el rey ordenó adornar el Retiro con lugares como la Montaña Artificial, la Casita del Pescador o la Casa de Vacas, que fue primero una granja, luego un restaurante y, hoy, una sala de exposiciones.

The reign of Ferdinand VII (1813-1833) was a political and economic disaster. In a bid to enjoy some time with his family, the King ordered Retiro decorated with places such as the Artificial Mountain, the Casita del Pescador (the Fisherman's Little House) or the Casa de Vacas, which was first a farm, then a restaurant and nowadays a gallery space.

El museo del Prado

Prado Museum

El edificio del museo del Prado fue construido en época de Carlos III para agrupar todas las escuelas y laboratorios de ciencia en un Gabinete de Historia Natural. Años después, José I decidió exponer la colección de pinturas reales para disfrute de todos los ciudadanos y eligió para ello el palacio de Buenavista. Pero, finalmente, Fernando VII inauguró la exposición de pinturas en la sede actual del museo del Prado.

The building that houses the Prado Museum was built during the reign of Charles III in order to amalgamate all the scientific schools and laboratories into a Natural History Cabinet. Years later, Joseph I decided to exhibit the royal painting collection so that all Madrilenians could enjoy them and he chose Buenavista Palace to do so. But, in the end, Ferdinand VII opened the exhibition in the current Prado Museum.

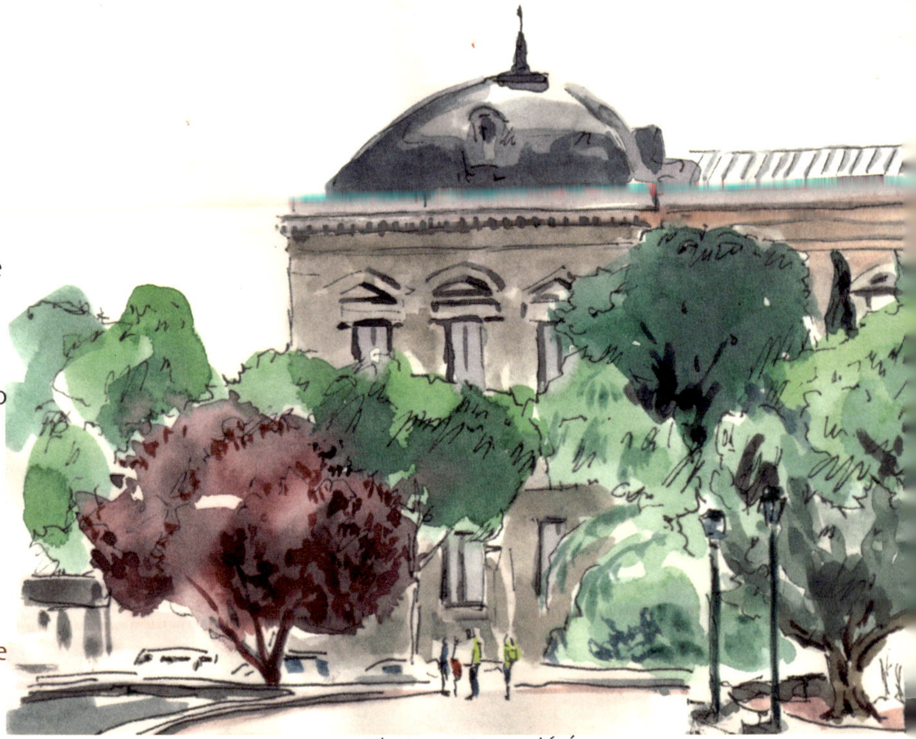

El Museo Arqueológico
Archaeological Museum

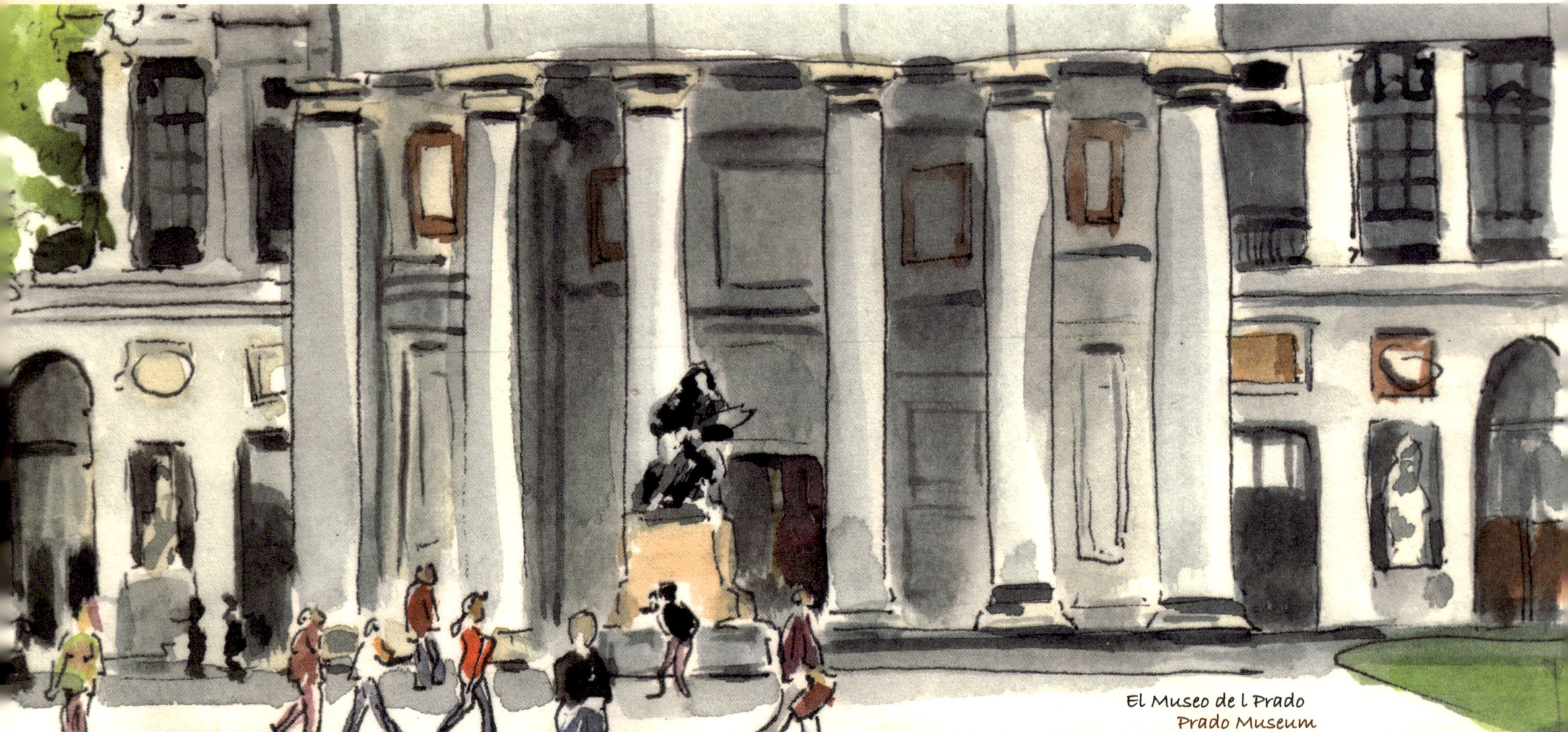

El Museo de l Prado
Prado Museum

El paseo de los museos

Museum Avenue

En el entorno del museo del Prado se han multiplicado los museos y las salas de exposición.

En el paseo de Recoletos encontraremos la Biblioteca Nacional y su museo del Libro y, en el mismo edificio, pero con la entrada en la calle Serrano, el museo Arqueológico. Bajando el paseo veremos la Fundación BBVA y la Casa de América. En la calle Alcalá, cerca de la plaza de Cibeles, está el Instituto Cervantes y el Círculo de Bellas Artes. En el Paseo del Prado se encuentra el museo Naval, el museo Thyssen y la Caixa Forum. Al lado del museo del Prado se hallan el Casón, el Claustro de san Jerónimo y el Jardín Botánico. El museo del Ejército ocupaba hasta hace poco lo que fue Salón de Reinos del Retiro y, muy cerca, se ubica el museo de Artes Decorativas. Finalmente, en los alrededores de la glorieta de Carlos V, podremos disfrutar del Centro de Arte Reina Sofía, del museo Antropológico y de la Casa Encendida.

Around the Prado Museum, the number of museums and galleries have multiplied.

In the Paseo de Recoletos we have the National Library and its Book Museum and, in the same building but entering from Serrano Street, the Archaeological Museum. In this avenue there is also BBVA Foundation and the Casa de America. At Alcala Street, next to Cibeles Square, are the Instituto Cervantes and the Círculo de Bellas Artes. In the Paseo del Prado are the Navy Museum, the Thyssen Museum and Caixa Forum. Next to the Prado Museum are the Casón, San Jerónimo's cloister and the Botanic Gardens. The Army Museum, until very recently, was situated at the ancient Salon de Reinos and, close to it, is the Decorative Arts Museum. Finally, in the area around Carlos V Roundabout we can enjoy the Reina Sofia Museum, the Anthropological Museum and the Casa Encendida.

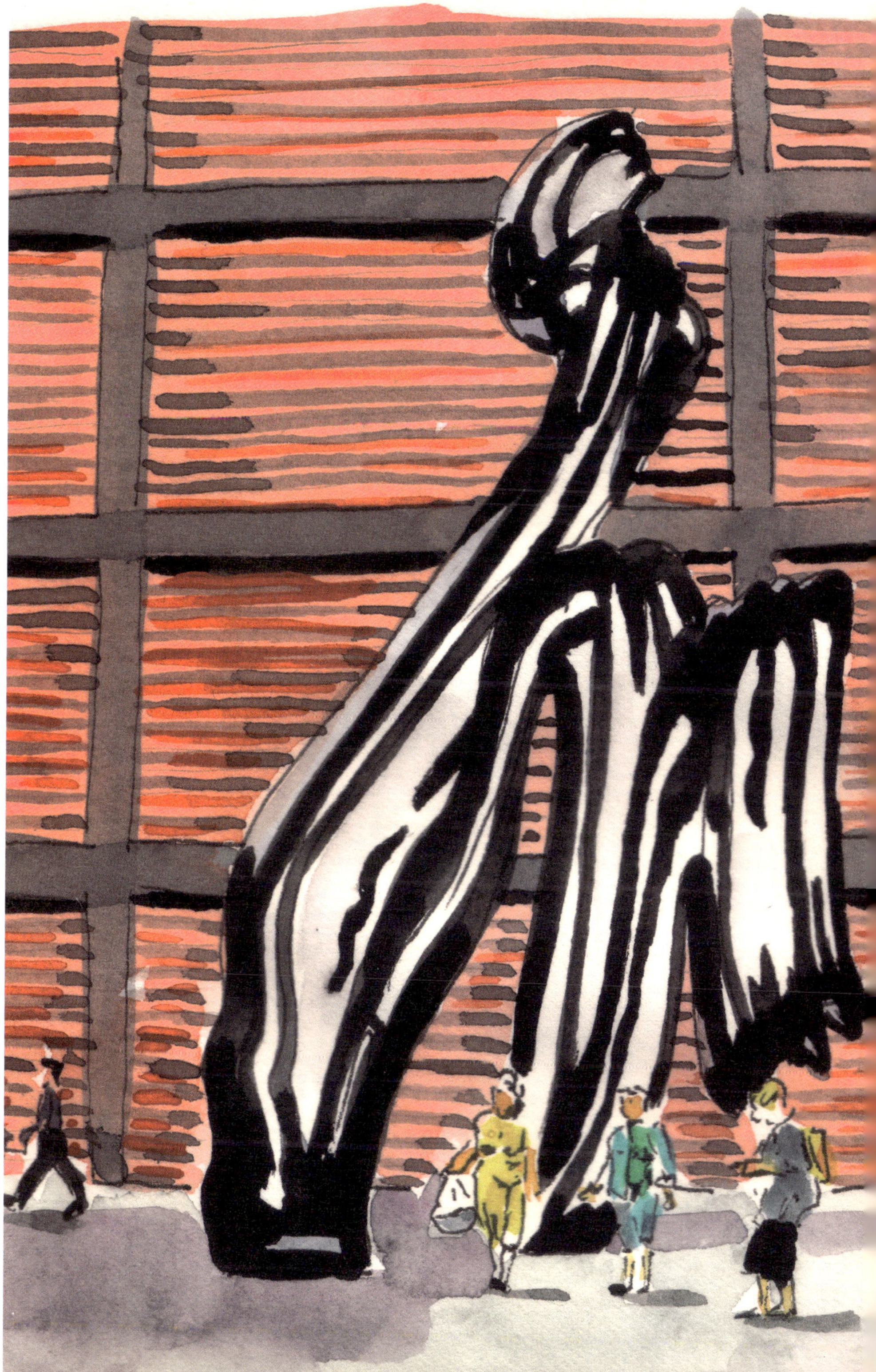

Vestíbulo del Museo de Arte Reina Sofía
Hall of the Reina Sofia Museum

La diosa Cibeles
The Goddess Cibeles

La fuente de la Cibeles se ha convertido en el símbolo más representativa de la villa de Madrid. Cibeles fue la todopoderosa madre tierra de los antiguos frigios, que se casó con Cronos, deidad del tiempo, y de su amor nacieron los dioses del Olimpo.

Cibeles Fountain has become the city's key symbol. Cibeles was the all-powerful earth mother of the ancient Phrygians, who married with Cronos, god of time, and out of their love the Olympian gods were born.

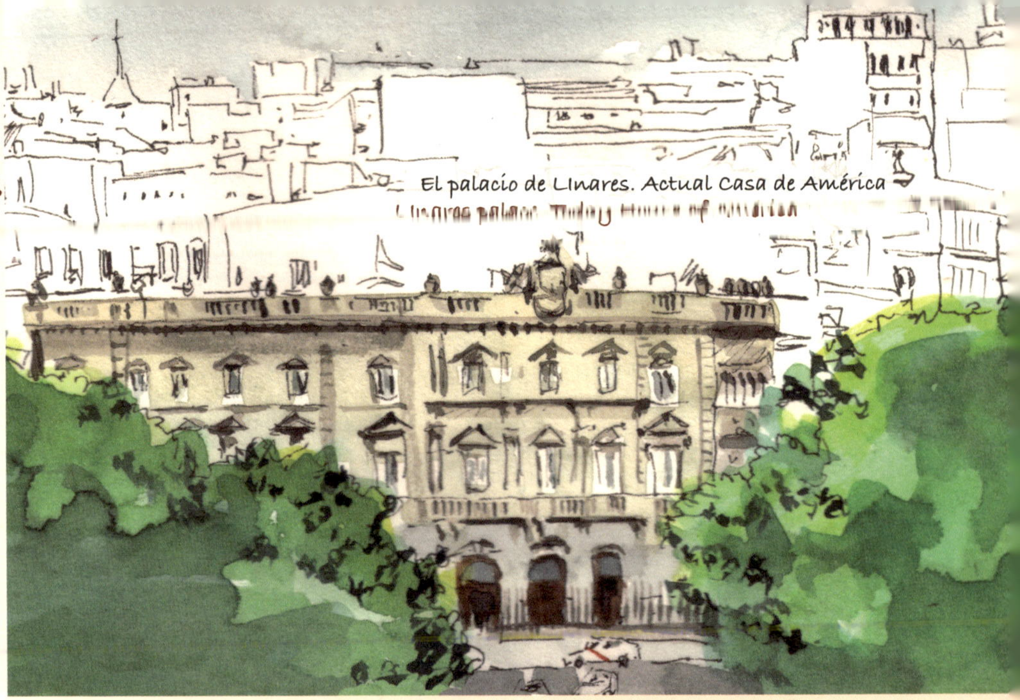

El palacio de Linares. Actual Casa de América
Linares palace. Today House of America

Los fantasmas de Linares
Linares' ghosts

Los fantasmas siguen apareciéndose por el palacio de Linares. Evocan el recuerdo de una tragedia. El marqués de Linares nació pobre pero consiguió riqueza trabajando y, por eso, enseñó a su único hijo a respetar a todos, sin importar la condición social. Un día, el heredero anunció a su padre que iba a casarse con la hija de la estanquera del barrio y el marqués le prohibió tal matrimonio. El muchacho no le obedeció y se casó con su amada. Al enterarse, el marqués se murió del disgusto. Pero antes, le dijo a su hijo que el padre secreto de la hija de la estanquera era él. Los esposos, sabiéndose hermanos, se encerraron en el palacio de Linares y de allí no salieron hasta su muerte.

Ghosts still appear at Linares Palace, evoking memory of a tragedy. The Marquis of Linares was born poor, but acquired his wealth by working, and for this reason he taught his son to respect everyone, no matter their social status. One day, the heir apparent announced to his father that he was going to marry the daughter of the neighbourhood tobacconist but the Marquis forbade him. The boy did not obey him and married his beloved. When the Marquis found out, he died from grief. But before dying, he told his son that he was the girl's father. The married couple, knowing they were brother and sister, shut themselves inside Linares Palace and never left until their death.

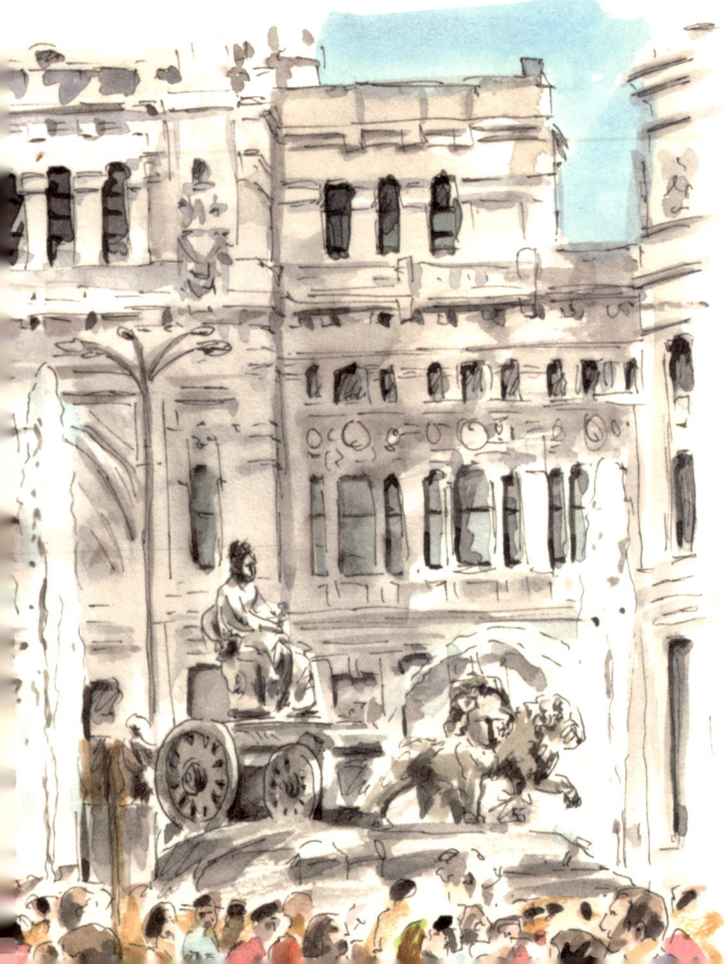

Fuente de la Cibeles. Detrás, el nuevo Ayuntamiento de Madrid
Cibeles Fountain, behind, the new Town Council of Madrid

La laguna del oro

Tal vez sea sólo fruto de la imaginación madrileña pero, se dice, que la caja fuerte que custodia el oro del Banco de España está sobre un islote en mitad de una laguna subterránea. Esta caja almacena también otros tesoros, entre ellos, algunas pinturas compradas al pintor Francisco de Goya en vida de éste. Como en todo banco diligente, junto a los valiosos cuadros se descubrieron sus facturas. Al examinarlas, la sorpresa fue mayúscula: cuando se compraron, los marcos de los cuadros habían salido más caros que las pinturas. Difícil vida la del artista.

The Golden Lake

Maybe it is just the fruit of the Madrilenian imagination, but it is said that the safe holding the Bank of Spain's gold is on an island in the middle of a small underground lake. This safe holds other treasures too, amongst them some paintings by Goya bought while the artist was alive. As with any good and diligent bank, the receipts were discovered alongside the valuable paintings. Upon examination of the receipts, there was an almighty surprise: when they were purchased, the frames had been more expensive than the paintings. Hard life that of the artist.

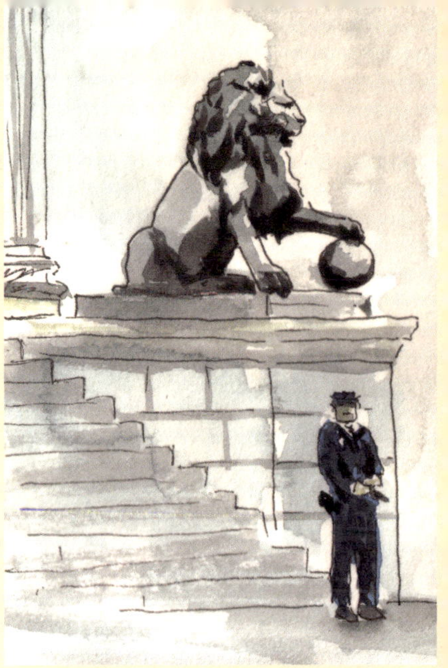

León del Congreso de los diputados
Congreso de los Diputados´ lion

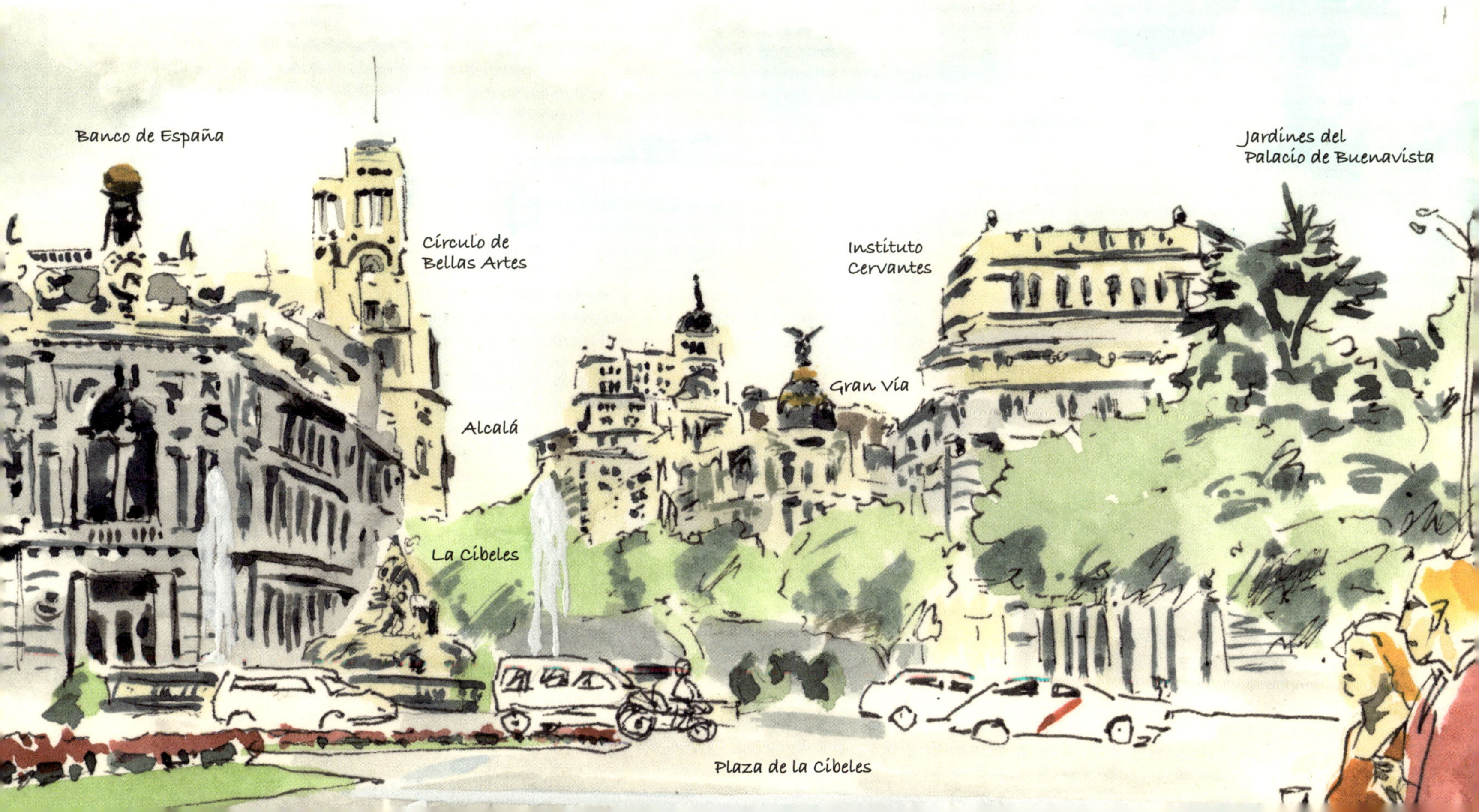

Madrid y el mar

Madrid siempre ha añorado el mar. Algunos historiadores se sorprenden de que, dado que el reino de Felipe II tenía extensos territorios en América, África y Asia, eligiera como capital Madrid, una ciudad sin puerto de mar. Se dice que sus consejeros ya le advirtieron: si elegía Lisboa, España mantendría la península ibérica unida; si designaba a Sevilla, conservaría su imperio colonial; pero que si optaba por Madrid se perderían ambas cosas.

Madrid and the sea

Madrid has always yearned for the sea. Given that Philip II had large possessions in America, Africa and Asia, some historians are surprised that he decided to make Madrid, a city without a port, his capital. It is said that his councillors had already advised him: if he chose Lisbon, Spain would keep the Iberian Peninsula united; if he chose Seville, he would maintain his colonial Empire; but if he chose Madrid, he would lose both things.

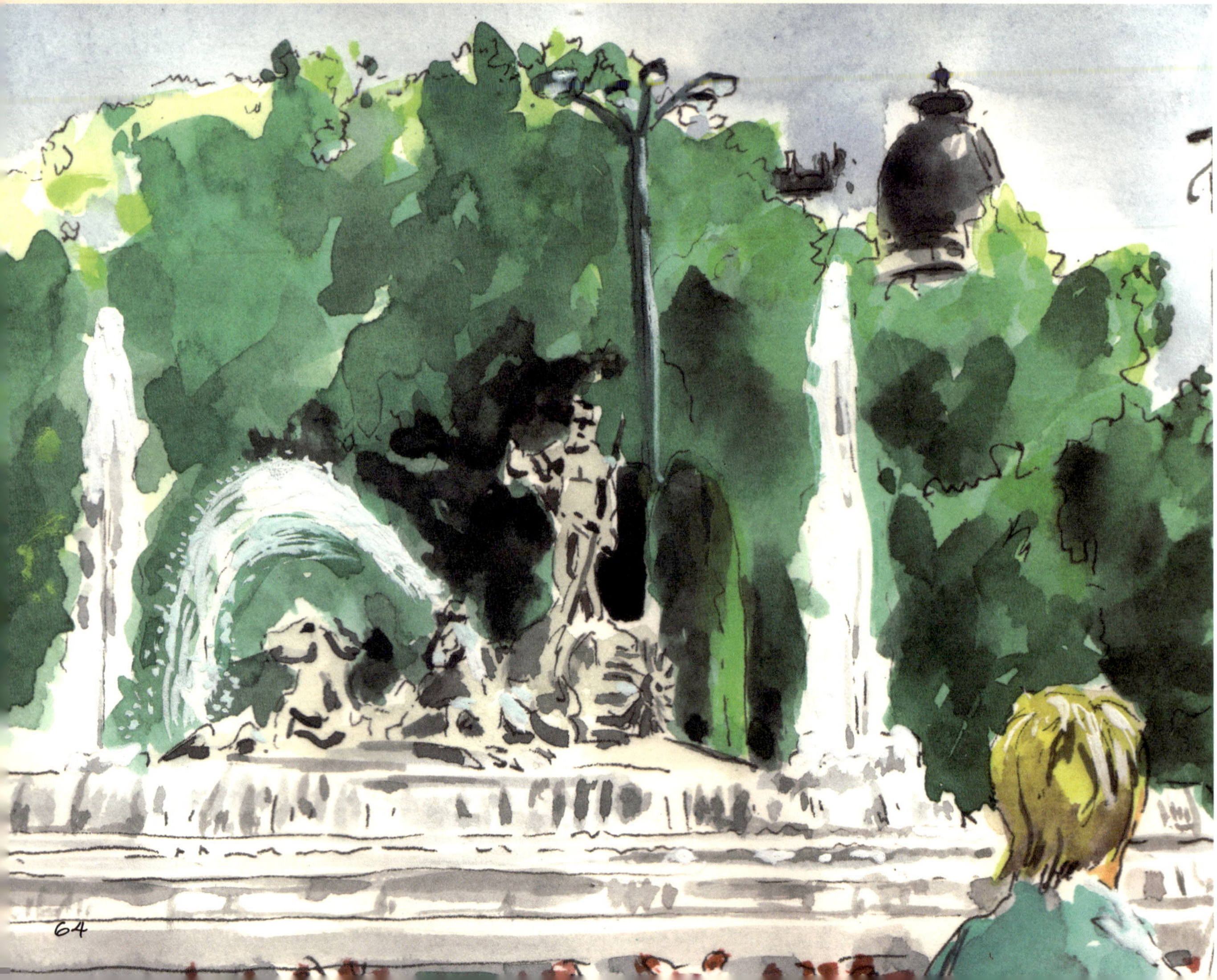

Fuente de Neptuno en la plaza de Cánovas del Castillo

Fountain of Neptuno at Canovas del Castillo Square

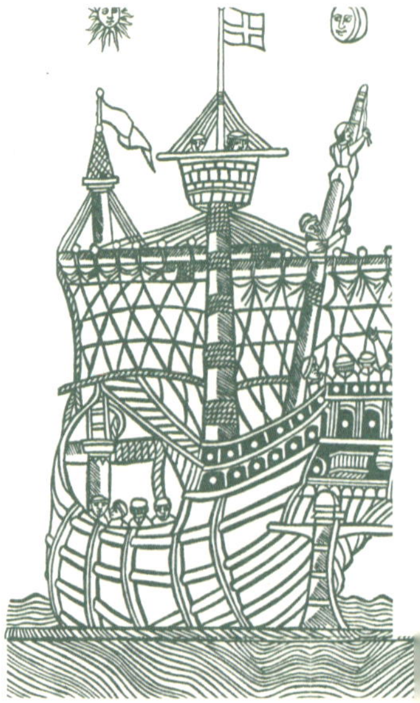

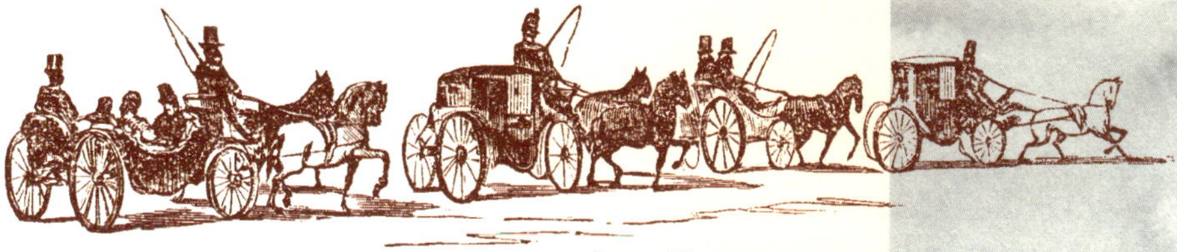

Los paseos madrileños
Madrilenian Avenues

Pasear fue, y sigue siendo, una necesidad de los madrileños. Ya en el siglo XVI, existía la costumbre de pasear por el Prado de San Jerónimo. En sus alamedas se abrieron fuentes y se instalaron la Torrecilla de la Música y el Juego de Pelota. Los problemas aparecieron cuando, a finales del mismo siglo, se pusieron de moda las carrozas: llegaron los atascos y el Prado se quedó pequeño. Todo notable madrileño con posibles necesitaba enseñar a sus vecinos su bonita carroza. Se establecieron normas que limitaban el número de caballos: sólo la nobleza podía llevar cuatro caballos en el tiro, y sólo el rey, podía llevar seis. También, y para evitar escándalos, se prohibió que las carrozas llevaran cortinas y no pudiera ver todo el mundo lo que ocurría en su interior.

Walking was, and still is, a necessity for Madrilenians. In the 16th century, there already existed the habit of walking at Prado de San Jerónimo. Along its boulevards fountains were built, the Torrecilla de la Música (Music Tower) was installed and the Juego de Pelota, a building where the game could be played, was constructed. Problems arose when, by the end of the same century, carriages became fashionable: traffic jams occurred and the Prado was rendered too small. Every important Madrilenian with means had to show-off his carriage to his neighbours. Some rules were approved to limit the number of horses: only the nobility could have carriages with four horses and only the King's carriage could have six. Also, to avoid scandals, the carriages were forbidden to have curtains as they prevented people from seeing what happened inside them.

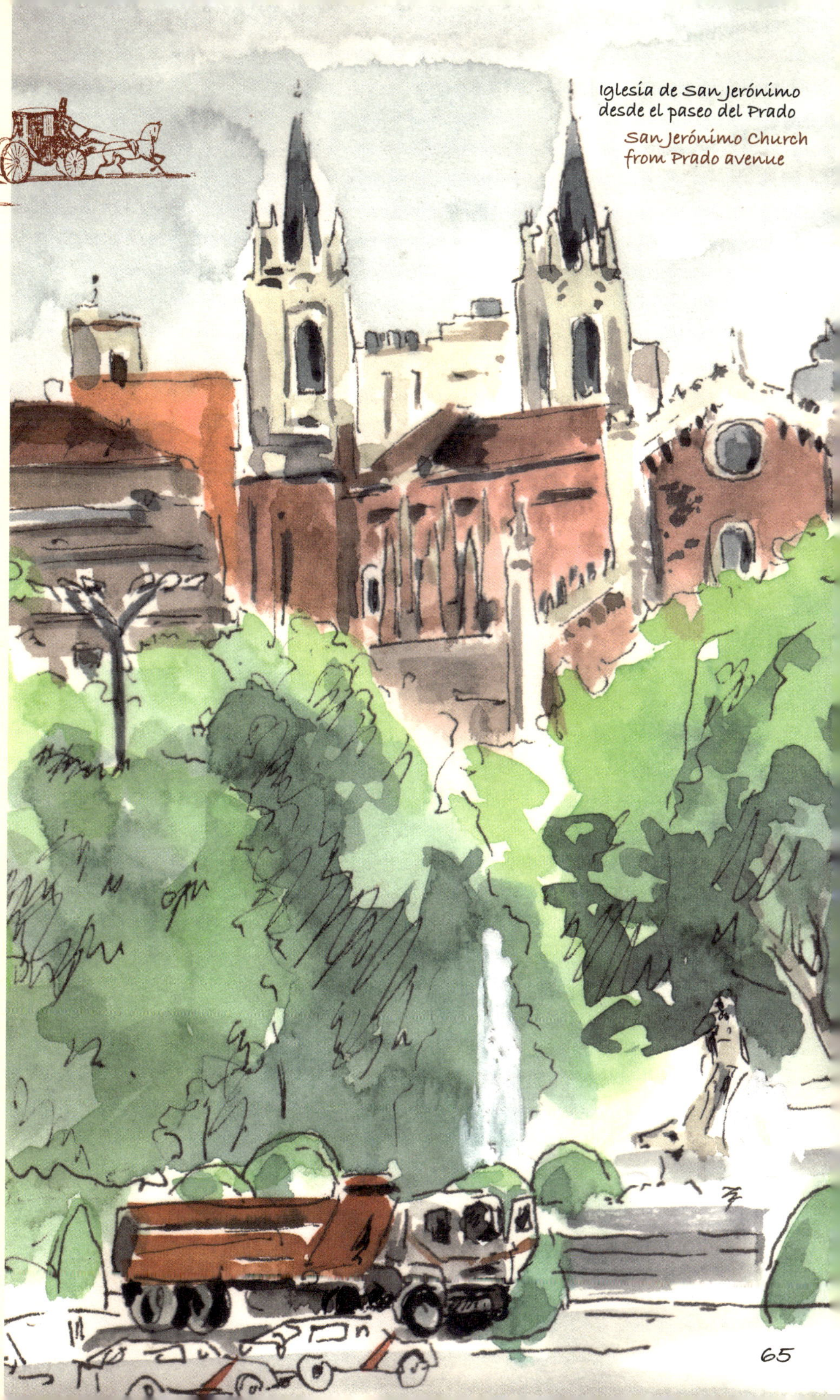

Iglesia de San Jerónimo desde el paseo del Prado
San Jerónimo Church from Prado avenue

Las pesquisas de la ciencia

Del proyecto de Carlos III para el Gabinete de Historia Natural, sólo queda en el paseo del Prado el Real Jardín Botánico. En él se pretendía reunir todas las plantas del extenso reino de España y de las Indias. Pero también se propuso lo mismo con todas las especies animales en un zoológico e, incluso, se quiso alzar un poblado en el que vivieran –en sus chozas, con sus aperos y vestidos típicos– una familia indígena de cada una de las razas que poblaban el imperio colonial español.

Scientific investigations

The Royal Botanic Garden is all that remains of Charles III's project to create the Natural History Cabinet at the Paseo del Prado. The intention was to bring together samples of all the plants from the large Spanish Empire and its colonies there. It was also proposed that the same be done with all the animal species, which would be housed in a zoo and, furthermore, he wanted to erect a settlement where indigenous families from each of the races in the Empire would live in their huts, with their tools and traditional costumes.

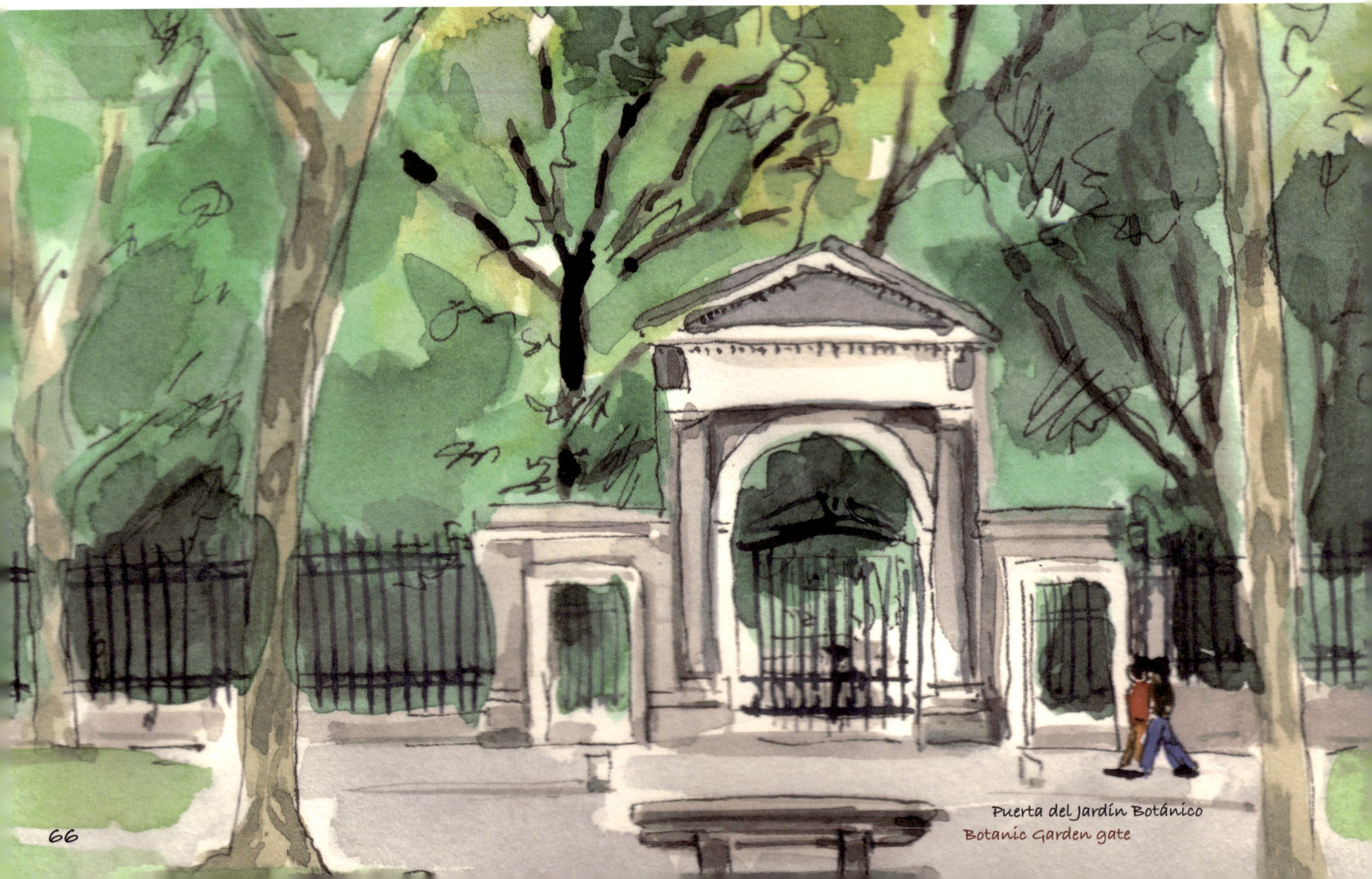

Puerta del Jardín Botánico
Botanic Garden gate

El tesoro de Cuesta Moyano

Don Claudio Moyano fue ministro de Instrucción Pública a mediados del siglo XIX. A él se debe la ley de educación obligatoria para los menores de 14 años. En 1925, en la cuesta que lleva su nombre, se inauguró la Feria del Libro Usado y de Ocasión.

Pero esta feria no tuvo buen comienzo. Los primeros libreros, aburridos de la poca clientela, decidieron hacer una campaña de publicidad original: anunciaron que, cada semana, disimulado entre los libros que extendían en mostradores y mesas, incluirían una joya bibliográfica a precio de saldo. La campaña funcionó perfectamente y, desde el primer día, la cuesta Moyano se llenó de compradores. Y lo más curioso fue que, todos los días, eran muchos los que se marchaban de allí convencidos de haber encontrado el premio.

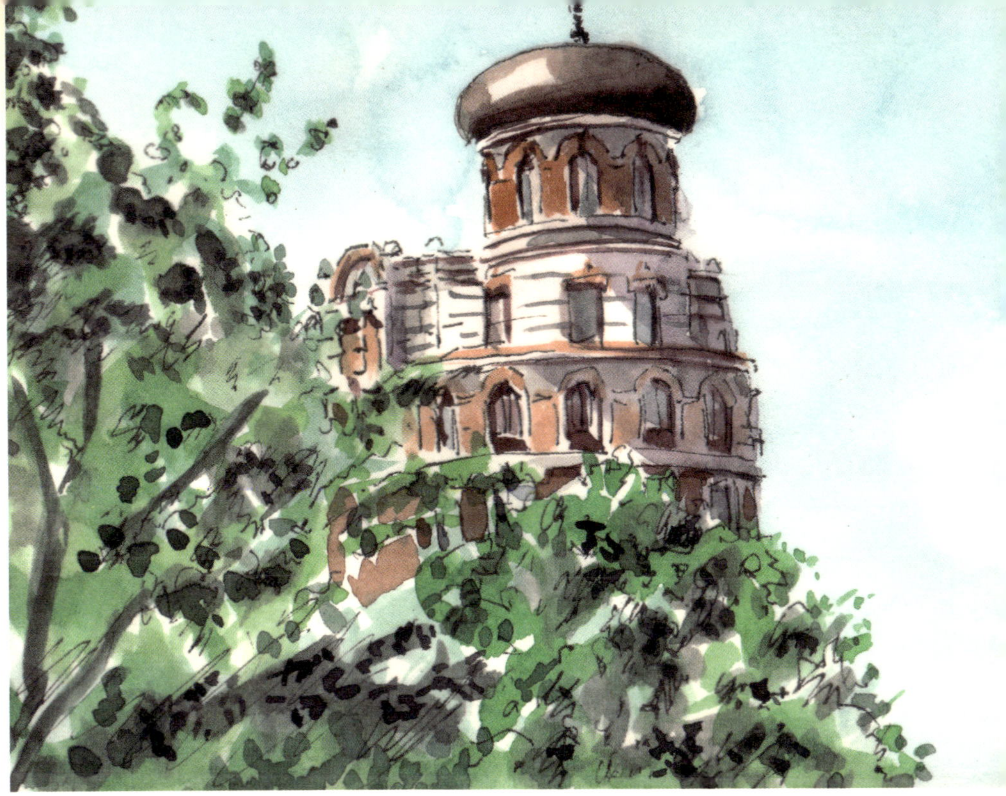

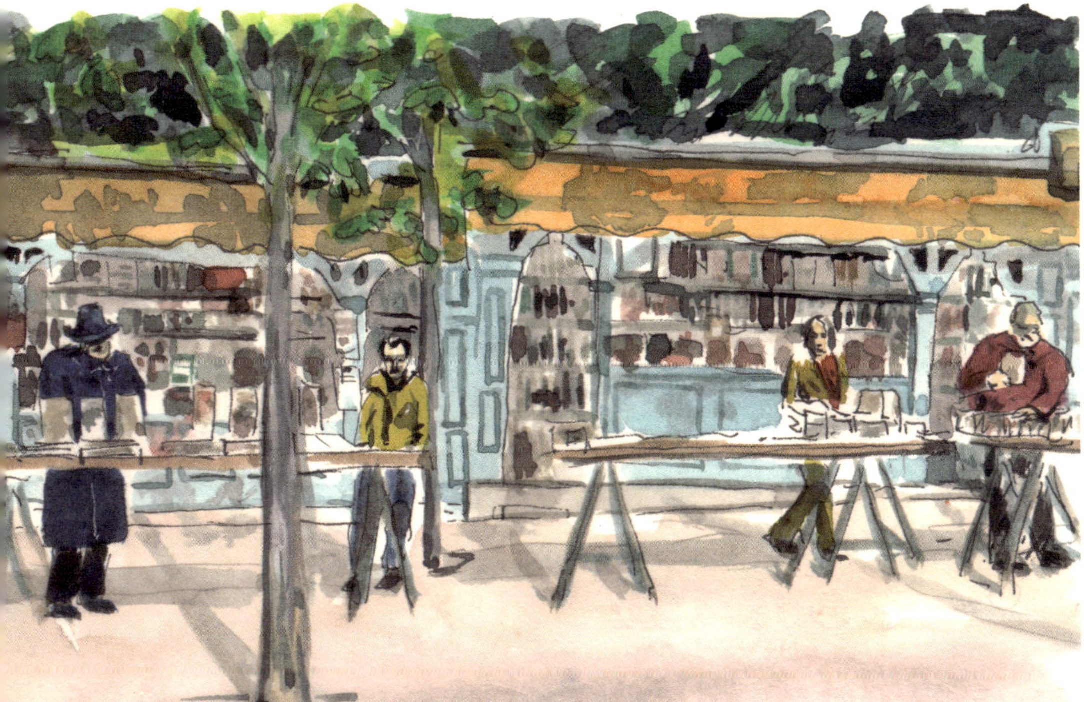

La Cuesta Moyano

Cuesta Moyano

Cuesta Moyano's treasure

Mr. Claudio Moyano was the minister for Public Instruction Education in the middle of the 19th century and it was he who approved the law for the obligatory education of all children under 14. In 1925, on the hill that bears his name, the first Second Hand Book Fair was opened.

But this fair did not get off to a good start. The first booksellers, bored due to a shortage of customers, decided on an original marketing campaign: they announced that, each week, hidden amongst their wares, there would be a precious book at a cheap price. The campaign was a roaring success and, from the first day, Moyano Hill was bustling with buyers. Curiously, each day, many people left convinced that they had found the prize.

Tortugas peregrinas

La gran estructura de hierro de la antiqua estación del Mediodia, hoy de Atocha, se quedó pequeña para tantos trenes. Por ello, se convirtió en un agradable invernadero con estanques y plantas exóticas. Pero nadie contaba con que, al poco tiempo, los estanques estuvieran repletos de unas tortuguitas tan exóticas como las plantas.

The Pilgrim turtles

The great iron structure of the ancient Mediodia Station, what is Atocha nowadays, became too small for so many trains. And so it was converted into a pleasant greenhouse with ponds and exotic plants. But nobody imagined that, in just a short while, the ponds would be full of little turtles as exotic as the plants…

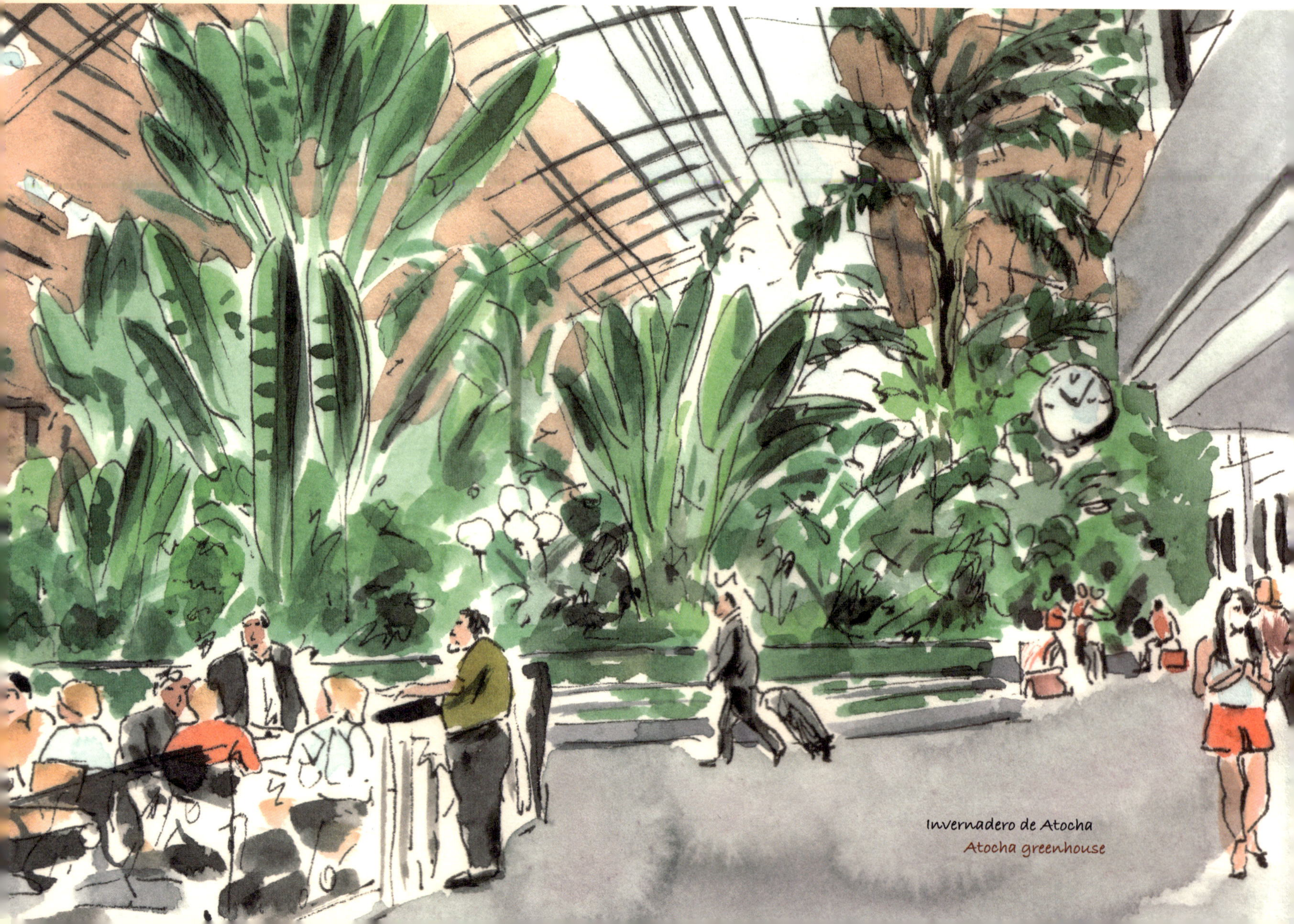

Invernadero de Atocha
Atocha greenhouse

El museo del doctor

The Doctor's Museum

En la manzana contigua al ministerio de Agricultura, en la que fue la casa del doctor Velasco, podremos visitar el museo Antropológico.

Siendo muy joven, el doctor Velasco se quedó viudo con una hija pequeña y en ella volcó todo su amor. Pero la niña también murió, el doctor enloqueció y decidió dedicar el resto de su vida a resucitarla. Pronto, abandonó las esperanzas basadas en la ciencia y se consagró a la búsqueda de una magia que devolviera la vida a los muertos. Para ello, reunió un sin fin de objetos sagrados y momias de muchas culturas del mundo. Y de esta singular locura procede la primera colección que dio lugar al museo Antropológico. Un dudoso chisme de la época aseguraba que, todas las tardes, el doctor Velasco salía en su carroza por el Prado y que, siempre, iba acompañado por la momia de su hija.

In the block next to the Ministry of Agriculture, in the building that was Dr. Velasco's house, we can visit the Anthropological Museum.

Whilst still very young Doctor Velasco was widowed with a little daughter and he directed all his love towards her. But the girl also died. Mad from grief, he decided to dedicate the rest of his life trying to bring her back to life. Soon he abandoned science as a means to achieving his goal and turned instead to magic, devoting himself to the search for magic that could raise the dead. He assembled endless sacred objects and mummies from many different cultures of the world. And so it is from this madness that the Anthropological Museum's first collection came. Dubious gossip of the time had it that Doctor Verlasco went out in his carriage each afternoon, always accompanied by his mummified daughter.

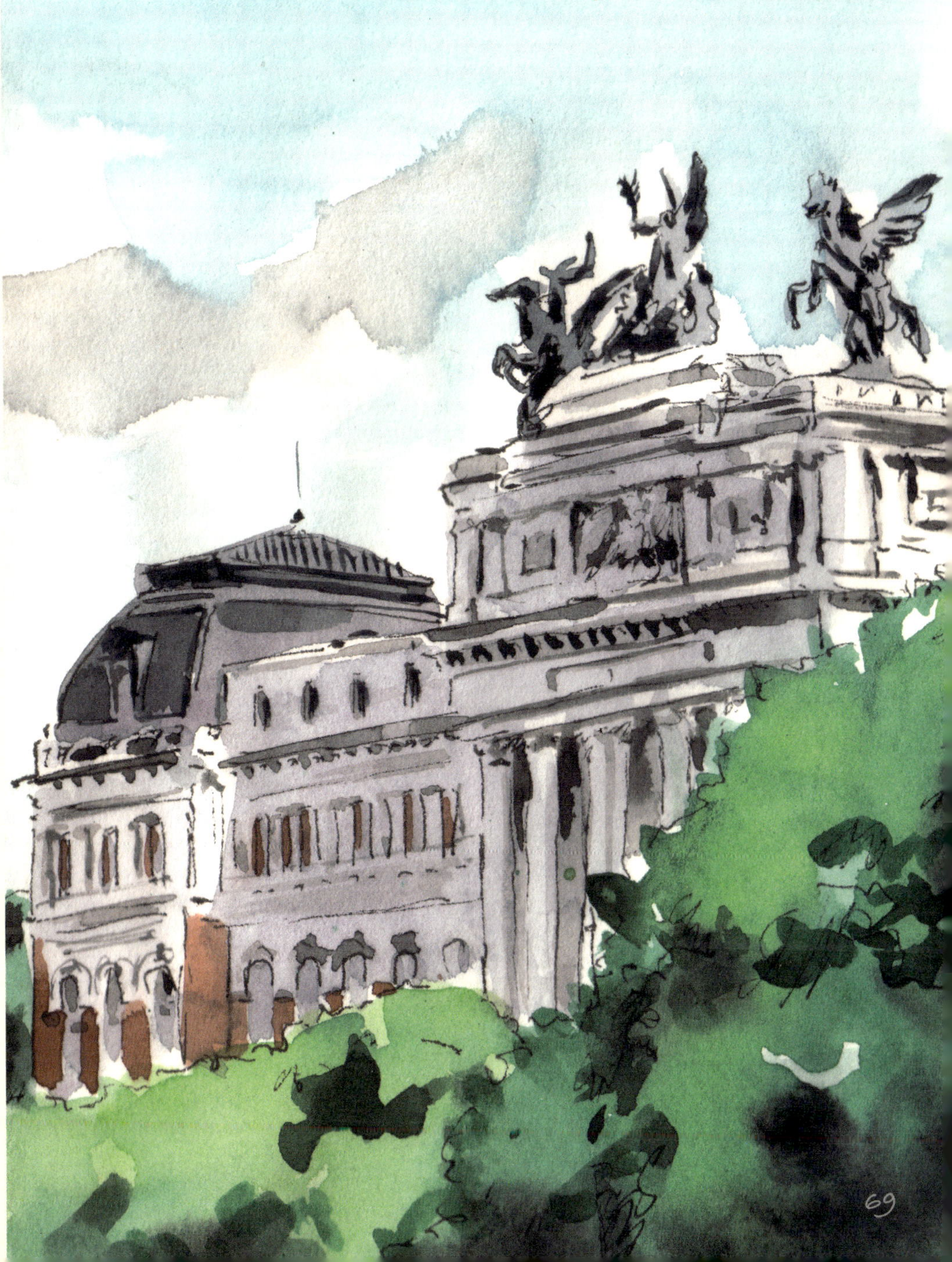

En lo que fueron terrenos del Real Jardín Botánico, se levanta hoy el ministerio de Agricultura

Today the Ministry of Agriculture stands in land that belonged to the Botanic Garden.

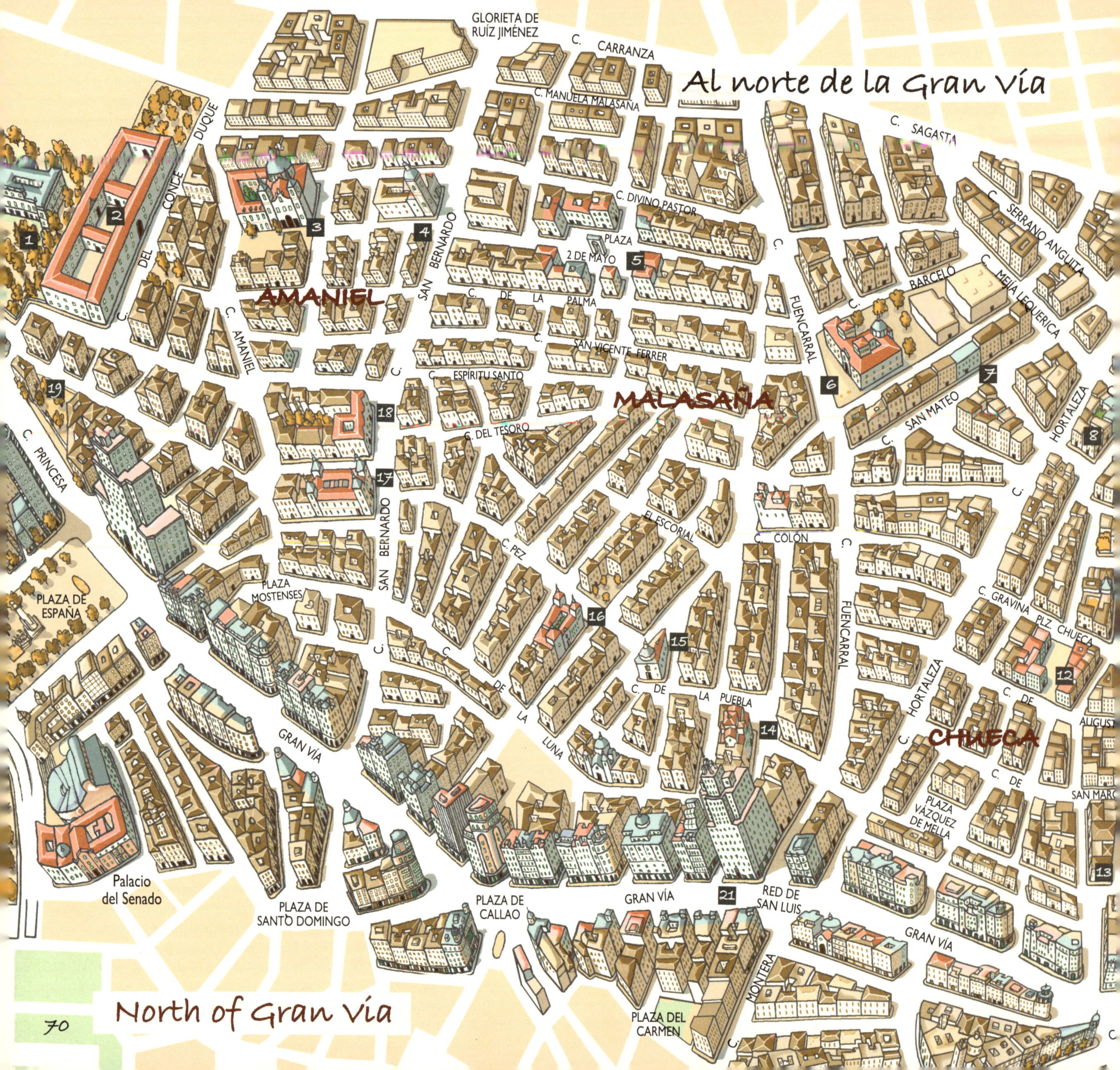
Al norte de la Gran Vía
North of Gran Vía
GLORIETA DE RUÍZ JIMÉNEZ
C. CARRANZA
C. MANUELA MALASAÑA
C. SAGASTA
C. DEL CONDE DUQUE
C. SERRANO ANGUITA
C. DIVINO PASTOR
PLAZA 2 DE MAYO
C. MEJÍA LEQUERICA
BARCELÓ
C. FUENCARRAL
C. DE LA PALMA
C. SAN VICENTE FERRER
AMANIEL
C. AMANIEL
SAN BERNARDO
C. ESPÍRITU SANTO
MALASAÑA
C. SAN MATEO
C. HORTALEZA
C. DEL TESORO
C. PRINCESA
C. EL ESCORIAL
C. COLÓN
C. PEZ
C. FUENCARRAL
C. SAN BERNARDO
PLAZA MOSTENSES
PLAZA DE ESPAÑA
C. GRAVINA
PLZ. CHUECA
C. DE LA PUEBLA
C. DE LA LUNA
C. HORTALEZA
C. DE AUGUSTO
CHUECA
GRAN VÍA
C. DE SAN MARCOS
PLAZA VÁZQUEZ DE MELLA
Palacio del Senado
PLAZA DE SANTO DOMINGO
PLAZA DE CALLAO
GRAN VÍA
RED DE SAN LUIS
GRAN VÍA
MONTERA
PLAZA DEL CARMEN
1
2
3
4
5
6
7
8
12
13
14
15
16
17
18
19
21

La Fuente de los Afligidos

En tiempos de opresión, un grupo de jóvenes revolucionarios se reunía en las poco concurridas escaleras de la fuente de la calle Princesa. Sus encuentros clandestinos se convertían en apasionadas tertulias que comenzaban siempre llorando las desdichas de sus compatriotas. Sin embargo, a medida que la charla iba avanzando, el entusiasmo sustituía a la aflicción y ya sólo hablaban de los buenos tiempos que, con sus riesgos, conseguirían para su tierra y sus habitantes.

Tiempo después, ya mayores, descubrieron que aquella fuente se llamaban de los Afligidos y que las dos estatuas que la adornan son las diosas de la Abundancia y de la Alegría. Y mucho les sorprendió que aquellos nombres coincidieran tanto con sus recuerdos.

Afligidos Fountain

In oppressive times, a group of young revolutionaries met on the little frequented stairs of Princesa Street. Their clandestine meetings would turn into passionate discussions that always began with them bemoaning the disgrace suffered by their compatriots. However, as the discussions progressed, sadness gave way to enthusiasm and they would speak of the great times that, due to the risks they would take, they would win for their country and its inhabitants. Some time later, when they were adults, they discovered that the fountain was called Afligidos (Grieved) and that the two statues that decorate it are the goddesses of Abundance and Joy. It was a great surprise to discover that those names resembled their feelings so closely.

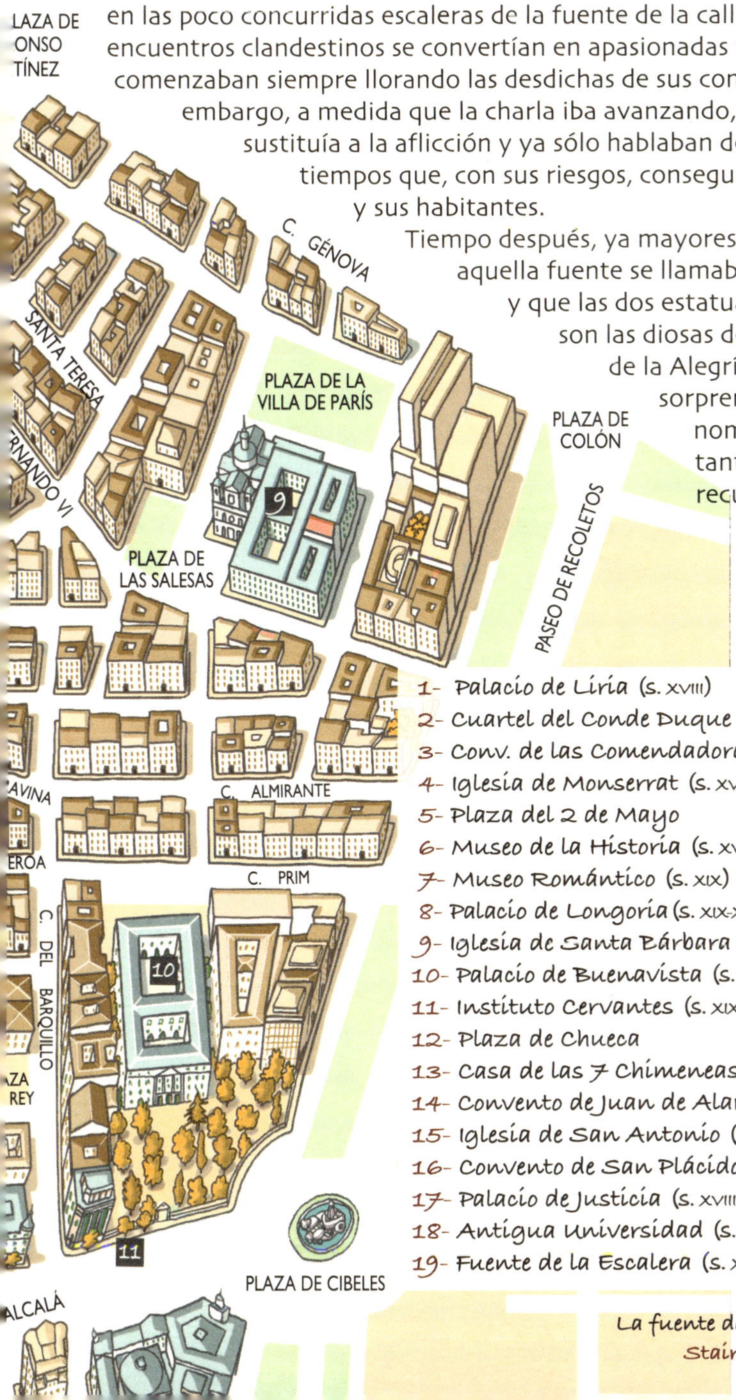

1- Palacio de Liria (s. XVIII)
2- Cuartel del Conde Duque (s. XVIII)
3- Conv. de las Comendadoras (s. XVII)
4- Iglesia de Monserrat (s. XVI)
5- Plaza del 2 de Mayo
6- Museo de la Historia (s. XVIII)
7- Museo Romántico (s. XIX)
8- Palacio de Longoria (s. XIX-XX)
9- Iglesia de Santa Bárbara (s. XVIII)
10- Palacio de Buenavista (s. XIX)
11- Instituto Cervantes (s. XIX)
12- Plaza de Chueca
13- Casa de las 7 Chimeneas (s. XVI)
14- Convento de Juan de Alarcón (s. XVII)
15- Iglesia de San Antonio (s. XVII)
16- Convento de San Plácido (s. XVII)
17- Palacio de Justicia (s. XVIII)
18- Antigua Universidad (s. XVIII)
19- Fuente de la Escalera (s. XX)

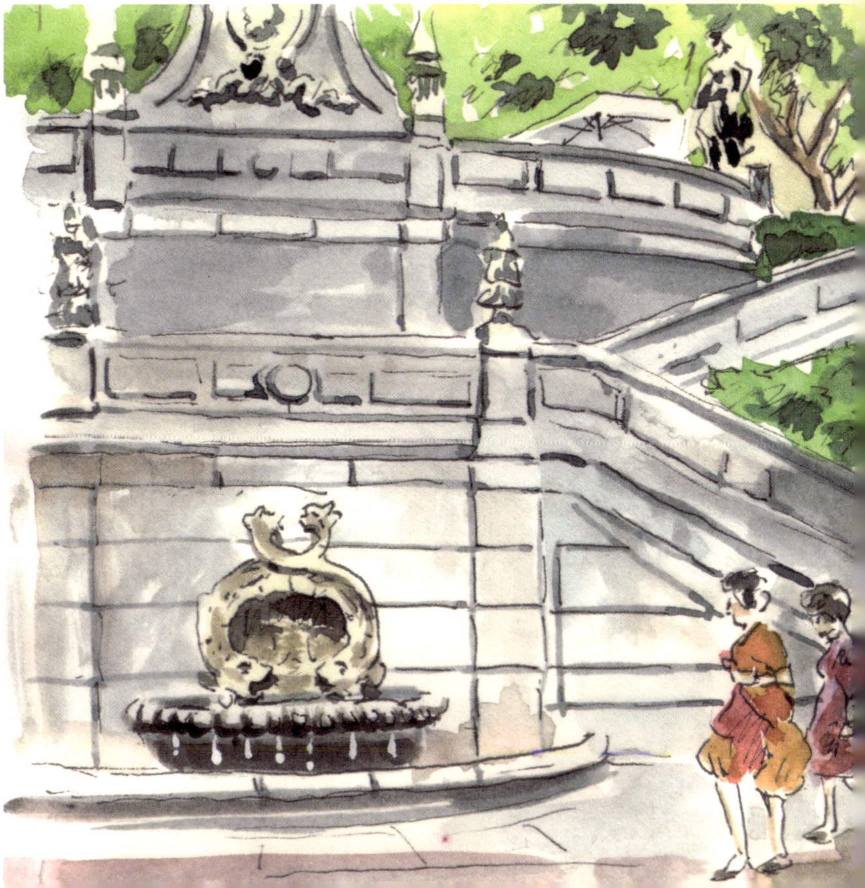

La fuente de la escalera
Stairs Fountain

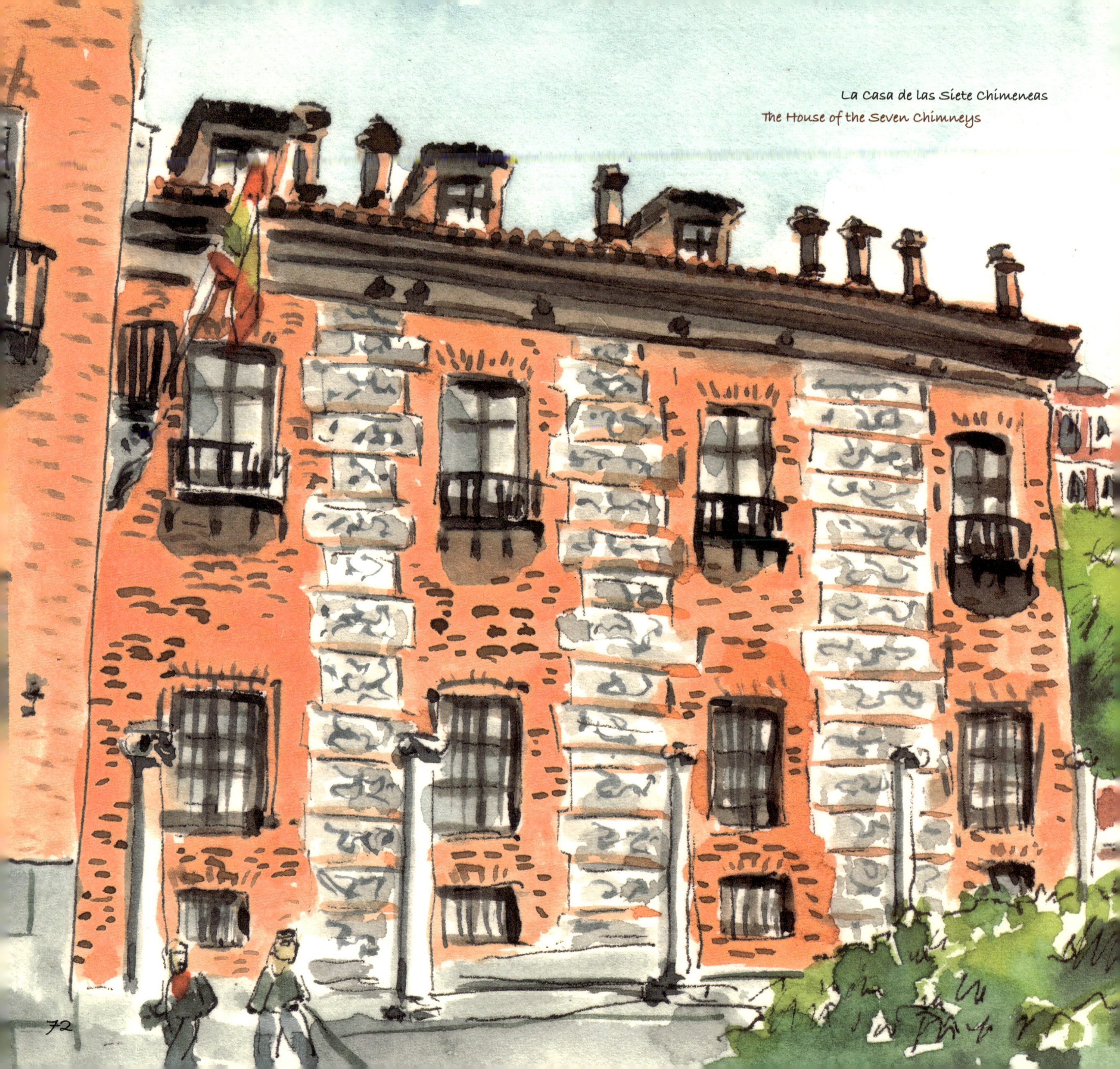

La Casa de las Siete Chimeneas
The House of the Seven Chimneys

La Casa de las 7 Chimeneas
The House of the Seven Chimneys

La Casa de las 7 Chimeneas, sede del ministerio de Cultura, también tiene su historia de fantasmas. Fue construida en tiempos de Felipe II y la leyenda apareció en esa misma época: el espectro de una bella mujer recorría gritando las 7 chimeneas del tejado en las noches de tormenta. Se explicó entonces con la desaparición de la mujer que habitaba la casa y se dijo de ella que era la amante de un hombre muy poderoso.

Habían pasado más de dos siglos de aquello, cuando en unas obras de la Casa de las 7 Chimeneas apareció, emparedada en un muro, la osamenta de una mujer con 7 monedas en la mano.

The House of the Seven Chimneys, headquarters of the ministry of Culture, also has its own ghost story. It was built in the time of Philip II and the legend comes from that time: on stormy nights, the spectre of a beautiful woman would run screaming around the roof's seven chimneys. The explanation given at the time was that the woman who lived in the house had disappeared, and it was said that she was the lover of a powerful man.

More than two centuries later, builders discovered a woman's skeleton with coins in its hand walled up in the house.

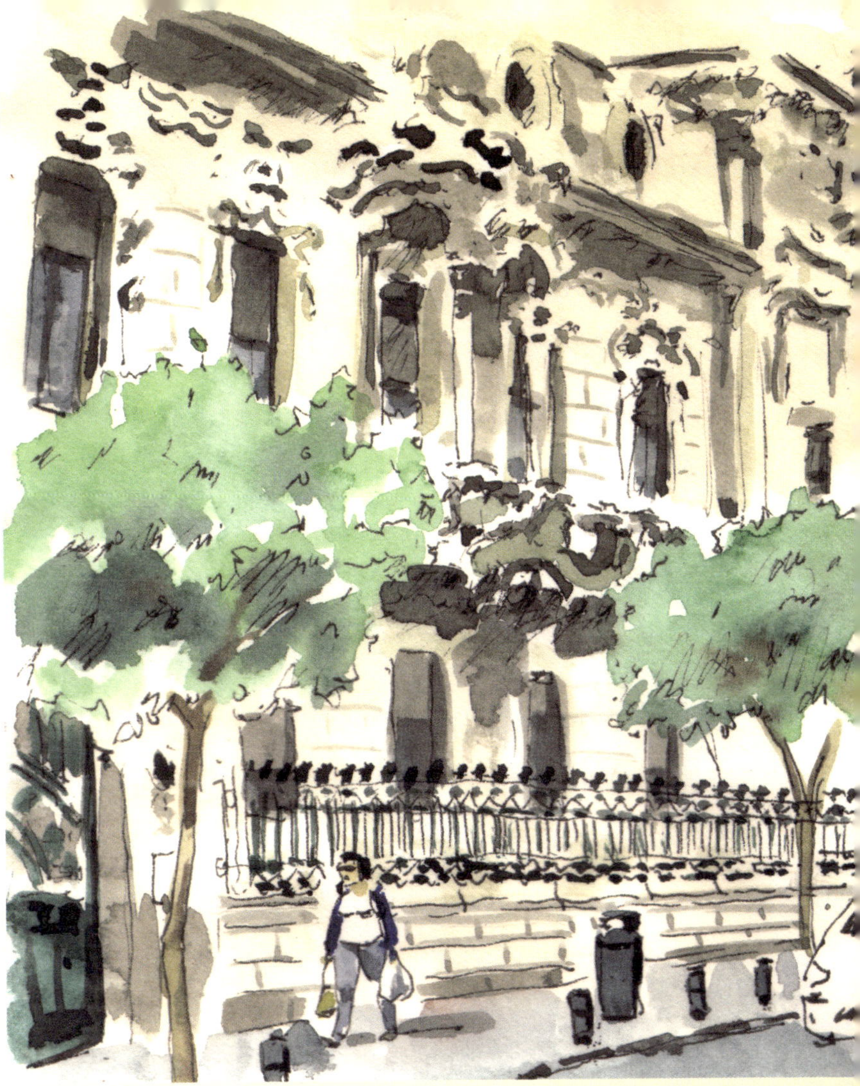

El Palacio de Longoria, sede de la Sociedad de Autores de España
Longoria Palace, headquarters of the Spanish Authors' Society

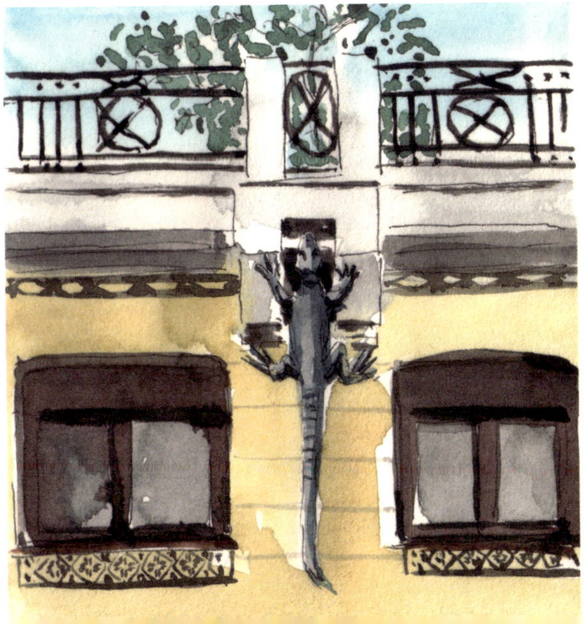

La Casa de los Lagartos
Lagartos House

El modernismo
Modernism

El antaño barrio de los Chisperos hoy es conocido por Chueca. En él, pueden verse algunos ejemplos de arquitectura modernista y algunos otros de moderna tolerancia

The ancient Chisperos quarter is known as Chueca nowadays. In it, we find some examples of modernist architecture and a modern atmosphere of tolerance.

El cielo y el arte

A un ritmo de dos veces al mes y siempre con buen tiempo, aquel eminente erudito, gloria de las letras españolas, aparecía por el Circulo de Bellas Artes y solicitaba las llaves de la terraza en la secretaría. Luego ascendía hasta la última planta y se encerraba en la azotea durante unas horas. Y todos se preguntaban a qué diablos subía aquel hombre a la terraza. Años después de su muerte, un buen amigo suyo declaró saber la razón:

–Me contó que era su mejor método de inspiración: subía a la azotea y, completamente desnudo, se tumbaba en el suelo a los pies de Minerva a ver pasar las nubes. Porque el cielo, decía, es el mar de Madrid.

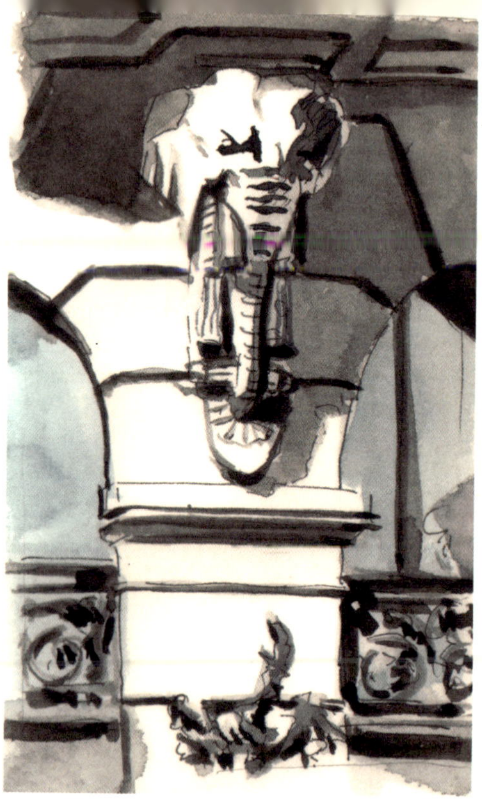

Elefantes madrileños

Madrilenian elephants

Sky and art

Twice a month and always in good weather, it is said that a glorious erudite of Spanish literature appeared at the Círculo de Bellas Artes and asked for the keys to the terrace from the secretary. Then, he went up to the top floor and shut himself out on the roof for a few hours. Everybody wondered why the man went up to the terrace. Some years after his death, a good friend of his said that he knew the reason.

–He told me it was his best method of finding inspiration: he went up to the terraced roof and, totally naked, lay at Minerva's feet and watched the clouds passing. Because the sky, he said, was the sea of Madrid.

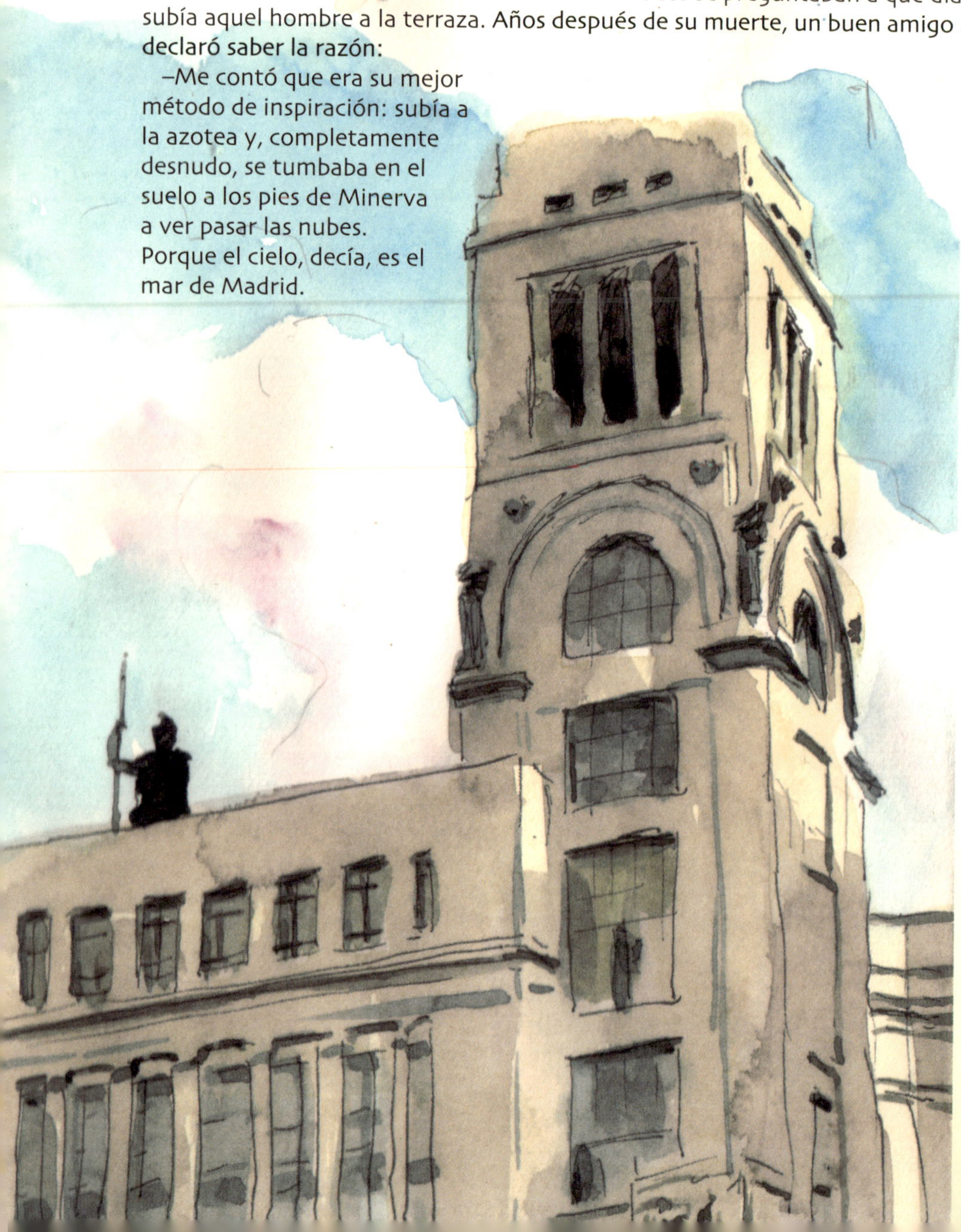

La diosa Minerva se asoma desde el Circulo de Bellas Artes

Goddess Minerva looks out from the Círculo de Bellas Artes

La magnificencia

Magnificence

A lo largo de la historia, los edificios más suntuosos, aquellos en los que los arquitectos derrocharon su ingenio, no siempre han estado dedicados a la misma cosa. En el pasado, sólo los templos y las fortalezas merecieron la ostentación. A finales del siglo XIX, los bancos superaron a ambos en el derroche y, en el XXI, los campeones de la demasía son los centros comerciales y los estadios de fútbol.

Una buena y esperanzadora noticia: la fastuosa antigua sede del Banco Central, antes el Banco Español del Río de la Plata, se ha convertido en el Instituto Cervantes. En sus estantes y cajas fuertes se guardan libros y los cajeros dispensan páginas por sus ventanillas.

Throughout history, the most sumptuous buildings, in which architects showcased all their ingenuity, have not always been dedicated to the same purpose. In the past, only temples and fortresses warranted ostentation. Towards the end of the 19th century, banks superseded both in excess and, in the 21st century, the champions of excess are malls and football stadiums.

Good and encouraging news: the lavish old headquarters of Banco Central, before that the Banco Español del Rio de la Plata, has became the Instituto Cervantes. Its shelves and safe boxes now house books and its cashiers dispense pages through its windows.

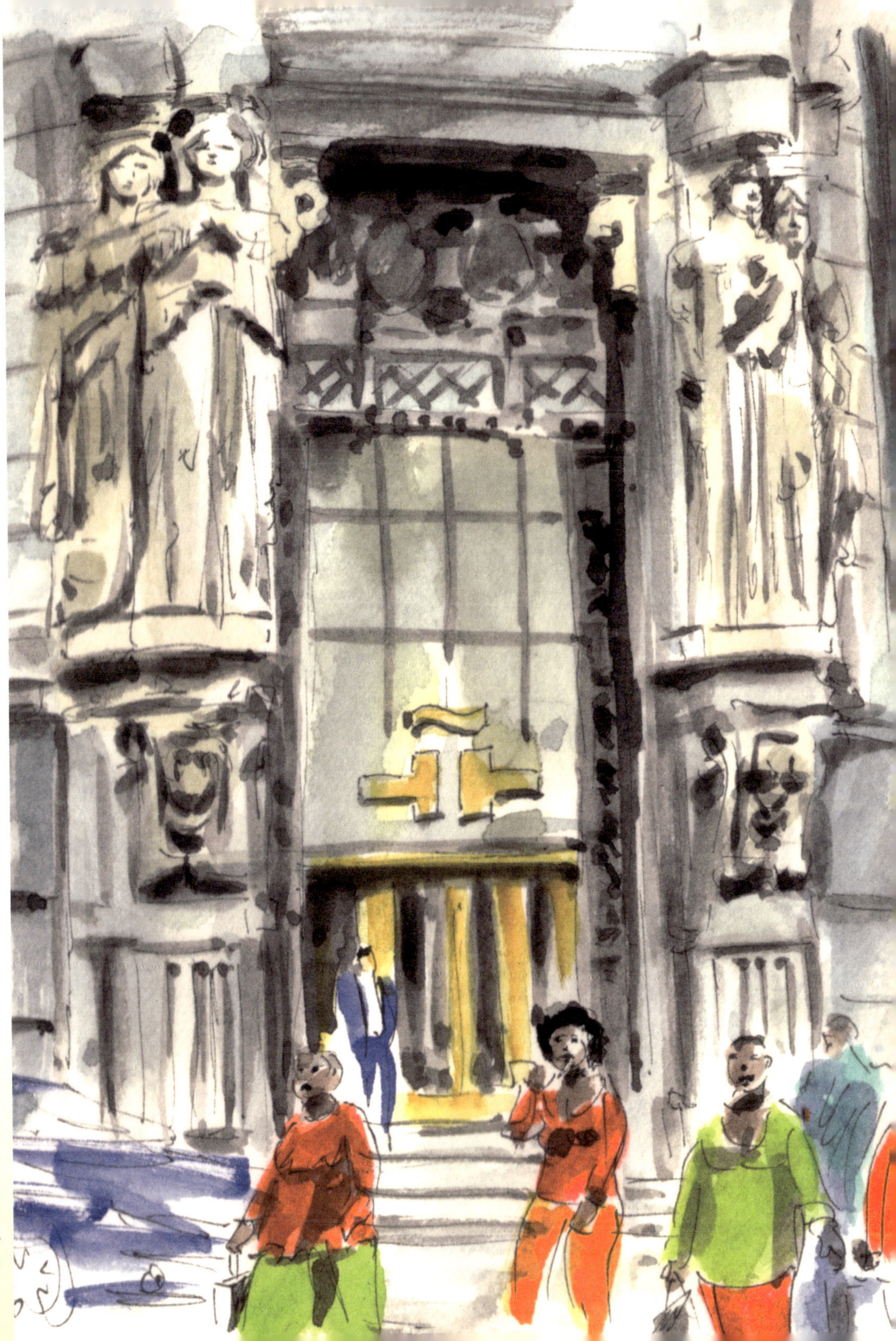

El Instituto Cervantes

Cervantes Institut

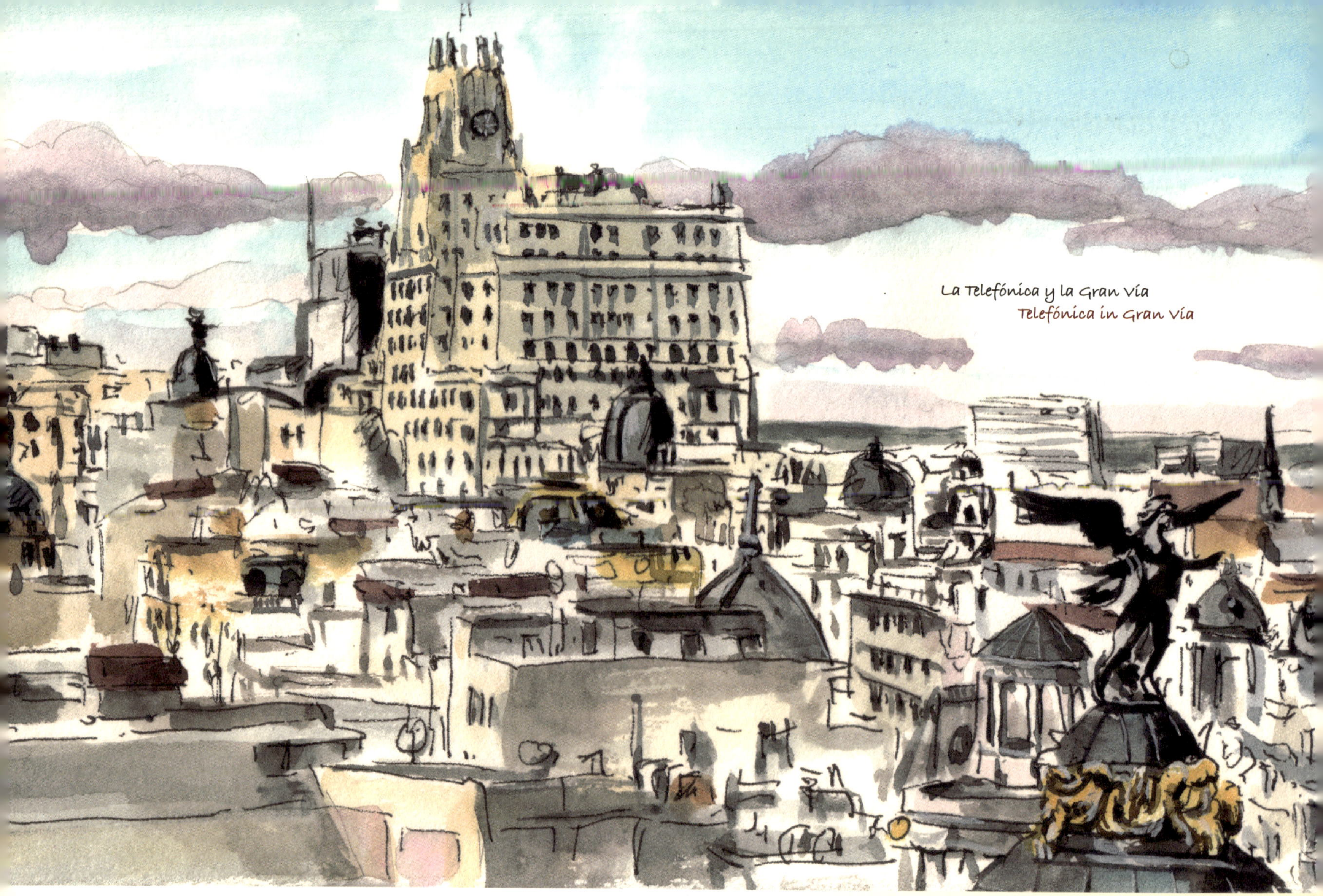

La Telefónica y la Gran Vía
Telefónica in Gran Vía

Los gatos trepadores

El porqué los madrileños tienen el apodo de "gatos" se explica con una vieja leyenda. Al parecer, la conquista cristiana de Madrid fue posible gracias a la destreza de un grupo de guerreros que treparon las murallas sin ayuda de escalas ni otros artificios. Aunque no hay noticias históricas que avalen esta hazaña, lo cierto es que los miembros de una de las más antiguas familias madrileñas se apellidaban Gato.

Climbing cats

The reason why Madrilenians are called "gatos" (cats) derives from an old legend. It seems that the Christian conquest was possible thanks to a skillful group of warriors that climbed the walls without the help of stairs or any other device. Although there is no historical accounts to support this feat, it is true that the members of one the most ancient Madrilenian families were called Gato.

Los cines que se van
Cinemas that are gone

Se nos olvidó mencionar a los teatros y a los cines cuando hablábamos de los edificios suntuosos. A mediados de siglo xx, la Gran Vía estaba llena de cines con gigantescos carteles que lucían primeros planos de los actores de moda. Ahora sólo es un recuerdo porque los cines han ido cerrando sus puertas. La cosa ha terminado como "el Rosario de la Aurora", un dicho madrileño que revela lo mal que puede acabar algo.

"El Rosario de la Aurora" fue una procesión de fieles caritativos que recorría Madrid por las noches ayudando a los enfermos y a los hambrientos que se encontraban. Pero no eran los únicos en realizar tan bondadosas acciones, también existía la llamada Ronda del Pan y el Huevo. La autoridad gubernativa terminó prohibiendo ambas. El motivo: cada que vez que las dos procesiones se encontraban se declaraba una batalla campal.

We forgot to mention the theatres and cinemas when we talked of sumptuous buildings. Towards the mid 20th century, Gran Via was full of cinemas with gigantic advertisements portraying the famous actors of the day. Today it is just a memory because the cinemas have been closing their doors. It has ended like "el Rosario de la Aurora", a Madrilenian saying that expresses how badly a thing can end.

"El Rosario de la Aurora" was a charitable procession of the faithful that went through Madrid at night helping the sick and hungry that they found. But they were not the only ones that performed such good deeds; the so-called Ronda del Pan y el Huevo (Bread and Egg Patrol) also did the same. The authorities forbade both in the end. The reason: each time the processions met they would have a pitched battle.

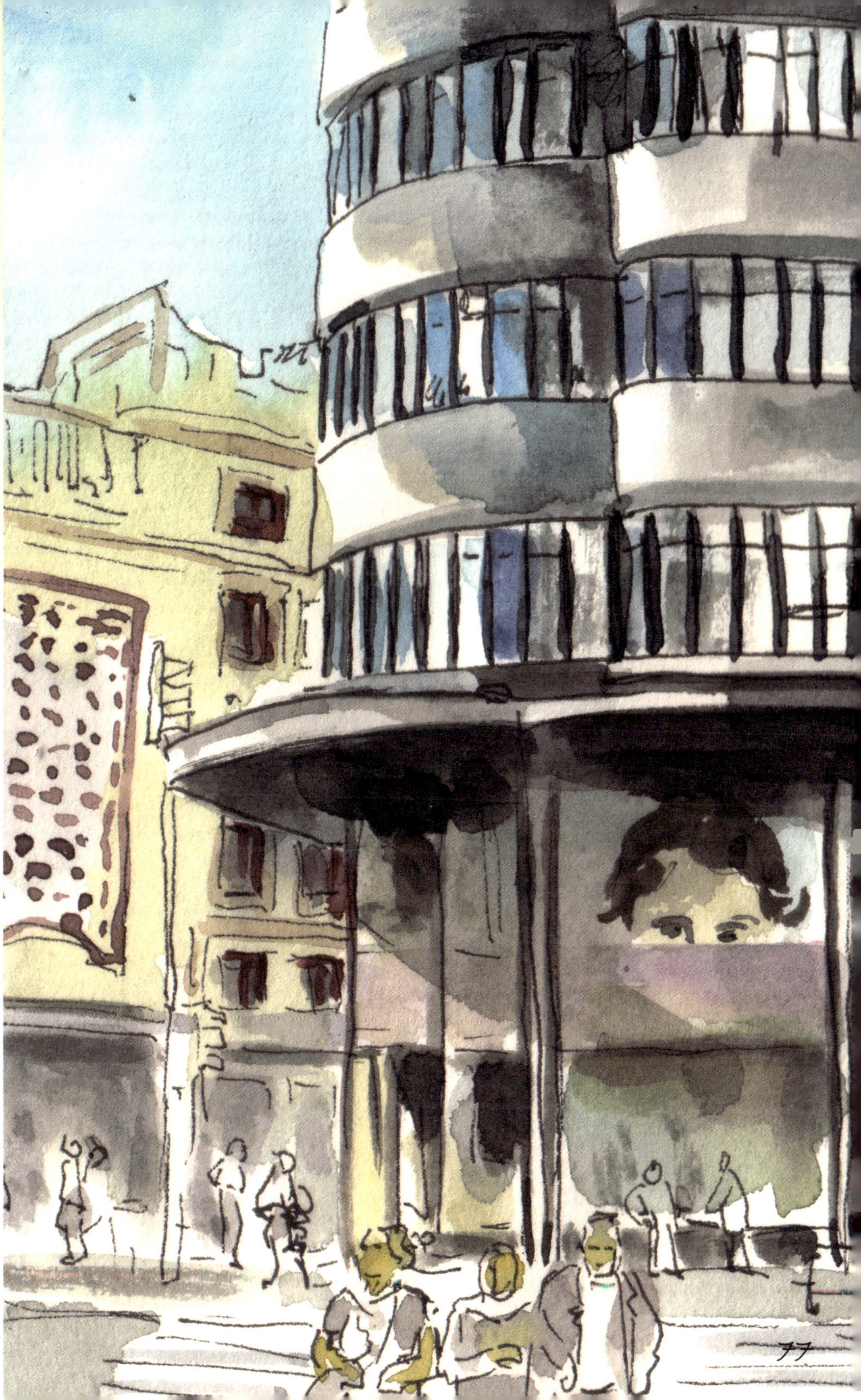

Cine Capitol en la Gran Vía
Capitol Cinema on Gran Via

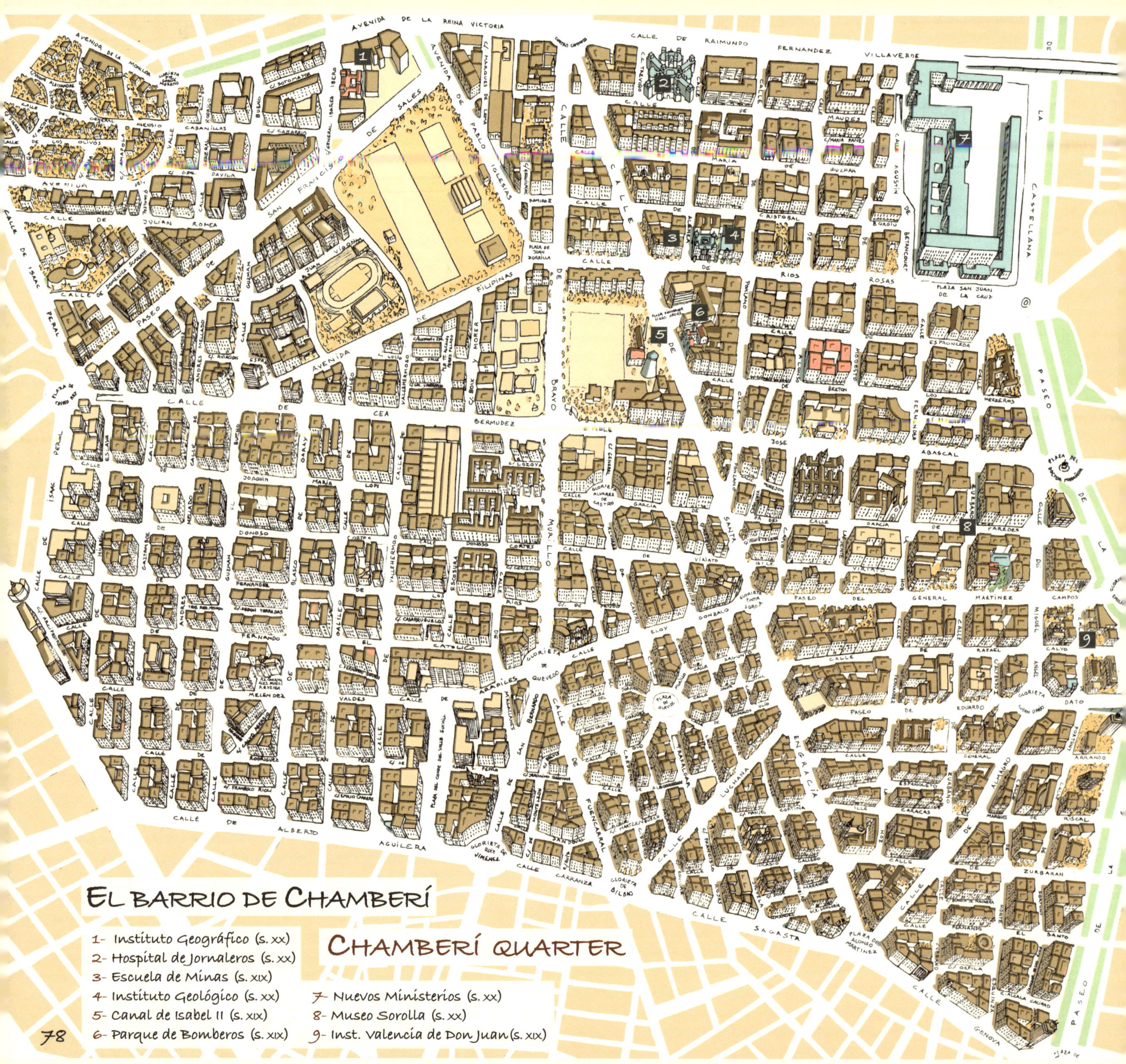

EL BARRIO DE CHAMBERÍ

CHAMBERÍ QUARTER

1- Instituto Geográfico (s. xx)
2- Hospital de Jornaleros (s. xx)
3- Escuela de Minas (s. xix)
4- Instituto Geológico (s. xx)
5- Canal de Isabel II (s. xix)
6- Parque de Bomberos (s. xix)
7- Nuevos Ministerios (s. xx)
8- Museo Sorolla (s. xx)
9- Inst. Valencia de Don Juan (s. xix)

El agua de la Sierra

Water from the mountains

Madrid fue muy reconocida por la calidad de sus aguas. Pero la cantidad de ésta que daba el viejo método de los "Viajes de agua" tenía un límite y, por ello, la villa no pudo crecer nada en más de dos siglos. No habría agua para todos.

A mediados del siglo XIX, se decidió sacar el agua de otra forma y se construyó el Canal de Isabel II. Se levantaron en la sierra enormes muros para represar el río Lozoya y una red de canales y acueductos condujeron el agua desde las montañas hasta Madrid.

Cuando el nuevo canal llegó a Madrid, se celebraron grandes fiestas. Poco después, la villa comenzaba a ensancharse con los nuevos barrios de Chamberí y Salamanca. Y los "Viajes de agua", que habían significado tanto para Madrid, quedaron olvidados y en absoluto desuso.

Madrid was well known for the quality of its water. But the quantity that the old water channel technique could provide was limited and, for that reason, the city could not grow at all for two centuries. There was not enough water to go round.

Towards the mid 19th century, it was decided to extract water by other means and Canal Isabel II (Isabel II Channel) was constructed. Enormous walls were built in the mountains to dam the river Lozoya and a network of channels and aqueducts were created to bring water from the mountains to Madrid.

When the new channel reached Madrid, there were great celebrations. Soon after, the city started to grow with the new neighbourhoods of Chamberí and Salamanca. And the water channels, that had meant so much to Madrid, fell into disuse and were forgotten.

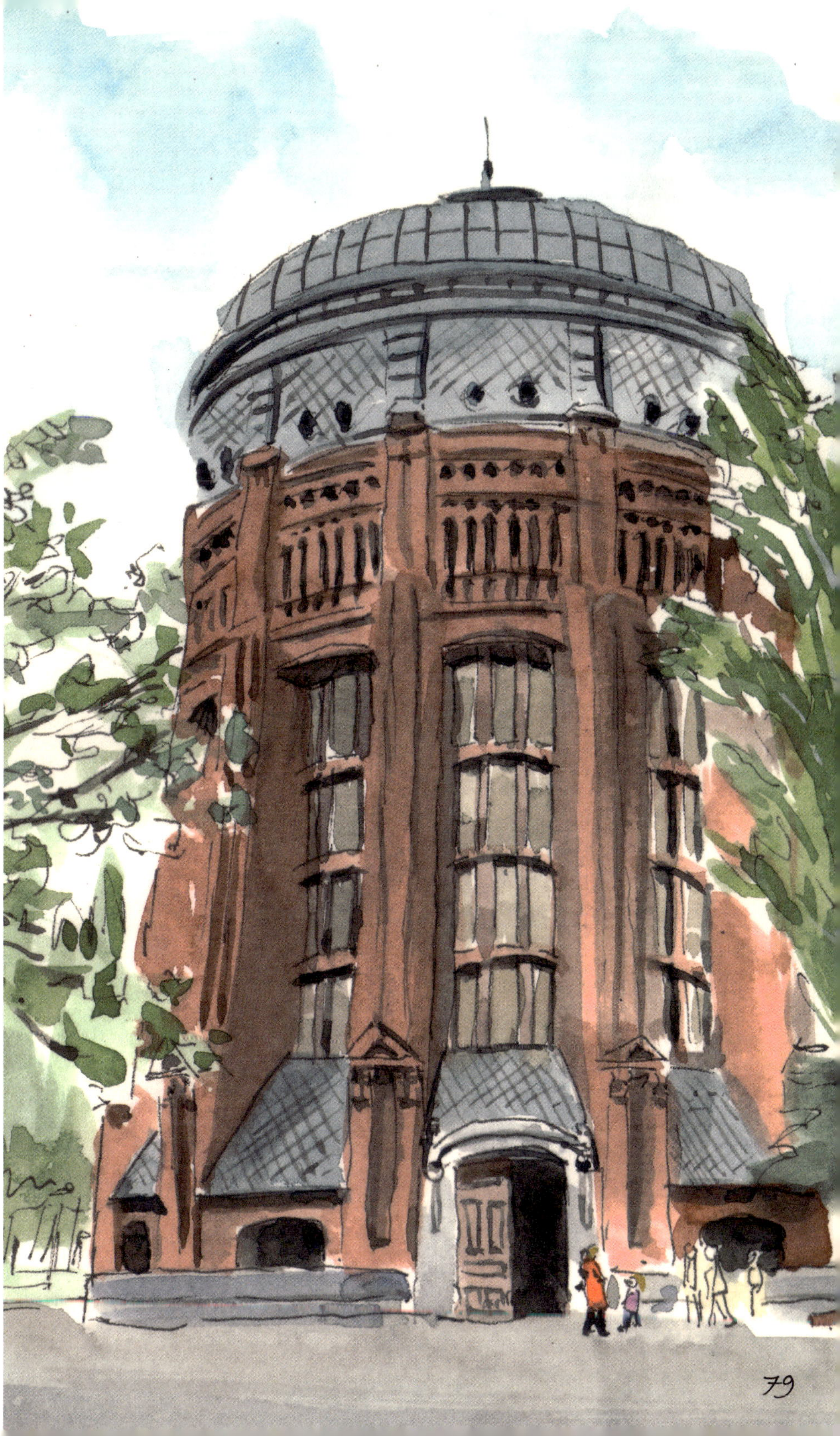

Depósito del Canal de Isabel II (s. XIX)

Canal Isabel II water tank (19th century)

El marqués de Salamanca

Don José de Salamanca es un personaje inseparable de la historia de Madrid. Durante su juventud simpatizó con la revolución liberal y, tras la muerte de Fernando VII, fue elegido diputado. Consiguió ser ministro de Hacienda, incluso, presidente del gobierno "de facto", pero fue acusado de corruptelas y hubo de exilarse una temporada en Francia. A su regreso, emprendió multitud de negocios que le arrastraron de la fortuna a la ruina y de la ruina a la fortuna en varias ocasiones. Entre sus muchos negocios destacan el impulso para la expansión de Madrid que significó el Barrio de Salamanca y también el primer trayecto ferroviario: la línea Madrid-Aranjuez. Murió arruinado y con una inmensa deuda, pero, como siempre, viviendo como un marqués.

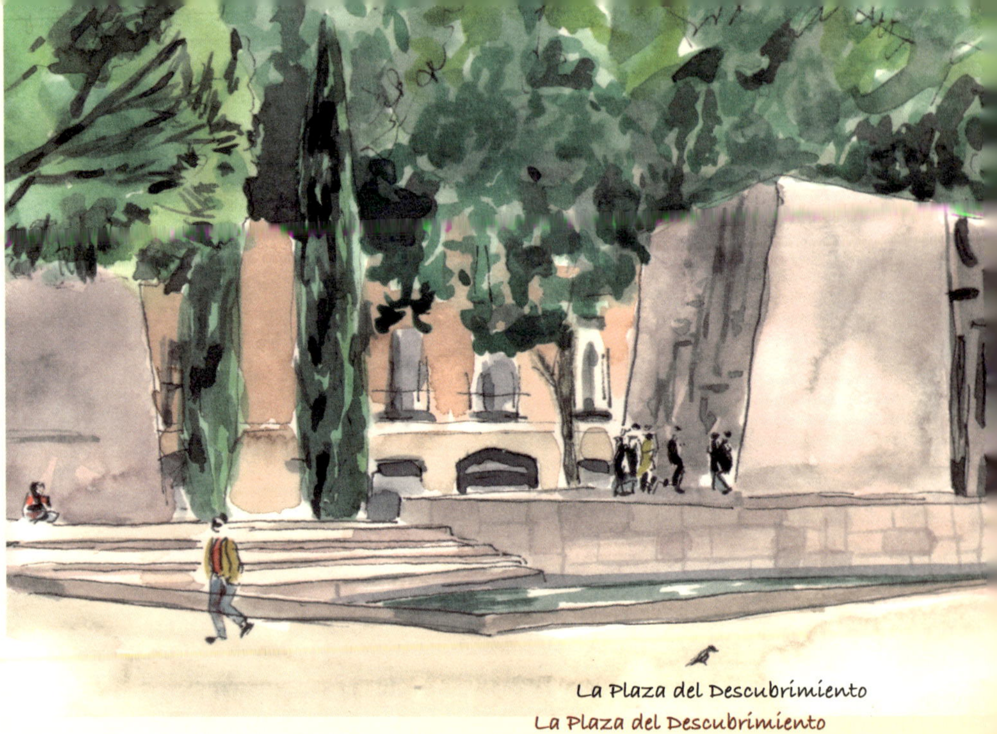

La Plaza del Descubrimiento

La Plaza del Descubrimiento

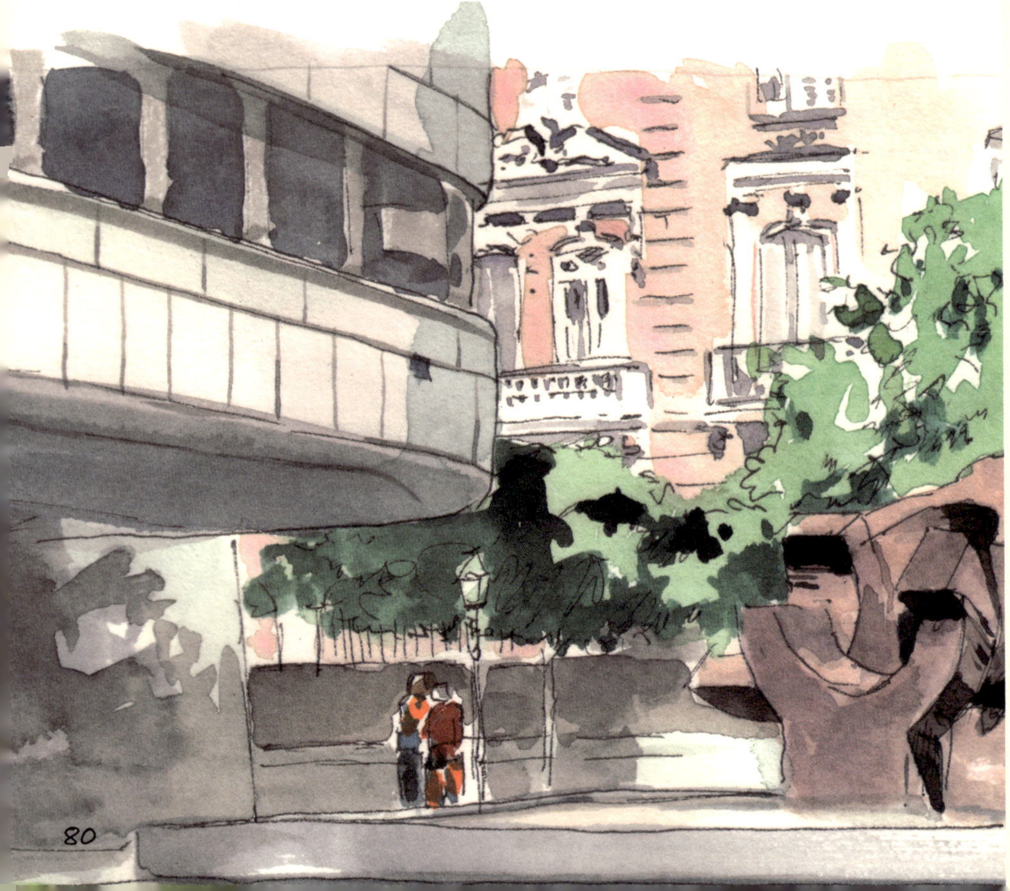

The Marquis of Salamanca

Don José de Salamanca is a character who is inseparable from the history of Madrid. When he was young he sympathised with the ideas of the liberal revolution, and, after the death of Ferdinand VII, he was elected deputy. He became the Secretary of the Treasury, and president of the "de facto" government, but he was accused of corruption and exiled to France for a time. When he returned, he started a multitude of businesses that managed to drag him into financial ruin and then back to wealth again on various occasions. Amongst his many businesses we can highlight his push to expand Madrid that lead to the Salamanca quarter and the first railway: the line from Madrid to Aranjuez. He died penniless and with huge debts, but, as always, living as a marquis.

Fundación Juan March

Juan March Fundation

El barrio de Salamanca
Salamanca Quarter

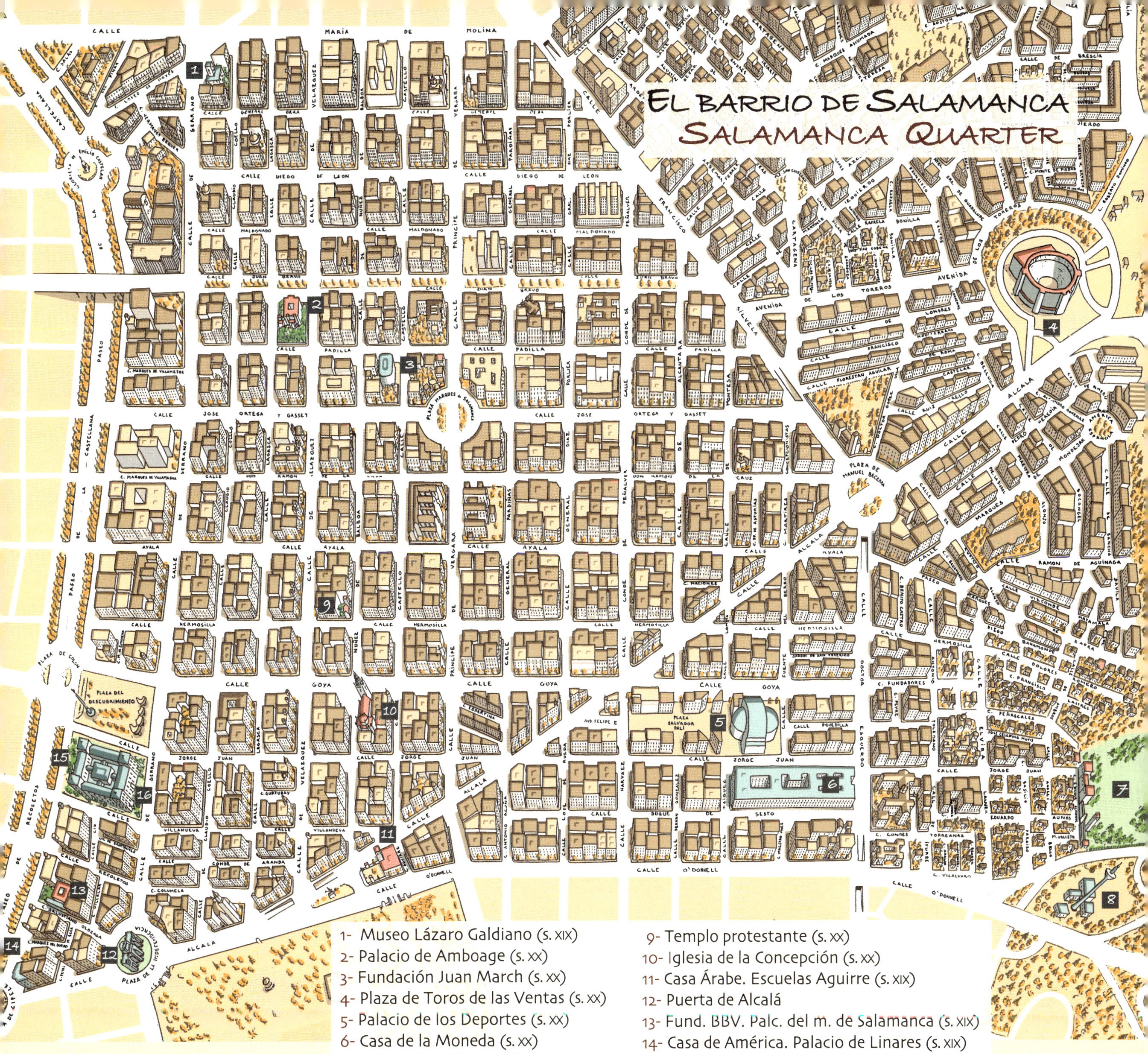

1- Museo Lázaro Galdiano (s. XIX)
2- Palacio de Amboage (s. XX)
3- Fundación Juan March (s. XX)
4- Plaza de Toros de las Ventas (s. XX)
5- Palacio de los Deportes (s. XX)
6- Casa de la Moneda (s. XX)
7- Parque de la Fuente del Berro (s. XVIII)
8- El Pirulí. RTVE
9- Templo protestante (s. XX)
10- Iglesia de la Concepción (s. XX)
11- Casa Árabe. Escuelas Aguirre (s. XIX)
12- Puerta de Alcalá
13- Fund. BBV. Palc. del m. de Salamanca (s. XIX)
14- Casa de América. Palacio de Linares (s. XIX)
15- Biblioteca Nacional.
16- Museo Arqueológico.

Los puentes del Manzanares

Manzanares bridges

El río Manzanares nace en La Pedriza, un lugar mágico de la sierra de Guadarrama donde el granito dibuja un paisaje de formas redondeadas. Es un río con muy poco caudal la mayor parte del año y por eso, fueron muchos los propios y extraños que se burlaron de que Madrid tuviera unos puentes tan enormes como los de Segovia y Toledo para un río de aguas tan escasas. Lo que no sabían es lo caprichoso que fue siempre el Manzanares: cada pocas décadas, una tromba de agua arrasaba huertas y puentes. En el siglo xx, y para evitar más sustos, se construyó la presa de El Pardo.

The source of the river Manzanares is at Pedriza, a magical place in the Guadarrama mountains, where the granite creates a landscape of rounded shapes. For much of the year it is a river with low water flow and for that reason many have joked about why Madrid has bridges as large as Segovia and Toledo for a river with such a scarcity of water. But what they do not know is that Manzanares has always been capricious: every few decades, a heavy downpour of water destroyed gardens and bridges. El Pardo Dam was built in the 20th Century to avoid these kinds of shocks.

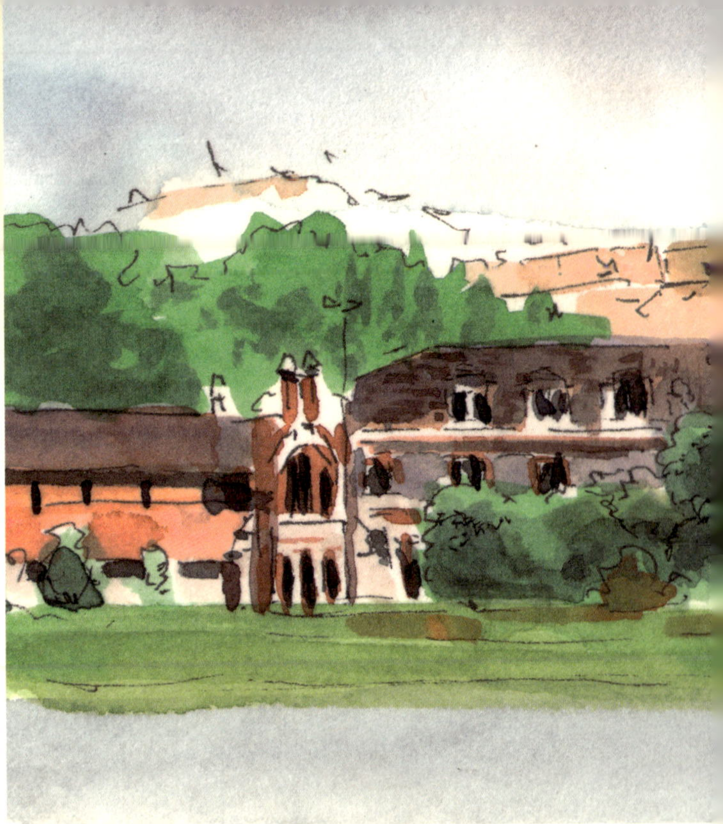

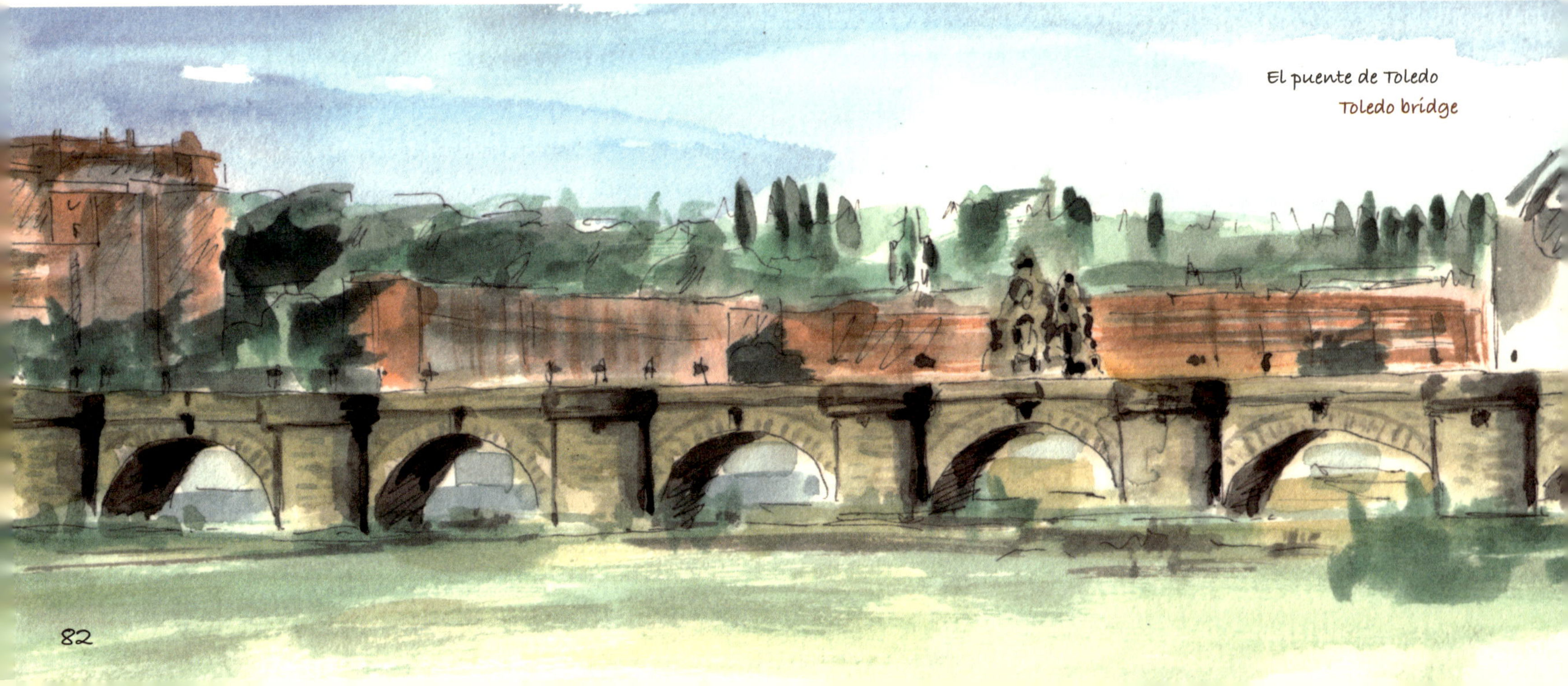

El puente de Toledo
Toledo bridge

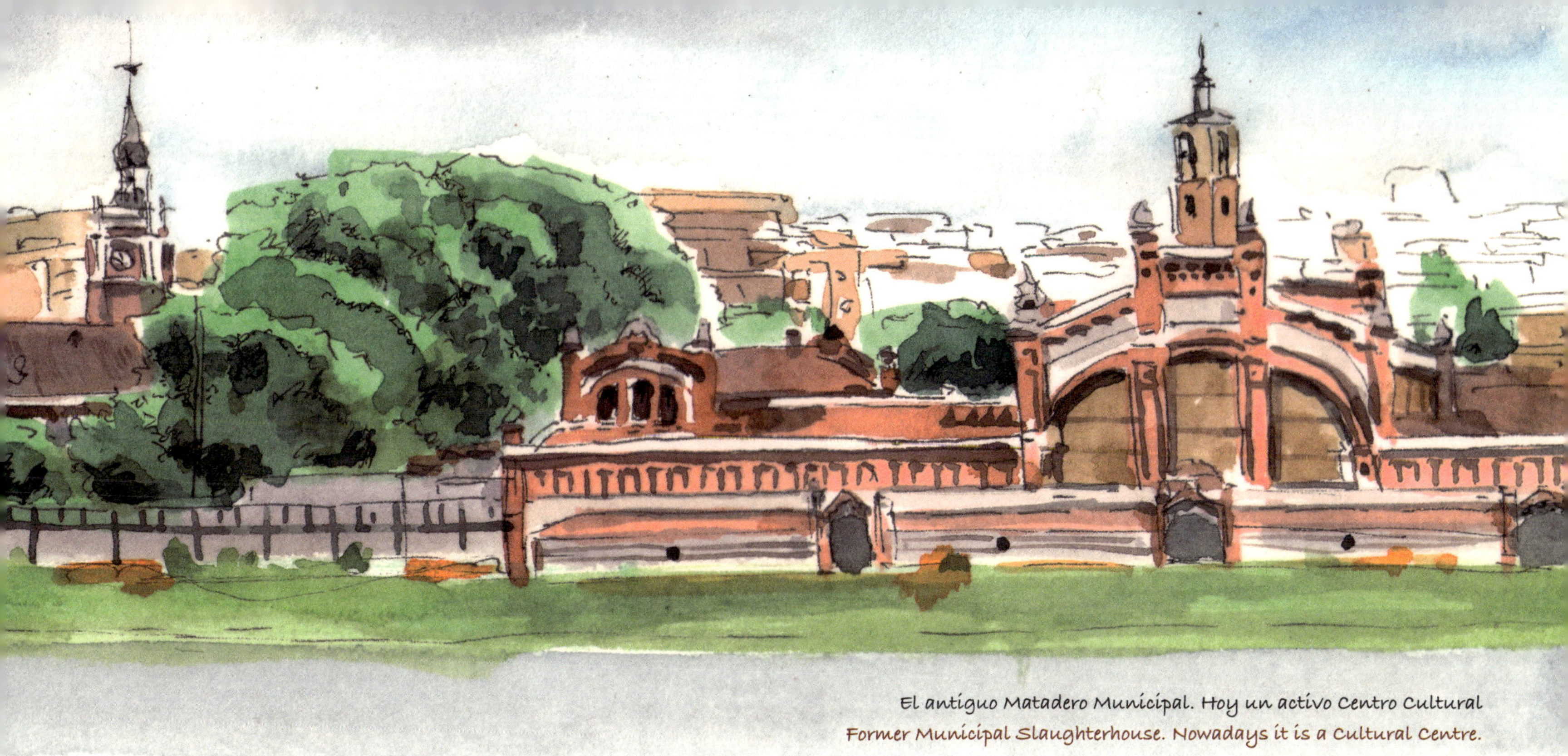

El antiguo Matadero Municipal. Hoy un activo Centro Cultural
Former Municipal Slaughterhouse. Nowadays it is a Cultural Centre.

El Manzanares y el mar

Desde que Felipe II eligiera Madrid como sede permanente de la monarquía española, hubo muchos proyectos para hacer al río Manzanares navegable. España era un imperio marítimo y Madrid debía tener un puerto de mar.

Después de unir el río Manzanares con el Tajo a través del Jarama, sólo habría que hacer a éste navegable hasta Lisboa y el Océano Atlántico sería madrileño. Los problemas comenzaron cuando, años después de la muerte de Felipe II, Portugal y España volvieron a separarse. El puerto de mar madrileño ya no podía ser Lisboa. Habría que llegar a Sevilla, donde el río Guadalquivir era ya navegable hasta el océano. Los intentos de realizar tan enorme proyecto resultaron una quimera inalcanzable.

Pero Madrid y Aranjuez sí que estuvieron unidos fluvialmente gracias al Canal del Manzanares que funcionó hasta finales del siglo XIX. La llegada del ferrocarril y el mundo moderno acabaron con él.

Manzanares and the sea

Since Philip II chose Madrid as his permanent capital, there have been many projects to make the river navigable. Spain was a naval empire and Madrid had to have a sea port.

Once the river Manzanares was connected with Tajo via the river Jarama, all that remained was to make Tajo navigable to Lisbon and then the Atlantic Ocean would be Madrilenian. Problems started when Portugal and Spain separated again, following the death of Philip II. The Madrilenian port could not be Lisbon any more. It was now necessary to reach Seville, where the river Guadalquivir was already navigable to the ocean. The attempts to carry out this great project, however, failed.

But Madrid and Aranjuez were connected thanks to the Manzanares Channel, which worked until the 19th century. The arrival of the modern world and the railways brought it to an end.

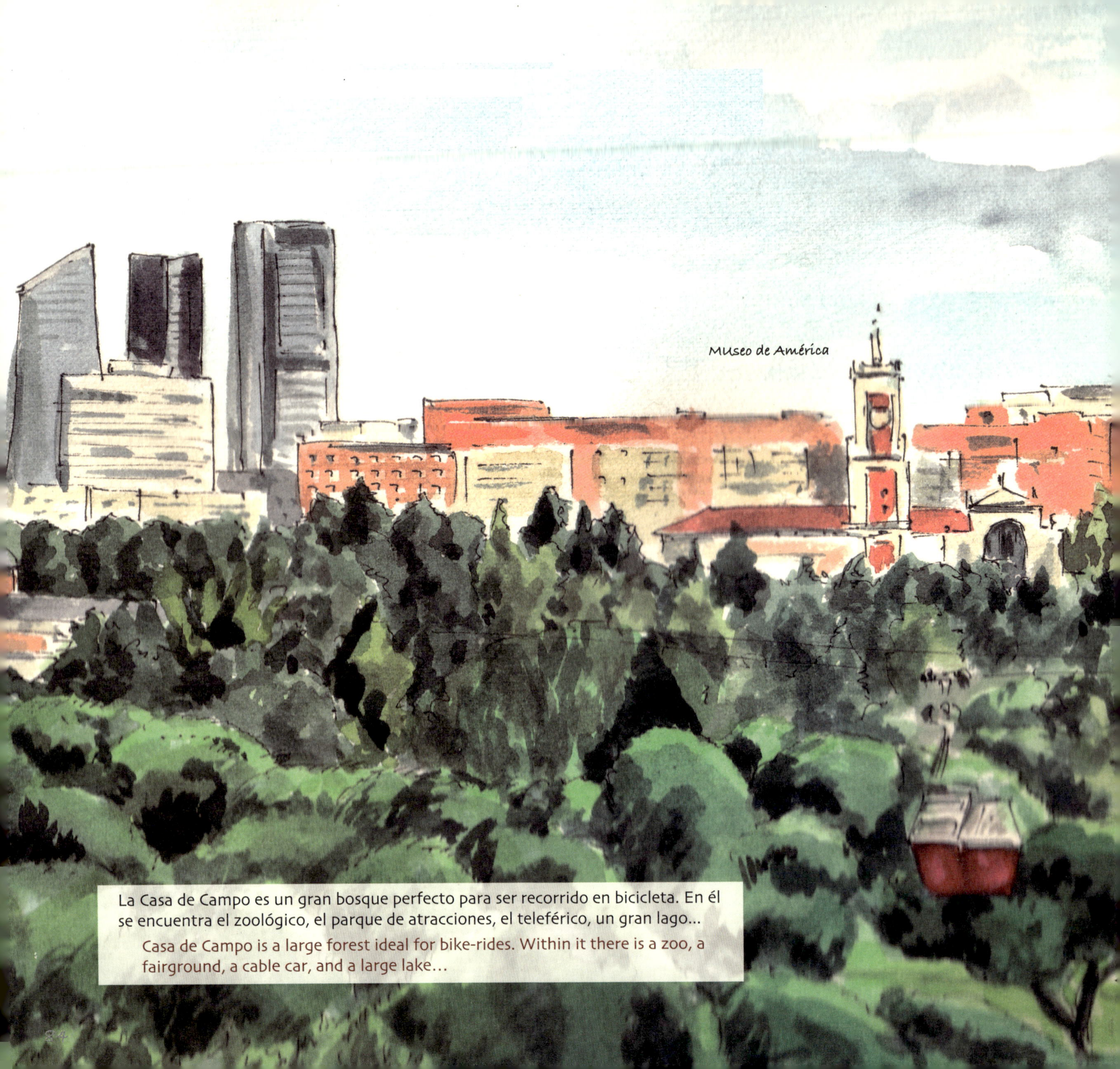

La Casa de Campo es un gran bosque perfecto para ser recorrido en bicicleta. En él se encuentra el zoológico, el parque de atracciones, el teleférico, un gran lago...

Casa de Campo is a large forest ideal for bike-rides. Within it there is a zoo, a fairground, a cable car, and a large lake…

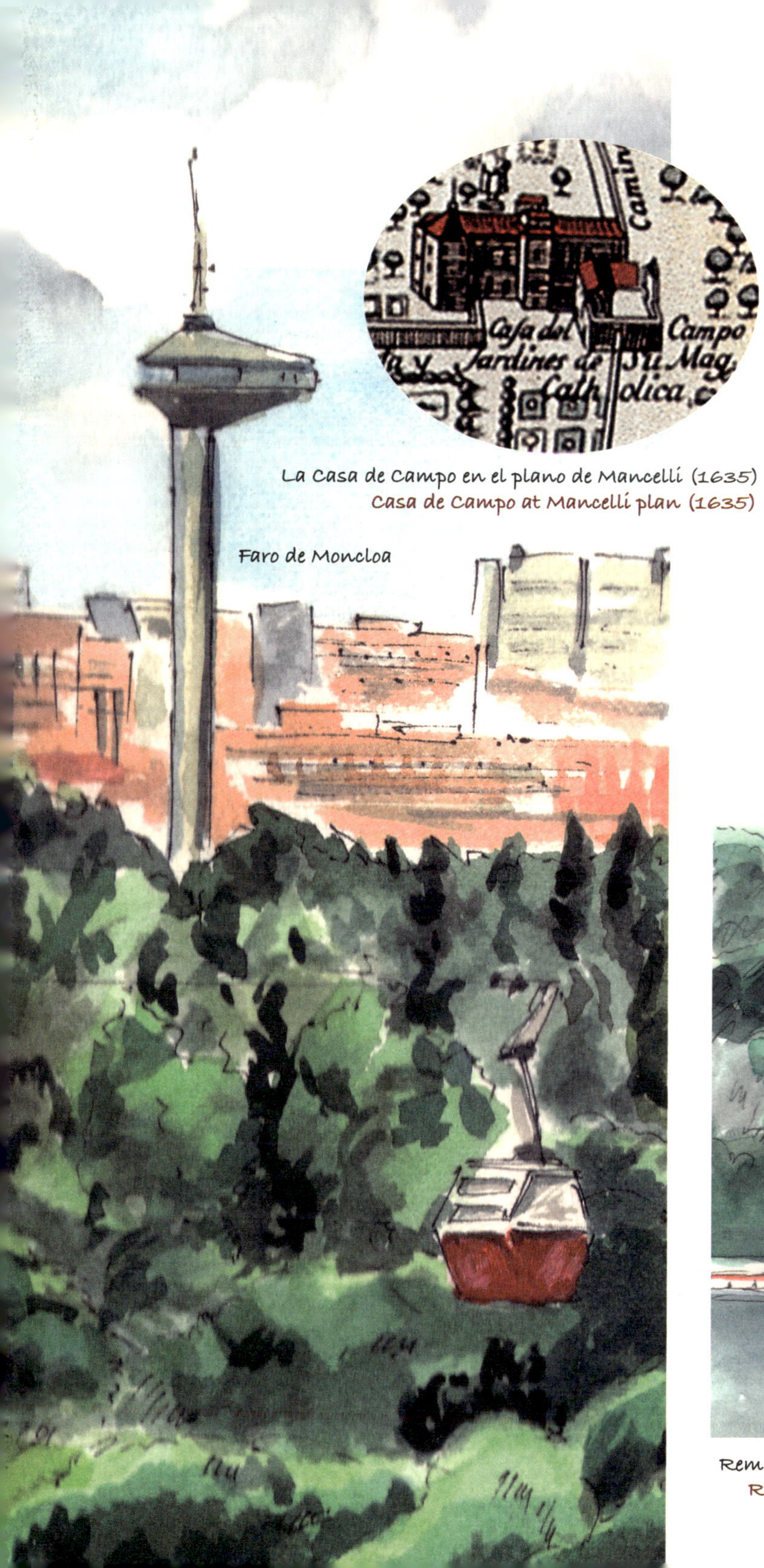

La Casa de Campo en el plano de Mancelli (1635)
Casa de Campo at Mancelli plan (1635)

La Casa de Campo

Casa de Campo

En 1552, Felipe II compró la Casa de Campo a la poderosa familia madrileña de los Vargas. Situada al otro lado del Manzanares, frente al Palacio Real, fue el bosque particular de los reyes hasta que en 1931, con el advenimiento de la 2ª República, se convirtió en parque municipal para uso y disfrute de todos los madrileños. Un siglo antes, tras la revolución que dio lugar a la 1ª República, ya ocurrió lo mismo con los jardines del Retiro, la otra gran posesión real en Madrid.

In 1552, Philip II bought Casa de Campo from the powerful Madrilenian Vargas family. Located on the other side of the Manzanares, opposite the Royal Palace, it was the forest used specifically by the Kings until 1931, when it was turned into a municipal park for all Madrilenians with the advent of the 2nd Republic. A century earlier, after the revolution that lead to the 1st Republic, El Retiro Park underwent the same change.

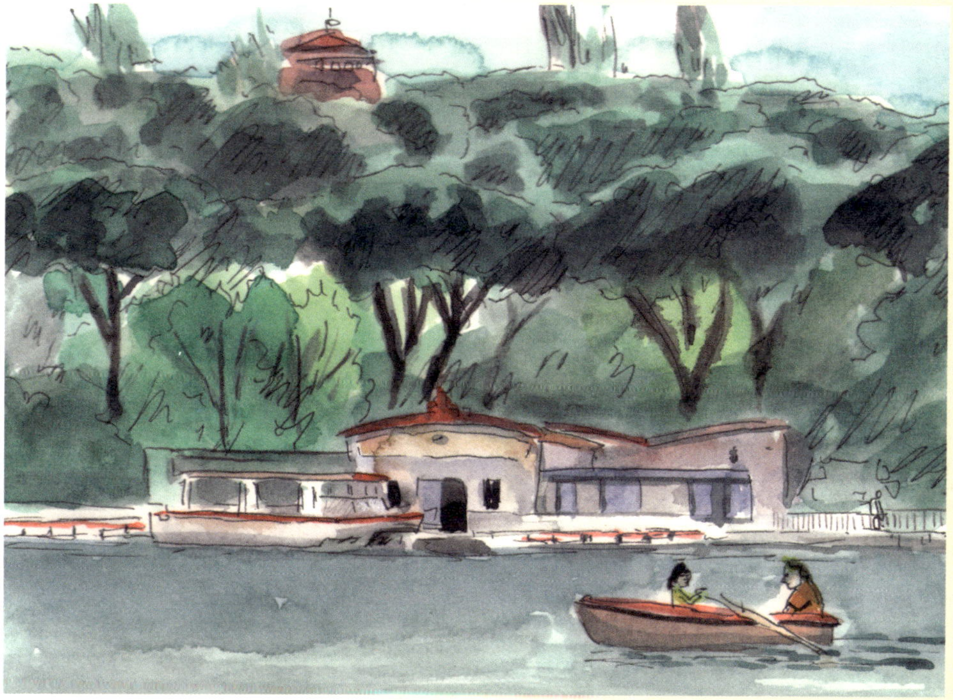

Remando en el Lago de la Casa de Campo
Rowing in the lake at Casa de Campo

La otra sierpe
The other serpent

El corto callejón de la Sierpe, parte de la calle Toledo hasta la del Humilladero. No se llama así por ser serpenteante, que no lo es, lo hace porque aquí hubo una fuente con el caño decorado con una serpiente de bronce. Se dice que en esta calle estaban las casas más baratas de Madrid a causa de una supersticiosa fábula: quienes aquí vivieran sufrirían la mala suerte.

The short Sierpe Street begins at Toledo Street and goes to Humilladero. Neither serpentine nor winding in design, it gets its name because there was a fountain with a pipe decorated with a bronze serpent. It is said that the cheapest houses in Madrid could be found in this street due to a superstition that those who lived here would be unlucky.

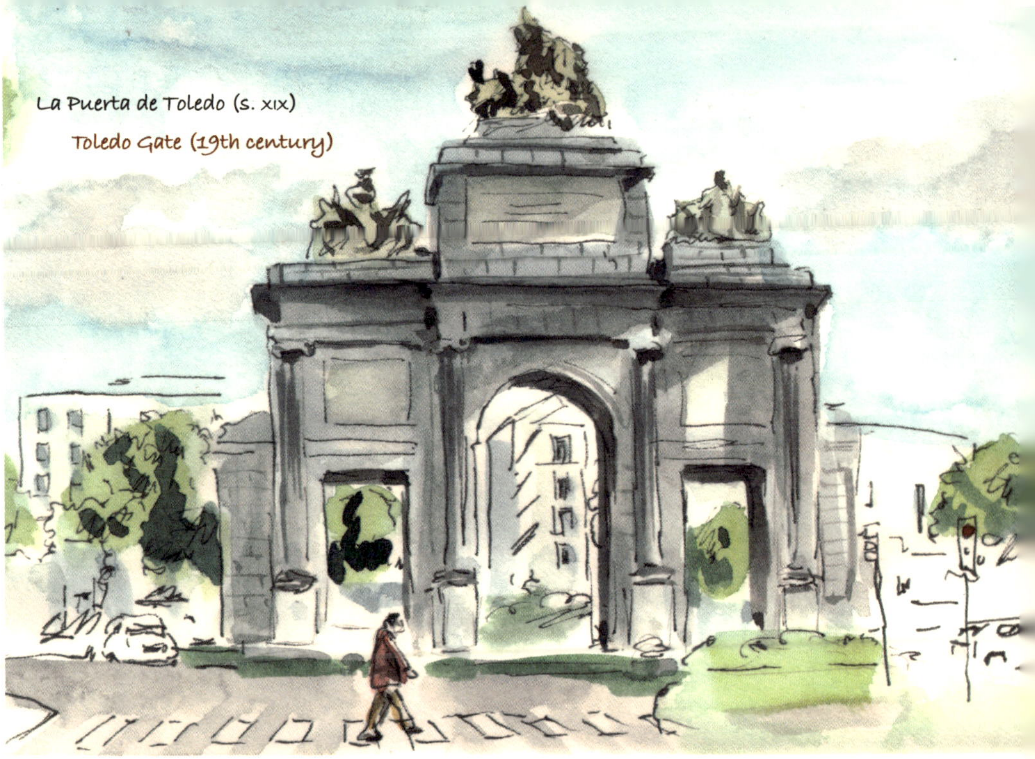

La Puerta de Toledo (s. XIX)

Toledo Gate (19th century)

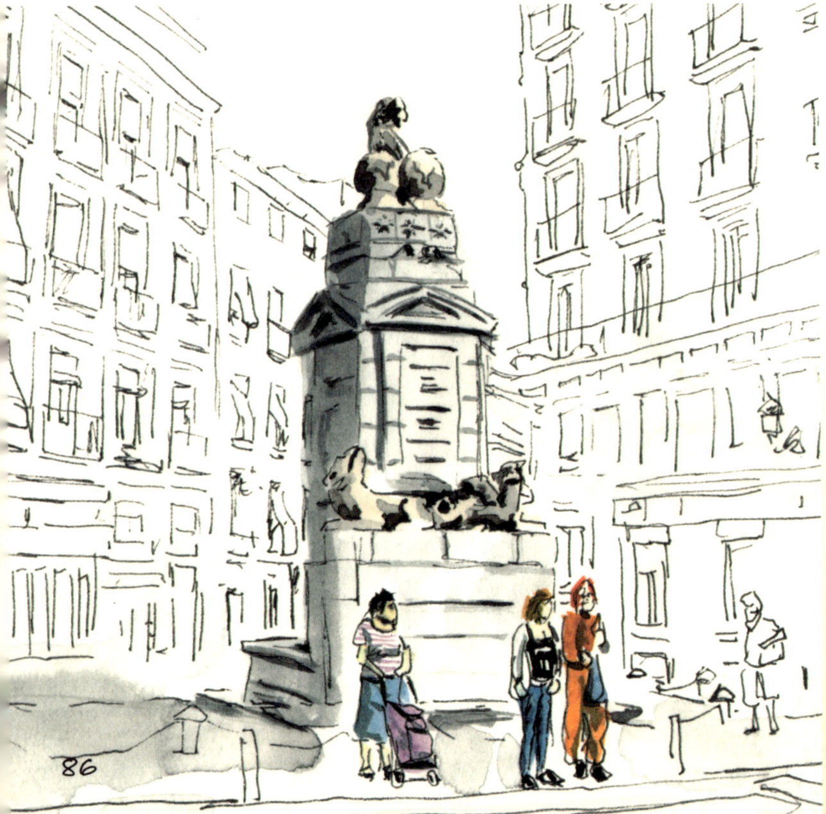

Festividades
Festivities

El apego del pueblo madrileño por sus festividades ya asombró a los antiguos viajeros. Cada poco tiempo había una romería o una verbena o la procesión de tal Virgen o de tal Cristo o la de las flores, con elección de la joven más hermosa de cada barrio (la Maya), o la fiesta de los animales, durante la cual se elegía al cerdo más rápido de Madrid, se le nombraba rey y se le paseaba en un trono por las calles. Esta diversión fue prohibida en el siglo XVII.

The fondness that Madrilenians had for their festivities amazed ancient travellers. Every so often there was a pilgrimage or a fiesta or a procession for a Virgin or a Christ or the one of the flowers, where a young girl is chosen as the most beautiful of each neighbourhood (the Maya), or the fiesta of the animals, during which the fastest pig in Madrid was chosen. Said pig was pronounced king and paraded around in his throne. This celebration was prohibited in the 17th century.

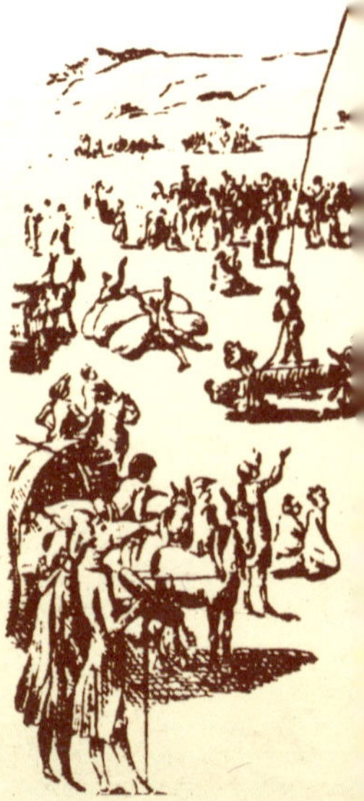

La Fuentecilla de la calle Toledo (s. XIX)

Fuentecilla in Toledo Street (19th century)

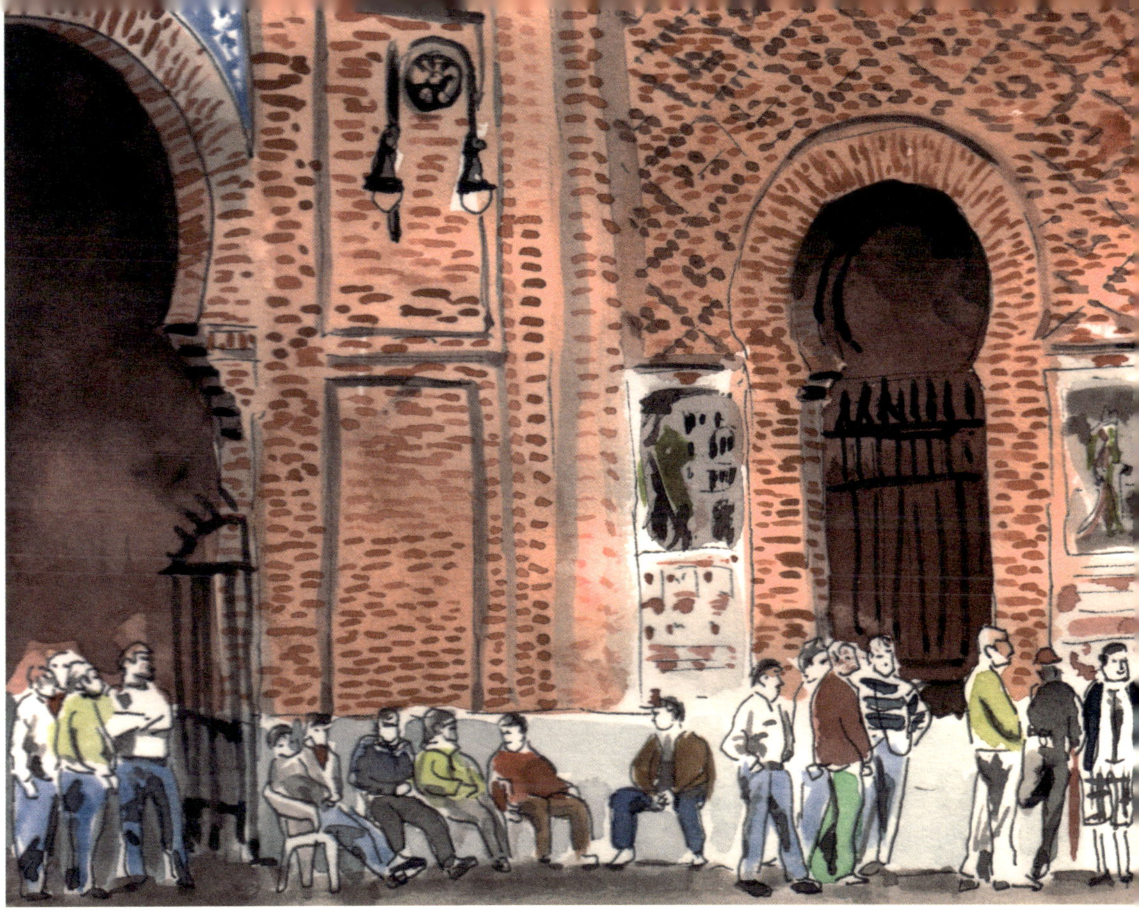

Plaza de Toros de las Ventas (s. xx)
Ventas Bullring (20th century)

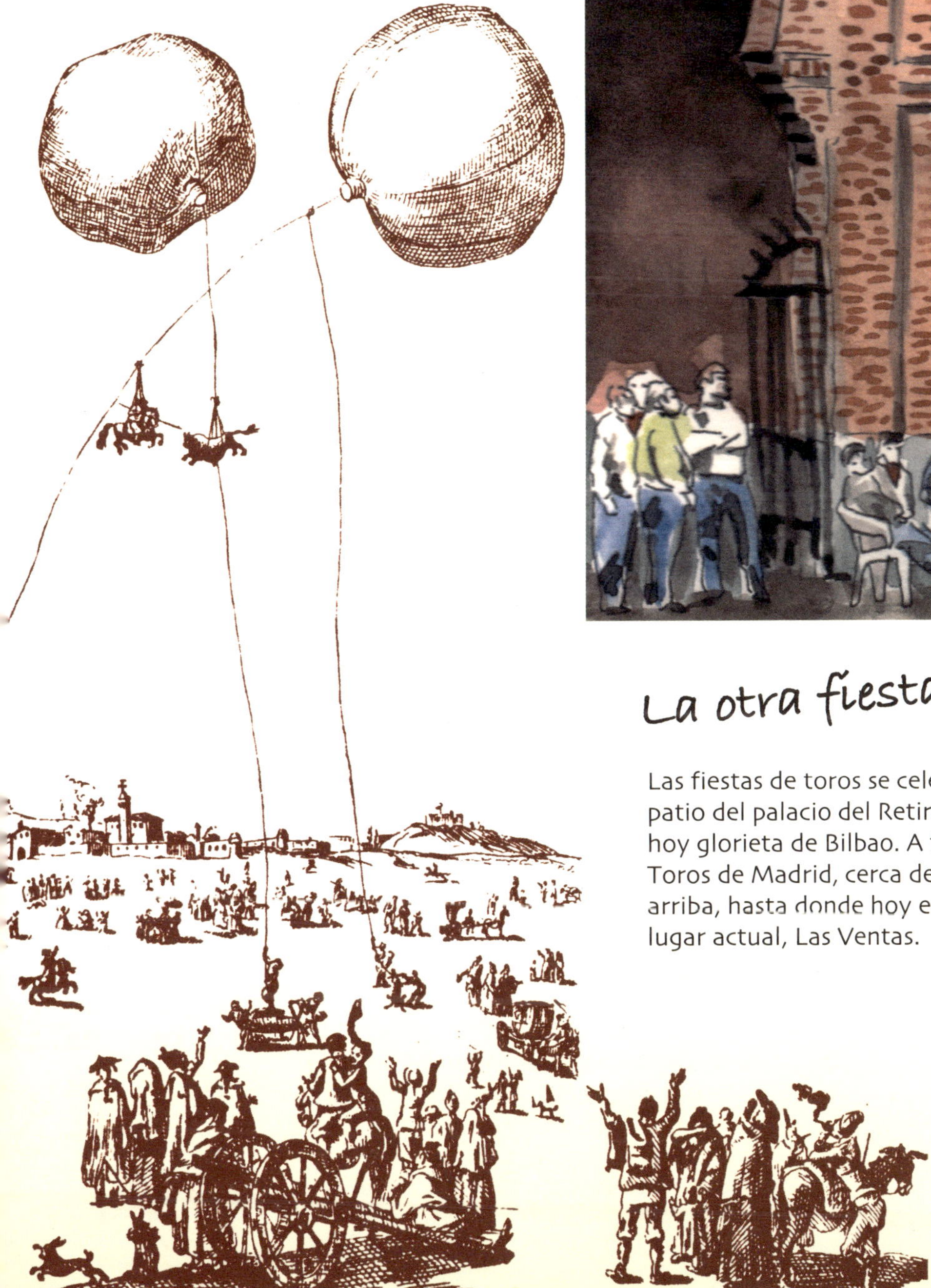

La otra fiesta

The other fiesta

Las fiestas de toros se celebraron en la plaza Mayor, en el paseo del Prado, en el patio del palacio del Retiro y en las afueras de la Puerta de los Pozos de la Nieve, hoy glorieta de Bilbao. A finales del siglo XVIII se construyó la primera Plaza de Toros de Madrid, cerca de Puerta de Alcalá. Luego fue traslada, calle Alcalá arriba, hasta donde hoy está el Palacio de los Deportes y terminó, en 1930, en su lugar actual, Las Ventas.

Bullfights took place in Plaza Mayor, in the Paseo del Prado, in the patio of Retiro Palace and outside Pozos de la Nieve Gate, nowadays Bilbao Circus. Towards the end of the 18th century the first bullring in Madrid was built next to Alcalá Gate. Afterwards it was moved up Alcala Street to where the Palacio de los Deportes is situated today and, in 1930, it ended up in its current location, Las Ventas.

Los nuevos madriles...
The new madriles...

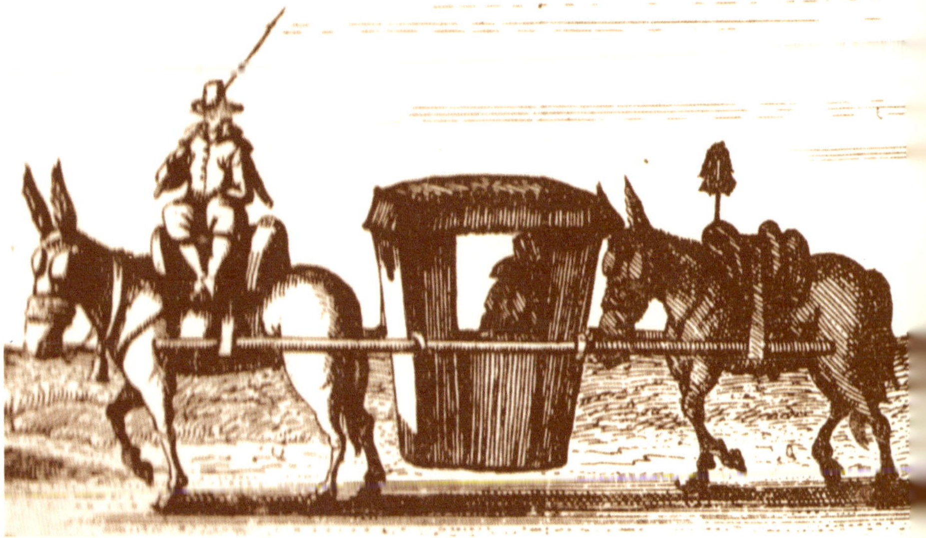

Los viejos y, hasta hace poco, deteriorados barrios del centro de Madrid se han ido transformando. Algunos, con la llegada del turismo masivo, se ven limpios, con las calles para uso exclusivo de los peatones o con la circulación de vehículos muy reducida; sus fachadas lucen limpias y los rótulos de lujosos comercios multinacionales se mezclan con los de sabor aún castizo.

The old and, until a short time ago, run-down neighbourhoods of the city centre have been changing. Some, with the arrival of the massive influx of tourists, are now clean, with streets that are pedestrianised or where traffic circulation is much reduced; their façades look clean and the electric signs of luxurious multinational stores mix with the old, typical shops.

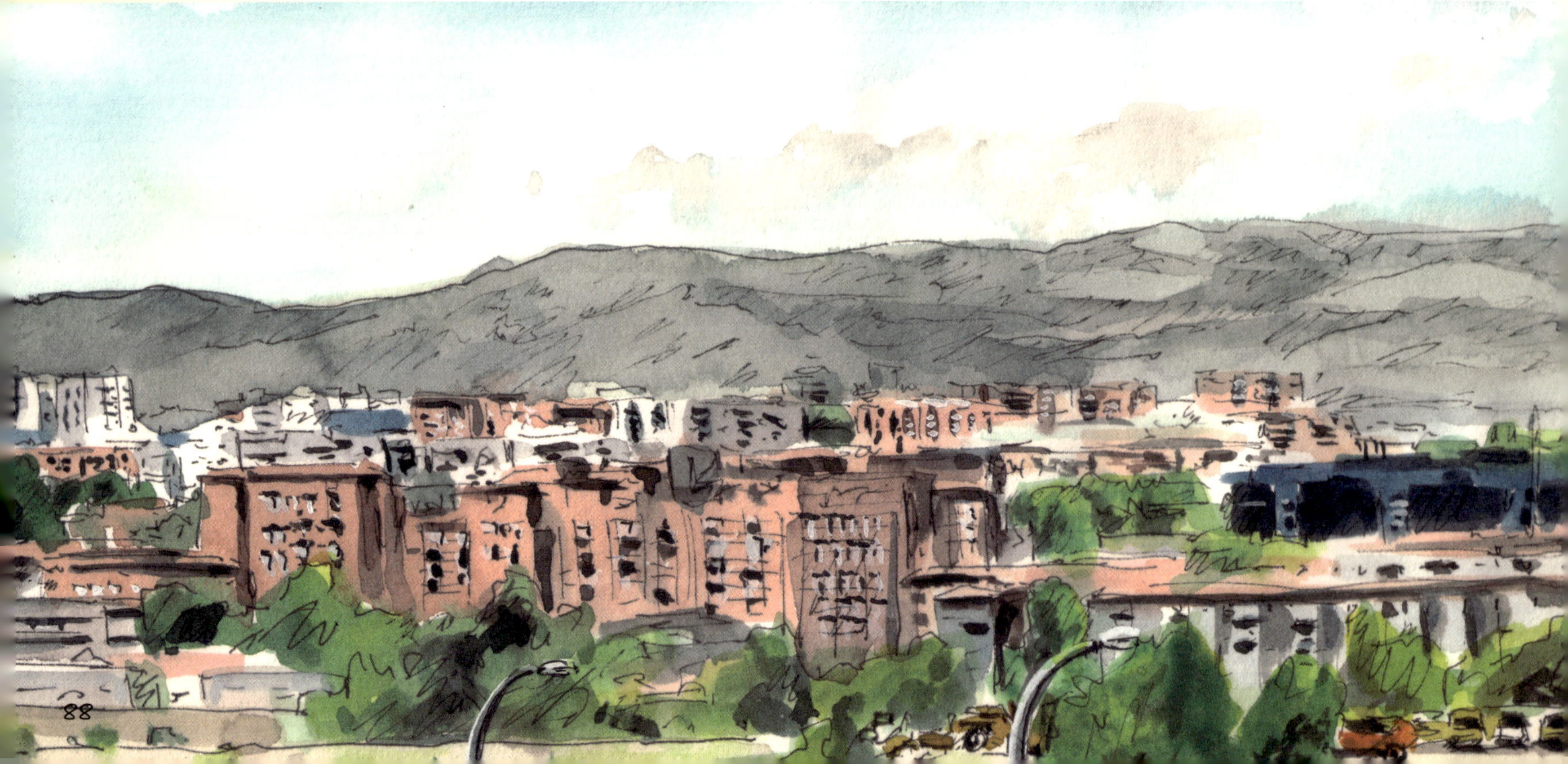

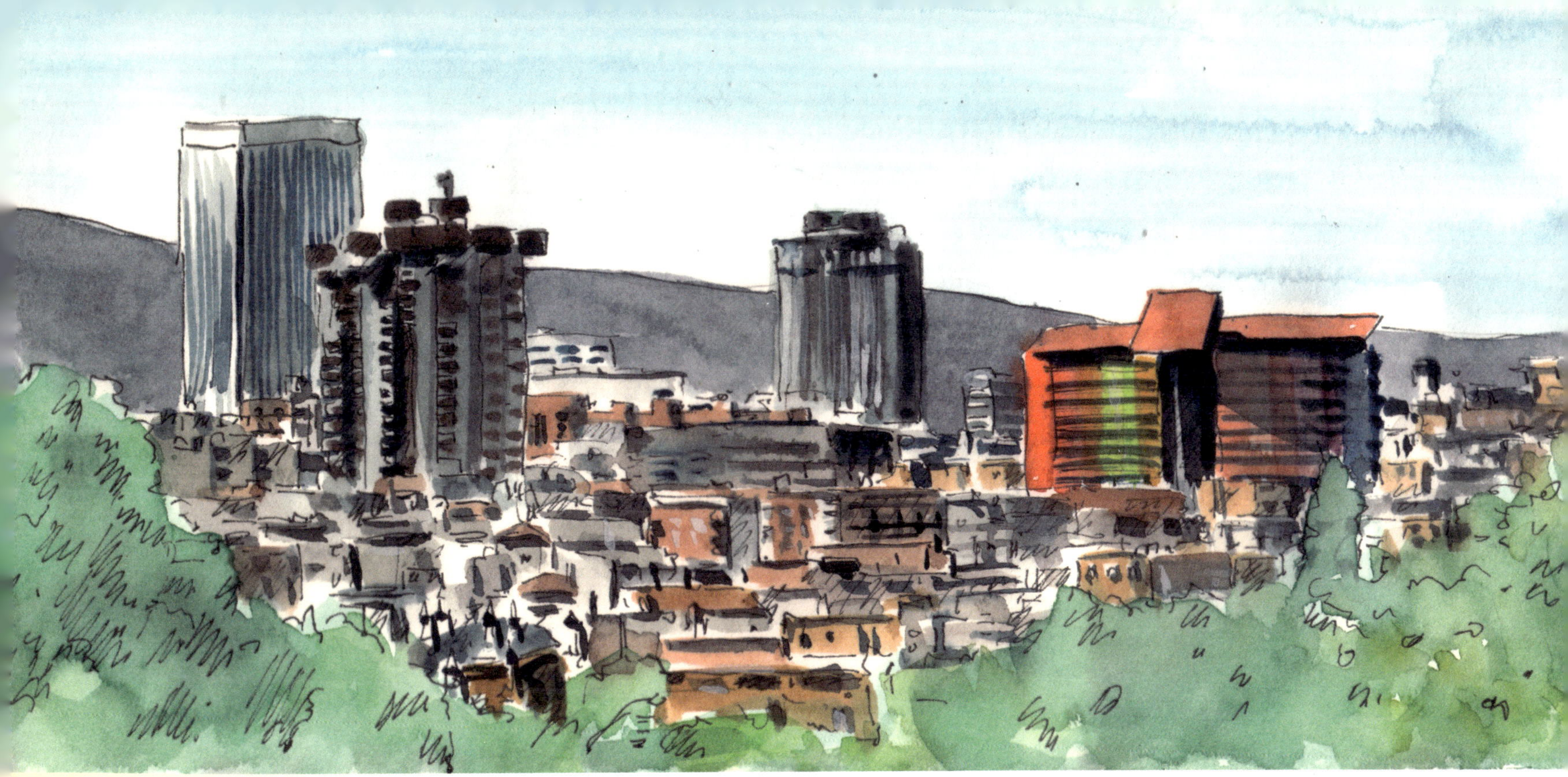

...y los nuevos madrileños
...and the new Madrilenians

Desde finales del siglo xx, muchos barrios de Madrid se han llenado de vecinos procedentes de los cinco continentes y sus vestidos, costumbres y comercios, han dado a nuestra villa un renovado colorido cosmopolita. Pero esto no es nuevo en Madrid, ya ocurrió a lo largo de toda su historia: los antepasados de la mayor parte de los madrileños son de otro lugar de España. A día de hoy, la gran mayoría de sus más de tres millones de vecinos no tiene abuelos madrileños.

Since the end of the 20th century, many neighbourhoods have filled with people from the five continents and their clothes, habits and shops have given the city a renewed cosmopolitan colour. This is not new in Madrid, it has happened throughout its history: the ancestors of a great number of Madrilenians are from other parts of Spain. Today, the great majority of its three million inhabitants do not have Madrilenian grandparents.

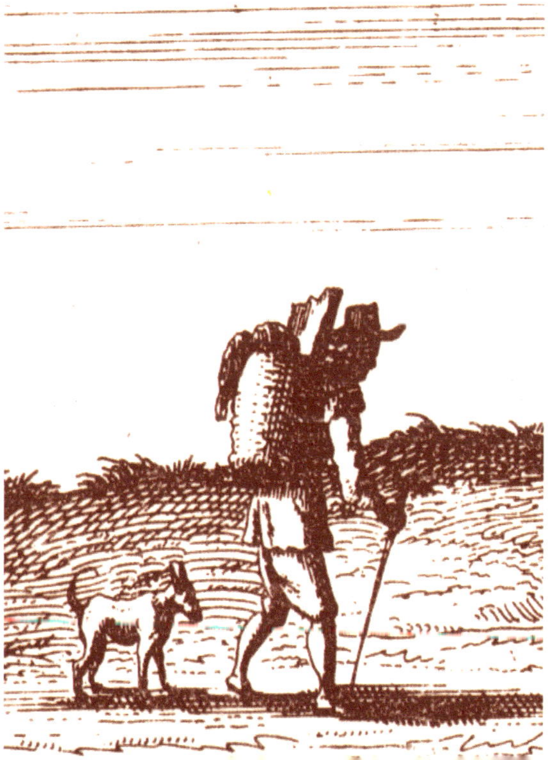

Muy Noble y muy Leal villa

The Most Noble and Most Loyal "villa"

Madrid no es una ciudad, es una villa. Una villa en minúsculas, aunque sea corte real de la monarquía, capital del estado y sede central del gobierno de España. Sin embargo, su título de Muy Noble y Muy Leal sí que es con mayúsculas.

Madrid is not a city, it is a "villa". A "villa" in lower case, despite it being the site of the royal court, capital of the state and headquarters of the government. However, its title of The Most Noble and Most Loyal is capitalised.

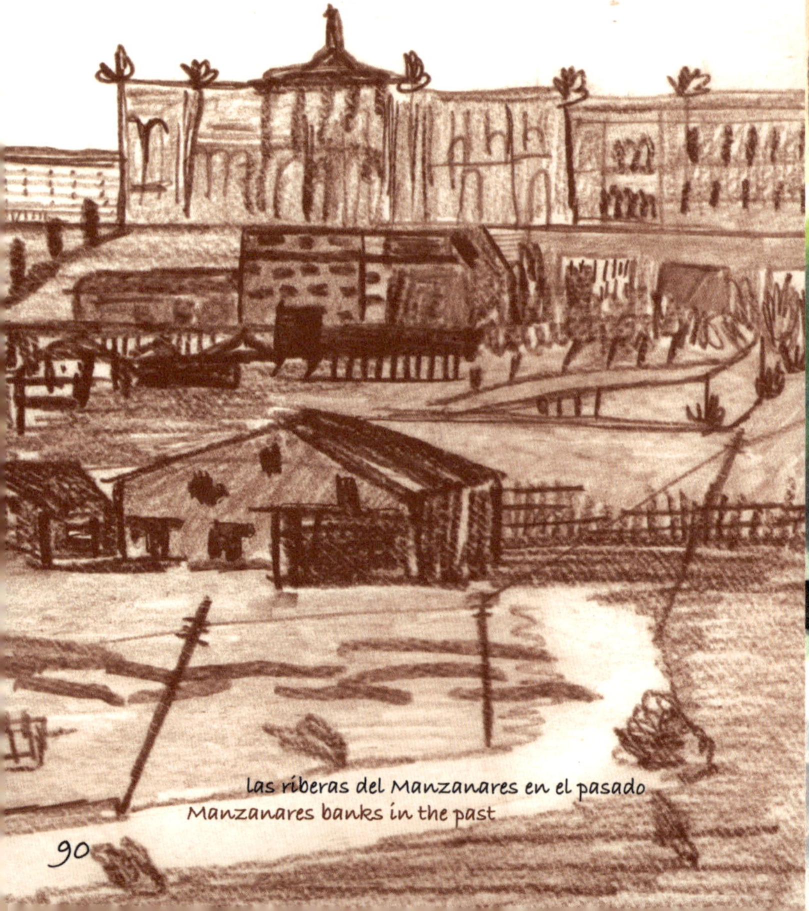

las riberas del Manzanares en el pasado
Manzanares banks in the past

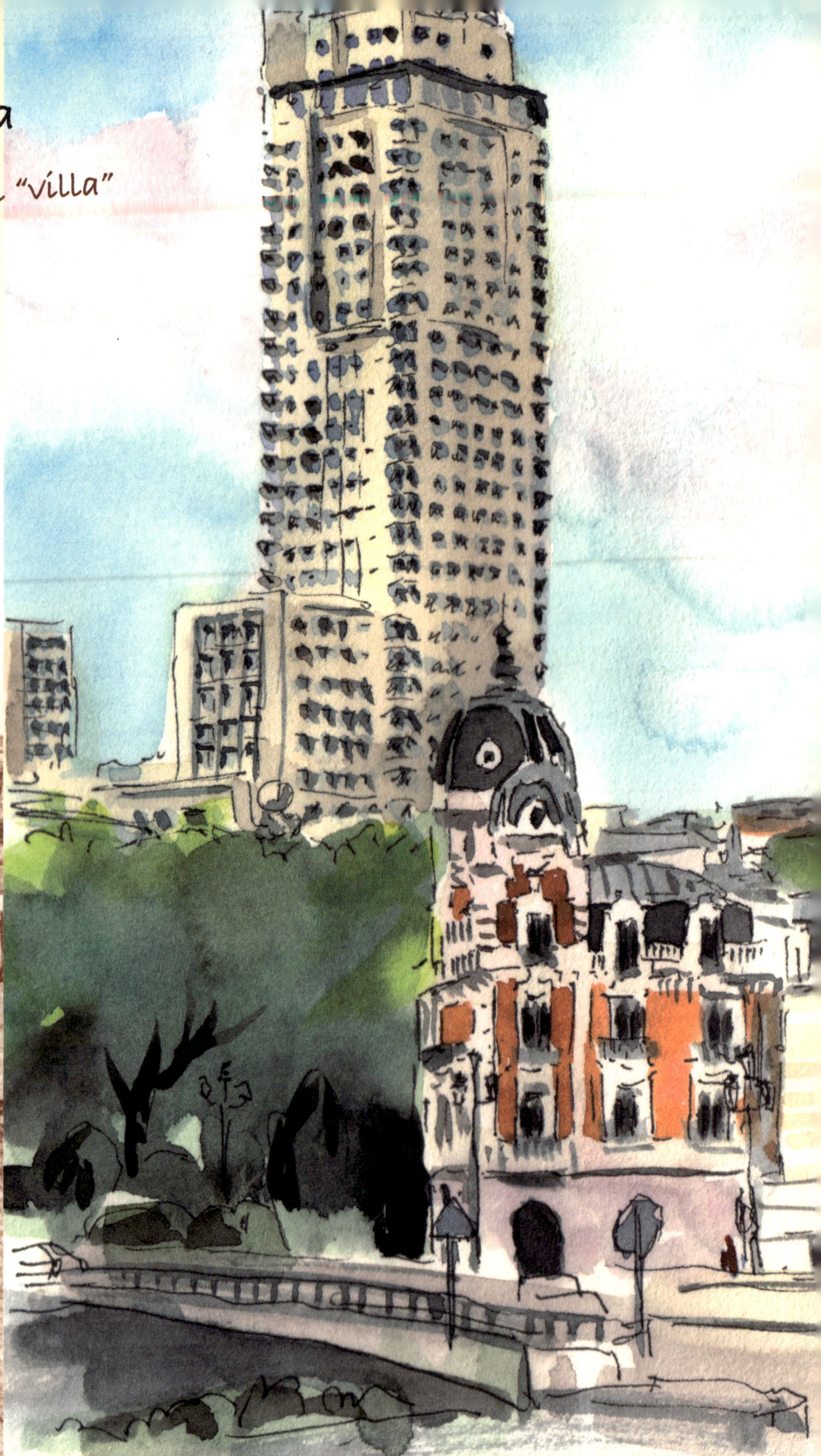

Los chulapos madrileños

Madrilenian chulapos

Entre los españoles, los madrileños tenemos fama de chulos. Según la Real Academia de la Lengua, la palabra "chulo" procede del mozárabe "chaul", que significa joven y ésta del latín "sciolus", enteradillo. La chulería madrileña fue una manera de vestir y de hablar que las zarzuelas musicales de inicios del siglo xx pusieron de moda. Con el tiempo, el orgullo degeneró en soberbia y sólo quedó la triste caricatura castiza del "chulapo" madrileño que recibía a los forasteros con prepotencia.

Pero los madrileños de verdad nos sentimos ciudadanos del mundo. "Pareces de Madrid" decían los de fuera cuando alguien se dejaba una puerta abierta. Y es que, hoy, Madrid y los madrileños abren sus puertas a todo el mundo.

Amongst Spaniards, Madrilenians are known as cocky. The Royal Language Academy says that cocky in Spanish, "chulo", comes from Mozarabic "chaul", which means young, and that word comes from the Latin "sciolus", similar in meaning to arrogant. The Madrilenian cheekiness or "chulería" was a way of dressing and talking that musical zarzuelas at the beginning of the 20th century made fashionable. Sometime later, pride degenerated into arrogance and all that remained was the sad caricature of the Madrilenian "chulapo" that welcomes those from out of town with arrogance.

But true Madrilenians feel like citizens of the world. "You seem Madrilenian," foreigners say when somebody leaves a door open. Because, today, Madrid and Madrilenians open their doors to everyone.

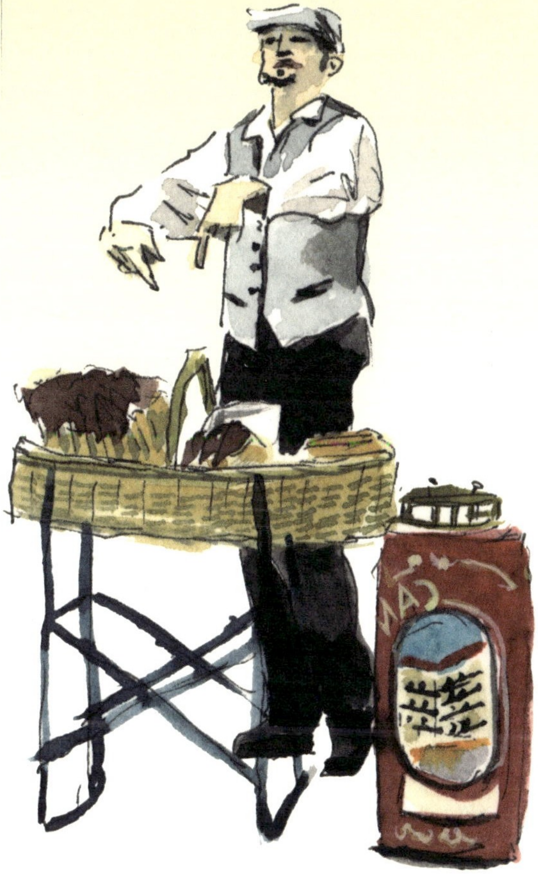

Barquillero vestido de chulapo
"Barquillero" dressed in the "chulapo" style.

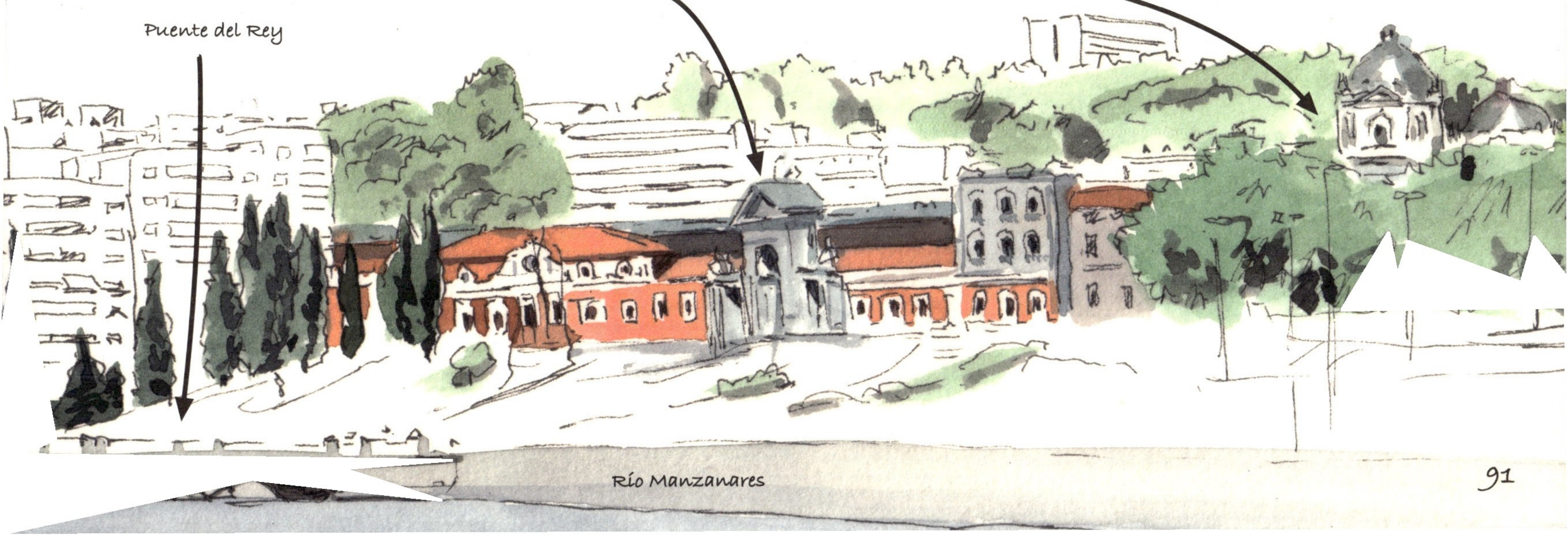

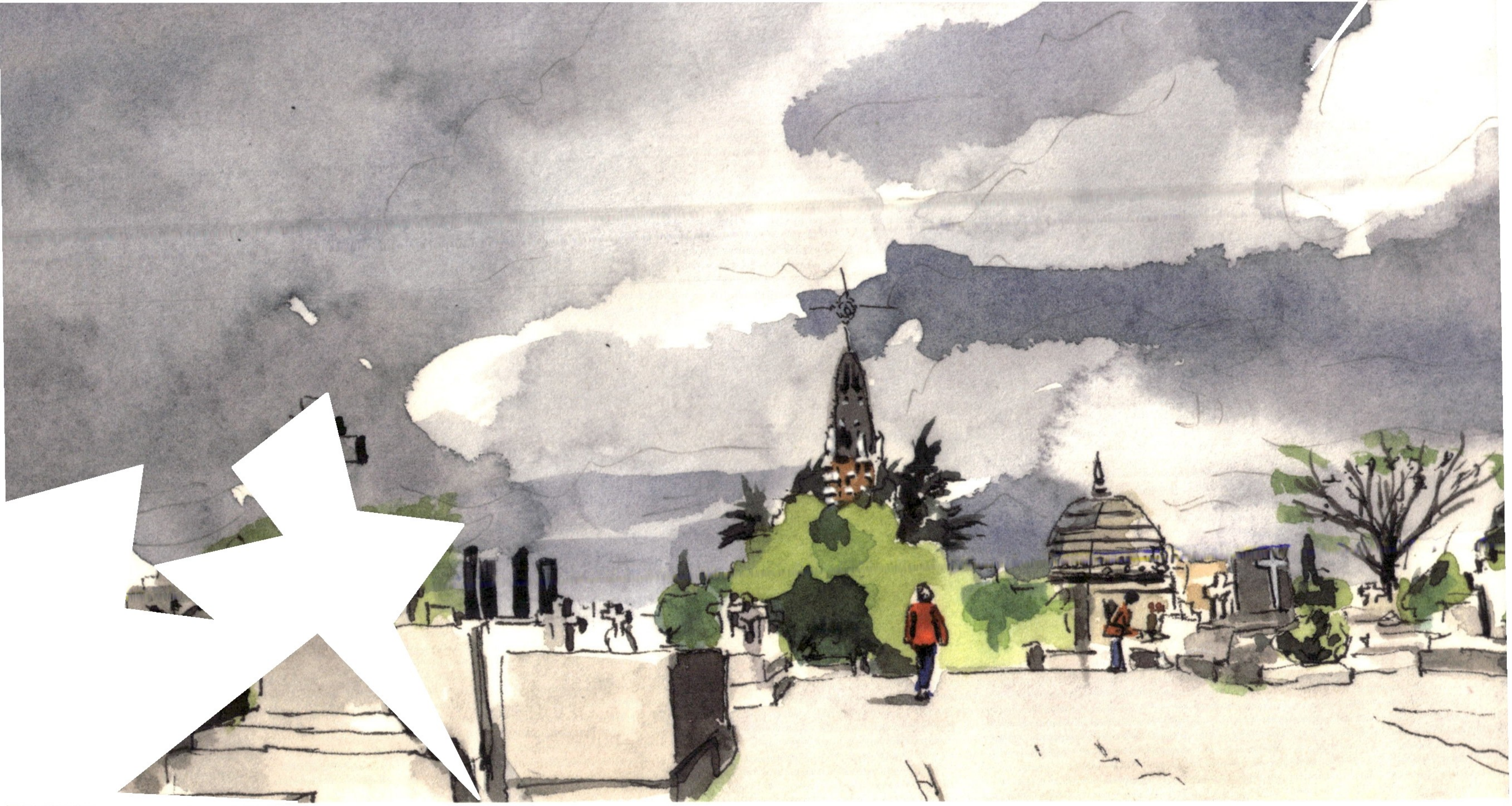

Cementerio de la Almudena
Almudena Graveyard

Los camposantos viajeros

Travellers' graveyards

Los huesos de Velázquez, Lope y muchos otros antiguos vecinos madrileños son imposibles de localizar. Sufrieron un singular trasiego a lo largo del siglo XIX. En el viejo Madrid, los cementerios se encontraban pegados a las iglesias y conventos. José Bonaparte consiguió imponer una medida sanitaria que ya Carlos III había intentado sin éxito: instalar los cementerios fuera de la villa. Se establecieron primero al norte de Madrid, pero los nuevos proyectos de expansión urbanística determinaron un nuevo traslado. Se clausuraron los cementerios del norte y se fundaron otros nuevos en el extrarradio. Entre ellos destaca por su tamaño el de la Almudena.

Ha pasado poco más de un siglo de entonces, Madrid ha crecido y los cementerios madrileños vuelven a estar dentro de la villa.

The remains of Velázquez, Lope and many other old Madrilenians are impossible to find. They underwent a unique journey in the 19th century. In old Madrid, graveyards were situated next to the churches and convents. Joseph Bonaparte managed to impose a sanitary measure that Charles III had attempted unsuccessfully: to install graveyards outside the city. They were established first in the North of Madrid, but the new city extension projects forced them to move again. Graveyards in the North were closed and new ones were opened outside the city. Amongst them, we can single out for its size the Almudena.

Less than a century has passed since then. Madrid has grown and Madrilenian graveyards are once again inside the city.

El adiós

The farewell

Y el viajero sigue su camino y se despide de Madrid. Y ella, de viaje también, como siempre, continúa su andadura sin parar de cambiar hasta hacerse irreconocible aunque sigue siendo siempre la misma. Una paradoja no tan rara, igual nos pasa a todos nosotros durante nuestra vida.

And so the traveller continues on his way and says goodbye to Madrid. And the city, as always on her own journey too, continues on her path, changing all the time until she becomes unrecognizable and yet at the same time always managing to remain the same. Not so strange a paradox since the same happens in our lives.

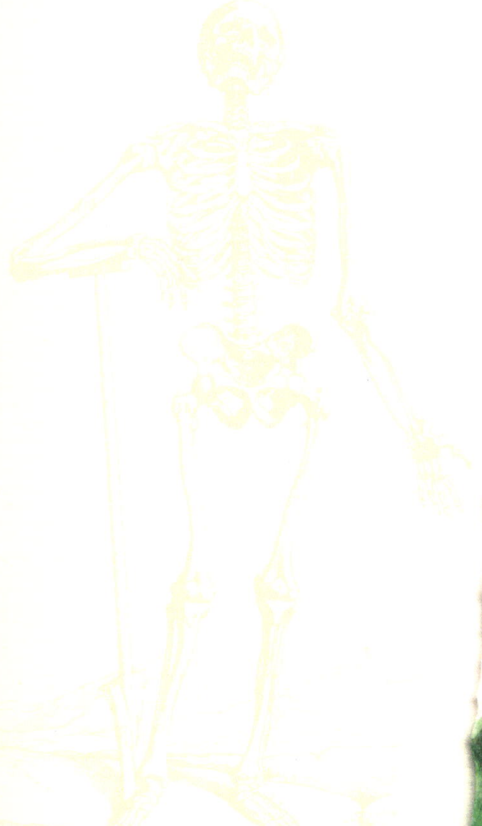

Cementerio de la Almudena y, al fondo, el Pirulí de la radiotelevisión

Almudena Graveyard and, at the bottom, the broadcasting Pirulí

Bibliografía

Bibliography

AZORÍN, Francisco: *Leyendas y anécdotas del antiguo Madrid.* Tres tomos. Ediciones La Librería, Madrid, 2008.

BESAS, Peter y Marco: *Madrid oculto.* Ediciones La Librería, Madrid, 2007.

BLANCO VILA, Luis: *Madrid al paso.* Palas Atenea, Madrid, 1992.

BRAVO MORATA, Federico: *Los nombres de las calles de Madrid.* Fenicia. Murcia, 1984.

CAPMANY Y MONTPALAU, Antonio: *Origen de las calles de Madrid.* Edición facsímil. Trigo, Madrid, 2000.

CORRAL, José del: *La vida cotidiana en el Madrid del siglo XVI.* Ediciones La Librería, Madrid, 2002.

CASTELLANOS OÑATE, Jose Manuel; GEA ORTIGAS, Mª Isabel; : *Madrid musulmán, judío y cristiano. Las murallas medievales de Madrid.* Ediciones La Librería, Madrid, 2008.

Escudero Ramos, Jose Mª: *Historias, curiosidades y algunas leyendas del antiguo y del moderno Madrid.* Ediciones La Librería, Madrid, 2007.

FERNÁNDEZ Amalía; ROMERO, Miryam: *Relatos del viejo Madrid.* Ediciones La Librería, Madrid, 1997.

FERNÁNDEZ DE LOS RÍOS, Ángel: *Guía de Madrid. Manual del madrileño y el forastero.* Edición facsímil. Ediciones La Librería, Madrid, 2002.

GEA ORTIGAS, Mª Isabel: *Madrid curioso.* Ediciones La Librería, Madrid, 2008.

— *Diccionario enciclopédico de Madrid.* Ediciones La Librería, Madrid, 2002.

LÓPEZ CARCELÉN, Pedro: *Atlas ilustrado de la historia de Madrid.* Ediciones La Librería, Madrid, 2004.

— *El Prado y el Buen Retiro.* Ediciones La Librería, Madrid, 2008.

LÓPEZ DE HOYOS, Juan: *Real Aparato y suntuoso recibimiento con que Madrid recibió a la serenisima reina doña Ana de Austria.* Edición facsímil. Caja de ahorros y Monte de piedad de Madrid, Madrid, 1976.

LACARTA, Manuel: *La casa de Austria y la monarquía de Madrid.* Ediciones La Librería, Madrid, 2006.

LOZÓN URUEÑA, Ignacio: *Madrid, capital y corte.* Comunidad de Madrid, 2004.

MENA, Jose María de: *Leyendas y misterios de Madrid.* Plaza y Janés, Barcelona, 1999.

MESONERO ROMANOS, Ramón de: *El Antiguo Madrid.* Edición facsímil. Ediciones La Librería, Madrid, 1987.

MONTERO VALLEJO, Manuel: *El Madrid Medieval.* Ediciones La Librería, Madrid, 2003.

OLIVER ASÍN, Jaime: *Historia del nombre «Madrid».* Agencia española de cooperación internacional, Madrid, 1991.

POZUELO GONZÁLEZ, José Ignacio: *Guía de las estatuas del Palacio Real de Madrid.* Ergon, Madrid, 2008.

QUINTANA, Jerónimo de: *Historia de la Noble Villa de Madrid.* Marcos Real editor, Bilbao, 1986.

RÉPIDE, Pedro de: *Las calles de Madrid.* Ediciones La Librería, Madrid, 2005.